丛书顾问

（以姓氏拼音字母为序）

顾明远　裴娣娜　史宁中　宋乃庆
田正平　叶　澜　钟秉林　朱小蔓

丛书编委会

主　任：张斌贤
委　员：（以姓氏拼音字母为序）

陈时见　程斯辉　褚宏启　杜成宪
范国睿　傅维利　高宝立　郭　戈
贺国庆　侯怀银　黄甫全　郝二军
靳玉乐　贾　娟　柳海民　刘贵华
刘海峰　刘立德　刘志军　楼世洲
马晓红　马云鹏　孟繁华　戚万学
司晓宏　石　鸥　石中英　孙杰远
田慧生　涂艳国　王建新　王嘉毅
王维平　吴康宁　肖　朗　徐小洲
徐　勇　余文森　翟　博　张慧君
张民选　周洪宇　周作宇

教育薪火书系·第一辑

颜之推家庭教育思想研究

冯和一 王飞朋 著

山西出版传媒集团
山西人民出版社

图书在版编目（CIP）数据

颜之推家庭教育思想研究 / 冯和一，王飞朋著. ——太原：山西人民出版社，2020.6
（"教育薪火"书系 / 张斌贤主编）
ISBN 978-7-203-11419-2

Ⅰ.①颜… Ⅱ.①冯…②王… Ⅲ.①颜之推（531—约595）–家庭教育–教育思想–研究 Ⅳ.①G78 ②G40-092.392

中国版本图书馆 CIP 数据核字（2020）第 070021 号

颜之推家庭教育思想研究
YANZHITUI JIATING JIAOYU SIXIANG YANJIU

著　　者：冯和一　王飞朋
出版策划：贾新田
责任编辑：贾　娟
复　　审：傅晓红
终　　审：秦继华
装帧设计：李尚斌　张国仁

出　版　者：山西出版传媒集团·山西人民出版社
地　　址：太原市建设南路 21 号
邮　　编：030012
发行营销：0351-4922220　4955996　4956039　4922127（传真）
天猫官网：https://sxrmcbs.tmall.com　电话：0351-4922159
E - mail：sxskcb@163.com　发行部
　　　　　sxskcb@126.com　总编室
网　　址：www.sxskcb.com

经　销　者：山西出版传媒集团·山西人民出版社
承　印　厂：山西出版传媒集团·山西人民印刷有限责任公司

开　　本：787mm×1092mm　1/16
印　　张：17
字　　数：300 千字
印　　数：1—3000 册
版　　次：2020 年 6 月　第 1 版
印　　次：2020 年 6 月　第 1 次印刷
书　　号：ISBN 978-7-203-11419-2
定　　价：78.00 元

如有印装质量问题请与本社联系调换

教育薪火　传承不息(总序)

钟秉林

在人类的历史长河中,教育一直伴随人类的文明进程在不断发展进步,那些弥足珍贵的教育著作、教育思想、教育人物和事迹,无时无刻不在拨动着教育工作者的心弦。我们永远无法忘记那些给我们留下宝贵思想财富的教育家,他们的思想、言论和实践,依然是激励我们教育工作者前进的动力。时至今日,教育的发展与变革更成为世界各国应对日趋激烈的国际竞争的重要战略。在科教兴国战略的指导下,党和国家对教育工作给予了高度的重视,深刻认识到教育家对教育事业的重要性。《国家中长期教育改革和发展规划纲要(2010—2020年)》就明确提出:"创造有利条件,鼓励教师和校长在实践中大胆探索,创新教育模式和教育方法,形成教学特色和办学风格,造就一批教育家,倡导教育家办学。"

要想成长为教育家或者在教育实践中能够起到扛鼎作用并非易事,需要我们教育工作者吸收过往教育家留下来的丰富教育营养,清晰地认识什么是真正的教育家,教育家应该具备什么样的素质和条件,做到融会贯通,大胆实践,自成一家。与此同时,在教育改革的大背景下,普通教师同样迫切需要能够在教书育人过程中得到启迪和突破的催化剂,教育家的思想和实践是经过检验的真理,是教学启迪催化剂的最佳选择。

然而,在浩瀚的书海中,以教育家为主线、囊括中外、跨越古今、自成体系的书系并没有面世。山西的《新课程》杂志社和《现代职业教育》杂志社,在教育的广袤园地上深耕多年,熟知一线教师的需求,希望为普通教师策划一套教育理论普及读物，以使广大中小学教师能够"近距离"地接触中外历代教育家的教育思想、实践经验和办学理念，促进教育理论水平的提高，从而更好地开展教育教学实践。书系的策划人与张斌贤教授为理事长的中国教育学会教育史分会的夙愿不谋而合，合作编写一套大规模的、以教育家为主线的书系的想法随之形成。

策划团队把书系命名为"教育薪火"，是希望教育家的教育思想能够薪火相传，不断推动人类文明的发展。"教育薪火"书系拟分为三辑出版，按照中国古代、中国近现代、外国古代和外国近现代分类。第一辑共选择了一百余位中外教育家，一位教育家一本书，规模宏大，应该说能够在中国教育出版史上留下浓墨重彩的一笔。所选教育家都是经过书系编委会认真研究、充分论证而定的，他们在教育史上有较大的影响，能够启迪或者感染教育工作者，推进教育和教学的发展。当然，其中有的教育家更为名声在外的不是在教育上，但是他们在教育上的贡献毫不逊色于其他方面的贡献，比如我们熟知的一些革命家；另外，还包括了一些具有地方特色的教育家以及还没有被人们真正认识的教育家。

必须提及的是，中国教育学会教育史分会非常荣幸地邀请到我国著名的教育学者顾明远教授、叶澜教授、史宁中教授、宋乃庆教授、田正平教授、裴娣娜教授和朱小蔓教授等担任书系的顾问，成立了由40位教育学界具有重要影响的学者组成的编委会，为书系的质量保驾护航。

还需提及的是，《新课程》杂志社和《现代职业教育》杂志社为物色学有专长的作者付出了巨大的辛劳。书系的作者地域和院校分布广泛，既有北京师范大学、华东师范大学、东北师范大学、华中师范大学、陕西师范大学、南京师范大学、首都师范大学等师范院校的学者，也包括武汉大学、四川大学、南京大学、南开大学、天津大学、河北大学、河南大学等综合大学的学者。作者以教育史专业的中青年教师为主力军，他们朝气蓬勃、时代感强，研究范围涉猎较广，能大胆地探索和怀疑，一些新的教育研究成果不断涌现，为书系注入了难得的新鲜气息；他们与一线中青年教师同处一个频道，其思维模式很容易被接受。

客观而言,现在每年出版的教育类图书很多很多。一类为实践性强和操作性强的教学类图书,教师拿来就可以在课堂上使用;另一类为理论性强和学术性强的图书,印数少,流通范围小,普通教师往往望而却步。然而,教育理论只有指导教育实践才有存在的价值。在我看来,书系最具特色的价值就是秉承了教育理论通俗化这一理念,在教育理论研究者和普通教师之间架起了一道桥梁。书系以教育家为主线,坚持学术性与普及性并重,用通俗化的语言,或阐述教育家的教育思想精华,或叙写教育家的精彩教育事迹和教育实践,力图"润物细无声",让教师喜欢读,在读中提高素养,深刻理解教育家,形成自己的理论,推进"教育家办学"。

当然,书系在真实性上也颇下功夫。以史料为依据,实事求是叙述,客观全面评价,不有意拔高教育家的贡献,注重教育家闪光点的挖掘和传播,是教育家历史画卷现代版的呈现。书系成规模、系统化,学术性和可读性强,具有较强的收藏价值,非常适合各中小学图书室和大学图书馆选择配置。

中国教育学会教育史分会为教育事业做了一件好事,张斌贤理事长请我作序,我觉得理应支持,欣然应允。

希望广大教育工作者能够认真阅读这套图书,为自己的教育职业生涯发展打下坚实基础,为成长为新时期的教育家而不懈努力。

丁酉年正月于北京
(作者系中国教育学会会长、北京师范大学原校长)

目　录

引言　1

　　第一节　两汉以前家庭教育发展略述　5

　　第二节　魏晋南北朝时期的家庭教育概况　20

第一章　颜之推与《颜氏家训》　45

　　第一节　颜之推生平年谱　46

　　第二节　古今家训，以此为祖——《颜氏家训》　65

　　第三节　《颜氏家训》的内容略述　68

第二章　颜氏家庭教育的主要内容　75

　　第一节　德　育　77

　　第二节　智　育　95

　　第三节　信仰的引导　165

第三章　颜之推的家庭教育思想及其现代价值　179

　　第一节　颜之推的家庭教育理想　180

　　第二节　颜氏家庭教育的重要理念与教育原则　210

　　第三节　家庭教育的阶段性与教育重心　228

参考文献　257

后记　261

引 言

教育是一种培养人的活动，其目的就是为了把人类积累的生产斗争经验和社会生活经验，转化为接受教育者的自身智慧、才能与品德，使受教育者在受教育的过程中获得健康的身心发展，并逐渐成为社会所需要的、能适应社会生存发展的"人"。

作为"人"的成长和"人"的生活必不可缺少的过程与手段，教育为一切人、一切社会所必需；而实现受教者得到教育的形式，主要包括我们所熟悉的家庭教育、社会教育和学校教育，它们被称为国民教育的三大支柱。其中，社会教育，不分贵贱与贫穷，对于每个人而言，都是必然的经历。在社会这个大学校中，每一个人都平等地具有教育者和受教育者的双重身份，而且在任何时间、任何地点，每个人所要接受的社会教育都具有学习的终身性、时间上的延续性、内容的多层次性、现实的致用性、范围的广博性等特征，这不仅与家庭教育、学校教育有某种程度的差异，而且也是家庭教育、学校教育的有效补充。典型的学校教育的侧重则有所不同，在不同的历史时期，面对不同的受教群体，不同的国家与地区，总是存在不尽相同的学校教育制度、教育理念、教育目的、教育内容、教育方式，以及特定的施教、受教的师资群体与学生群体；可以说，社会上的各种政治因素、经济因素，以及其他各种主客观因素，对学校教育的建设与发展影响很大。家庭教育与社会教育、学校教育皆有某种程度的复合，但亦有自己的特征，它主要是指在家庭生活中的成员，包括父母与子女之间相互的影响与教育，专门聘请人员对子女进行教育，以及通过其他的方式实施家长（首先是父母）或其他亲长对其子女后代的学习、生存、发展、处世等各个方面的教育。家庭教育与社会教育一样具有终身性、双重性、多层次性等特征，它不仅是一个人最初接触到的教育形式，也有效延续和补充了家庭意义之外的学校教育。自从我国出现了国家设立的学校教育，社会教育、学校教育与家庭教育便如影随形，在不同的层面推动着我国的教育发展，尽管每个特殊的时期其侧重稍有区别。

如今，社会进步、人们的生活水平提高和物质条件的优越，促进学校教育、社会教育、家庭教育受到了更加普遍的重视，子女的教育已经成为很多父母关心的头等大事。但是,在经济高速发展、节奏快的现代生活中,人们也不得不注意到这样的现实。譬如一些家庭,成为培养孩子"骄横""傲慢""虚伪""悭吝""自私"等不良品行的温床,许多父母的家庭教育理念、教育方法、教育内容等也出现了诸多误区。有的家长高度关注子女的知识技能教育,关心子女身体发育的健康,注重经济利益的实现,但是对于子女心理健康、理想教育、品行教育与道德修养的重要性认识不足。有的父母经济条件不错,很关心子女的学校教育环境,但是又比较专断,子女到哪所学校就读,子女入读学校的师资、教学成绩如何,子女将来读什么专业,选择什么样的人生道路等,都成为他们关注的重要对象。这当然并没有什么错,哪一个爱孩子的家长不去考虑这些事情呢？但如果将这种态度推向极端,就会出现一系列问题——过多地履行家长的主观意志而忽略了子女学习的自主性,过多地关注教育利益的实现而忽略了教育本应当具有的"人"性、情感性的特征,过分地关注学校教育的主导性而忽略了家庭教育对子女身心健康的重要影响。至于有的家长因为自身对教育的认识不足,或者是由于生活压力或者其他工作上的原因,将子女的教育完全抛给了学校,并将是否愿意接受教育的主观选择权也完全留给子女,自己不加入丝毫的管理,这也很不明智。如今,留守儿童、失依儿童、厌学儿童与"公主、王子、小皇帝"之类的问题一样,已经越来越引起有识之士的担忧。作为一个爱子女并能为子女不惜奔波劳苦的家长,岂能将此问题以一句"没办法""随便""早点打工挣钱"之类的话了结？爱子女,就要为之计深远。当然,还有一部分家长,他们清楚地知道子女受教育的重要性,不仅愿意尽力为子女接受较好的学校教育打拼,而且也能关注子女的家庭教育环境的营造,只是他们可能缺少值得肯定的教育方法,以及适宜家庭教育的教育内容,或者说他们不清楚应该怎样教育子女才能更有益于子女的成长与发展,空有一颗爱子女的心,却在教育子女上面临一系列的困惑。

如今,市面上有关家庭教育的书籍可谓汗牛充栋,今天东方、明天西方,今天知识、明天技能,今天现实、明天理想……许多做家长的当然也是眼花缭乱,难免盲目,甚至充满矛盾。

相比较于今天学校教育的空前发展,我国古代的非普通家庭的子女教育却有着甚为注重子女家庭教育的倾向。当时的家庭教育的教育理想、教育理念、教育方法、教育内容等,已经形成了一套颇具规模、颇成体系的教育理论,尽管其中精华与糟粕并存,但只要我们深加揣摩,择其善者而从之,其参考价值是很值得我们给予关注的。

譬如颜之推式的家庭教育,就是其中的佼佼者。我们知道,颜之推的儿子颜思鲁"以博学善属文,官至校书东宫学士",二儿子颜愍楚、三儿子颜游秦,也是官至内史、校祕阁;更下一代,也是人才辈出。广烈《颜氏家训序》云:"谓非《家训》所自,不可也。"①广烈将颜氏一个家族的兴盛与人才辈出的实现归之于颜氏家庭教育,是有其一定道理的。至于为什么颜氏的家庭教育能取得如此令人羡慕的成绩,我想这是值得每一个深爱子女者深思的问题。

---

① 颜之推撰,王利器集解:《颜氏家训集解》,上海:上海古籍出版社,1980年版,第553—554页。

引 言

第一节　两汉以前家庭教育发展略述

"家"是社会结构的基本单位,也是在氏族社会之后形成的最小的最实际的社会形式;"家"的成员不仅包括夫妻双方、父母、子女,也包括其他具有血缘关系和亲属关系的人;婚姻是"家"得以建立和形成的媒介,家庭成员为了"家"所做的付出是维持"家"存在与发展的基础,而新一代子女的到来则使"家"在一定的状态下得以巩固和延续。"家",构成了一个微型的天下。数千年来,中国人重视"家",这是毫无疑问的。

我国古代的思想家与政治家们往往都把"家"视为天下的根本,认为"天下国家,天下之本在国,国之本在家"①。所谓"天子建国,诸侯立家,卿置侧室,大夫有贰宗"②之"国""家""室""宗",也无非都是围绕着一个"家"字;在宗法制度的影响及"家天下"的君主集权制的包装下,国家就自然成为一个个大小不一的家庭系统的集合,每一个人、每一个家庭则都是一个"天下"的缩影。所以,在我国古代,在某种意义上,治国是治家,治家也是治国。为了更好地治理我们生于兹长于兹的地方,达到诸如"亲九族""平章百姓""协和万邦"③的理想,我们古人曾将其智慧的目光投向四面八方,各种治家治国的方法策略形成了一股令人至今无比艳羡的百家争论,而家族文化也成为中国文化最主要的柱石,就像《从文化世家看文化中国》所言,"文化世家是中国传统文化的重心所在。它昭示文明进

---

① [汉]赵岐注,[宋]孔奭疏:《孟子注疏·离娄上》,载《十三经注疏》,上海:上海古籍出版社,1997年版,第2718页。
② [晋]杜预注,[唐]孔颖达等正义:《春秋左传正义·桓公二年》,载《十三经注疏》,上海:上海古籍出版社,1997年版,第1744页。
③ [汉]孔安国撰,[唐]孔颖达等正义:《尚书正义·尧典》,载《十三经注疏》,上海:上海古籍出版社,1997年版,第119页。

程的中国路径,它凸显文化传承的中国方式,积淀了中国人最深沉的精神追求"①。

一、家国同构,治家与治国

我们古人关于治家治国的方法策略中,影响最大的当然就是儒家在传统文化基础上倡导的"家国同构"教化模式。这一模式把教化天下民众的任务分摊到每个家庭来承担,把家庭教育视为子孙知识与能力习得、民族文化传承以及社会发展的保证,"子不教,父之过",说的就是这个道理。在这种"家国同构"模式的背后,家庭管理成为国家治理中的重要环节,家庭治理的好坏会直接关系到国家统治以及社会秩序的好与坏。《礼记·大学》云:"一家仁,一国兴仁;一家让,一国兴让;一人贪戾,一国作乱。"②说的就是这样的意思。由于儒家思想对传统文化的影响,"修身齐家"与"治国平天下"相结合的独特阐释也由此进入人们的视野。《礼记·大学》云:

> 古之欲明明德于天下者,先治其国;欲治其国者,先齐其家;欲齐其家者,先修其身……心正而后身修,身修而后家齐,家齐而后国治,国治而后天下平。③

大意是说,古代那些要使美德彰明于天下的人,要先治理好他的国家;要治理好国家的人,要先整顿好自己的家;想要整顿好自己家的人,就要先注重自我修养……自我修养完善了,家里就能整顿有序;家里整顿好了,国家也就治理好了;国家治理好了,天下也就平定了。在"天下为家"的古代社会,齐家不仅成为君子修身的目标,也是实现治国理想的基础。

正因为治家与治国有着如此密切的联系,"家"的治理受到有识之士的关注

---

①傅璇琮等:《从文化世家看文化中国》,《光明日报》2014年2月25日,第16版。
②[汉]郑玄注,[唐]孔颖达等疏:《礼记正义·大学》,载《十三经注疏》,上海:上海古籍出版社,1997年版,第1674页。
③[汉]郑玄注,[唐]孔颖达等疏:《礼记正义·大学》,载《十三经注疏》,上海:上海古籍出版社,1997年版,第1673页。

和重视,也就很正常了。譬如他们会重视男女婚姻,在婚礼之时,"宜其室家""宜其家人""宜尔子孙""与子偕老"等这样的祝愿在《诗经》中比比皆是;而开篇《关雎》,更是以"后妃之德"作为"风天下而正夫妇""用之乡人焉,用之邦国焉"①的教化天下的起始。他们重视家教,重视对家庭的管理,譬如《诗经·大雅·思齐》云:"刑于寡妻,至于兄弟,以御于家邦。"②称颂的就是周文王用自己高尚的品德教化家人,并由此推及国家的治理。《易经》云:"正家而天下定矣。"也是讲治理天下者要先处理好家庭事务的重要性。

墨子虽然认为"家既已治,国之道尽此已邪?则未也",但亦认为"治天下之国,若治一家;使天下之民,若使一夫。……圣王皆以尚同为政,故天下治"③。墨子的这一思想同样将"治家"与"治国"结合起来,在追求"尚同""兼爱",为天下人谋福利的思想旗帜下,发挥着"家益,身安,名荣"而"处官得其理"的教育理论与见解的功能。他说:

其友皆好仁义,淳谨畏令,则家日益,身日安,名日荣,处官得其理矣,则段干木、禽子、傅说之徒是也。其友皆好矜奋,创作比周,则家日损,身日危,名日辱,处官失其理矣,则子西、易牙、竖刀之徒是也。④

墨子认为,有什么样的环境熏染就会造就什么样的人。如果交友都是仁义之徒,那么就能达到"家日益,身日安,名日荣,处官得其理"的效果;如果结交的都是一些自恃勇气、结党营私的人,那么他的家道就会日渐衰落,自身日渐危险,名声渐渐被辱没,为官治政也不得其道。

---

① [汉]郑玄笺,[唐]孔颖达等正义:《毛诗正义》,载《十三经注疏》,上海:上海古籍出版社,1997年版,第269页。
② [汉]郑玄笺,[唐]孔颖达等正义:《毛诗正义》,载《十三经注疏》,上海:上海古籍出版社,1997年版,第516页。
③ [战国]墨子著,吴毓江撰,孙启治点校:《墨子校注·尚同》,北京:中华书局,1993年版,第137—138页。
④ [战国]墨子著,吴毓江撰,孙启治点校:《墨子校注·所染第三》,北京:中华书局,1993年版,第17页。
⑤ [战国]老子著,朱谦之撰:《老子校释·第四十五》,北京:中华书局,1984年版,第184页。

老子更是提出"清静以为天下正"⑤"生之畜之,生而不有,为而不恃,长而不宰"①的不言之教、无为之道,并将自然无为之道作为联系"人""地""天""道"的纽带,作为实现不言之教、理家治国的方略。《老子》云:

> 人法地,地法天,天法道,道法自然。②

> 修之身,其乃德真;修之家,其德有余;修之乡,其德乃长;修之于国,其德乃丰;修之于天下,其德乃普。故以身观身,以家观家,以乡观乡,以国观国,以天下观天下。吾何以知天下之然?以此。③

这也就是说,世上最大的法则是自然法则,学会效法自然、顺其自然,才是人类最好的生存之道。以大道"修之身""修之家""修之乡""修之于天下",则大道将普行于世;"身""家""乡""天下"皆在大道之德中存在统一的法则。所以,我们可以以自身的修行来了解修身,以自家的修治来了解修家,以一己之乡的整治来了解乡间,以自己的邦国管理来了解邦国,以天下的治理来了解天下。

> 我无为,人自化;我好静,人自正;我无事,人自富;我无欲,人自朴。④

如果我不为所欲为,安详宁静,那么人民就会自己形成一种自然的风气与社会秩序;如果我不去发动什么战事,或者做什么劳民伤财的事情,那么人民自然就能富裕起来;如果我不存在各种欲望,人民就安于平淡朴素的生活。所以"圣人处无为之事,行不言之教"⑤,"(民)甘其食,美其服,安其居,乐其俗"⑥,家家安居乐业了,国家自然垂拱而治。

我国先秦两汉时代的家庭教育,也正是在诸家这样的家国治理观念中得以持续与发展。

---

① [战国]老子著,朱谦之撰:《老子校释》,北京:中华书局,1984年版,第41页。
② [战国]老子著,朱谦之撰:《老子校释》,北京:中华书局,1984年版,第103页。
③ [战国]老子著,朱谦之撰:《老子校释》,北京:中华书局,1984年版,第215—216页。
④ [战国]老子著,朱谦之撰:《老子校释》,北京:中华书局,1984年版,第232页。
⑤ [战国]老子著,朱谦之撰:《老子校释》,北京:中华书局,1984年版,第10页。
⑥ [战国]老子著,朱谦之撰:《老子校释》,北京:中华书局,1984年版,第309页。

二、我国古代家庭教育的主要内容、方法与形式

"家"或家族是以血缘关系为原则凝聚在一起的社会组织,为了维持家族的延续与秩序的和谐,我们的祖先曾经依靠天命赋予的血脉亲情以及家族成员对道德伦理的认同,建立了一整套规范家族成员言行举止的德行教育、开启子女智慧的知识教育,以及各种技能教育的思想、内容与理论。

现就西汉以前的家庭教育内容,撷取其要。

(一)对子女思想道德的教育几乎一直被摆在首位

儒家追求"仁义礼智信",曰:"为政以德,譬如北辰,居其所,而众星共之。"① 道家反对宣传"慈孝仁义",但却追求"道德",曰:"生而不有,为而不恃,长而不宰。是谓玄德。"②"大道废,有人义;智惠出,有大伪;六亲不和,有孝慈;国家昏乱,有忠臣。"③可见,道家对"慈孝仁义"的反对其实只是为了突出"道德"的至高无上,但并没有否定"慈孝仁义"在大道废弃后对于六亲和睦、国家稳定的补救作用;而在道德修养与金钱财富之间,我国古人也向来重视思想道德的修养胜于对积累财富的关注。《老子》曰:"金玉满堂,莫之能守;富贵而骄,自遗其咎。"④《礼记·大学》云:"德者本也,财者末也。"⑤《论语》曰:"饭疏食,饮水,曲肱而枕之,乐亦在其中。不义而富且贵,于我如浮云。"⑥安贫乐道,正是对这一观念的概括。至于有关忠孝、利义的抉择,待人接物的方法,为人处世的技巧等,也无不成为我国古人德行教育的重要内容。

---

① [魏]何晏等注,[宋]邢昺疏:《论语注疏·为政》,载《十三经注疏》,上海:上海古籍出版社,1997年版,第2461页。
② [战国]老子著,朱谦之撰:《老子校释》,北京:中华书局,1984年版,第41页。
③ [战国]老子著,朱谦之撰:《老子校释》,北京:中华书局,1984年版,第72—73页。
④ [战国]老子著,朱谦之撰:《老子校释》,北京:中华书局,1984年版,第35页。
⑤ [汉]郑玄注,[唐]孔颖达等疏:《礼记正义·大学》,载《十三经注疏》,上海:上海古籍出版社,1997年版,第1675页。
⑥ [汉]郑玄注,[唐]孔颖达等疏:《论语注疏·述而》,载《十三经注疏》,上海:上海古籍出版社,1997年版,第2482页。

（二）重视《诗》《书》《礼》《易》《春秋》《乐》的传习

我国古代比较重视礼、乐、射、御、书、数六艺基本才能的掌握以及其他与从政相关的或者常识性的文化知识的启发教育。譬如我国的大教育家孔子便很注重子女《诗》《礼》的学习。《论语》云：

> （孔子）尝独立，鲤趋而过庭。曰："学诗乎？"对曰："未也。""不学诗，无以言。"鲤退而学诗。他日又独立，鲤趋而过庭。曰："学礼乎？"对曰："未也。""不学礼，无以立。"鲤退而学礼。①

孔子认为，不学《诗》，就不能很好地表达自己的见解，也不能很好地理解别人的意思。不学习《礼》，就不能掌握祭祀孝亲、为人处世的方法。《论语·阳货》又云：

> 小子何莫学夫《诗》？《诗》可以兴，可以观，可以群，可以怨。迩之事父，远之事君；多识鸟兽草木之名。子谓伯鱼曰："女为《周南》《召南》矣乎？人而不为《周南》《召南》，其犹正墙面而立也与！"②

孔子认为，学习《诗》，可以学会"事父""事君"的方法，也可以学到许多基本的常识性知识，"多识鸟兽草木之名"；如果不学习《诗》《礼》，就不能做到知书达理、孝亲事君、处世立身，而只能像面对着墙壁站着，见识浅薄而不能处理什么事情。孔子以《诗》《礼》教子，孔鲤也以《诗》《礼》传家，孔门由此遂相沿成《诗》《礼》家风。

当然，这之间，六艺被重视的程度也是不等的，譬如"御"与"礼"相比，就属于末艺。《论语·子罕》云，有人曾称赞孔子"博学而无所成名"，孔子知道后谦虚地说，他能做什么呢，在"执御""执射"两者之间，他也就是能做比较卑微的"执御"罢了。

---

① ［汉］郑玄注，［唐］孔颖达等疏：《论语注疏·季氏》，载《十三经注疏》，上海：上海古籍出版社，1997年版，第2522页。
② ［汉］郑玄注，［唐］孔颖达等疏：《论语注疏·阳货》，载《十三经注疏》，上海：上海古籍出版社，1997年版，第2525页。

引　言

（三）劳动技能培养

传统的上层家庭往往轻视劳动技能的培养，譬如孔子就不是很看重杂艺和劳动技能的培养。《论语·子罕》云，孔子曾因为少时贫贱做过各种杂役而受到太宰的质疑，问孔夫子算是圣人吗？为什么会那么多"小艺"呢？子贡并没有感觉自己的老师会这么多被认为卑贱的技能有什么不好，他说："固天纵之将圣，又多能也。"他觉得自己的老师了不得，不仅是圣人，而且又懂得很多杂艺。但是，孔子却不以为然，他说："吾少也贱，故多能鄙事。君子多乎哉？不多也。"①孔子认为，那些"能"都是地位低贱的人所做的"鄙事"，君子是不应该"多能"的，他不赞同去做杂艺。正因为孔子有这样轻视劳动技能的观点，所以他的学生樊迟向他学习种庄稼、理园艺的技能时，孔子很不高兴地说：

小人哉，樊须也！上好礼，则民莫敢不敬；上好义，则民莫敢不服；上好信，则民莫敢不用情。夫如是，则四方之民襁负其子而至矣，焉用稼？②

但也有人是关注技能教育的。譬如那个讽刺孔子"四体不勤，五谷不分"的荷蓧丈人，又譬如有木工手艺又能教导儿子学习种田、织布及木工的公输班，而墨子也是"劳动教育"的身体力行者。墨子年轻的时候做过工匠，"墨子为木鸢，三年而成"，做的木鸢可以飞行；又善于制造守城的器械，阻止公输班制造云梯的就是他；同时他又是很有文化教养的人，博览群书，有丰富的技术知识；但他不像孔子那样轻视劳动技能，他不仅将教人耕种誉为"圣人作诲"，而且将教人百工之技，让大家能各自发挥自己的技能谋生，也视为是一件有功有德的行为。墨子重视劳动技能的培养，为我国古代提倡劳动教育谱写了光辉的一页。

那么，两汉以前的家庭教育的方法又有怎样的特征呢？

1.以言传、训辞的形式施教

依赖言语的教育，是古代家庭教育方法的首选。前文所及的孔子教育孔鲤学

---

① [汉]郑玄注，[唐]孔颖达等疏：《论语注疏·子罕》，载《十三经注疏》，上海：上海古籍出版社，1997年版，第2490页。
② [汉]郑玄注，[唐]孔颖达等疏：《论语注疏·子路》，载《十三经注疏》，上海：上海古籍出版社，1997年版，第2506页。

《诗》《礼》便是"言传"的形式之一,其他诸如训辞、著述的形式施教也是言传的重要方式。

譬如《尚书》中的《无逸》,就是周公以训辞的形式向年幼的周成王提出的告诫。周公举出周的太王、王季谦抑谨畏,不敢盘桓逸乐游猎,不索取分外的东西的美德,以及享国也比较长久的经验,对成王提出了希望与要求,告诫他千万不要贪图享乐,不许放纵"于观、于逸、于游、于田",他说:

呜呼!继自今嗣王,则其无淫于观、于逸、于游、于田,以万民惟正之供。无皇曰:"今日耽乐。"乃非民攸训,非天攸若,时人丕则有愆。无若殷王受之迷乱,酗于酒德哉!①

周公说,希望继位为王的成王不要贪图享受安逸,沉醉于游乐田猎;不要让万民进献的赋税仅仅供一个人享乐用了;不要自我宽慰说:"只是今天暂且放纵欢乐一下。"因为这些都不是顺天命教民众、治理天下的方法,这么做是有罪过的;不要像商王纣那样迷惑昏乱,把酗酒当作德啊!

又譬如《尚书·高宗肜日》有《高宗之训》,当时,有一次武丁祭祀成汤,这时候有只野鸟飞上大鼎耳而发出叫声,武丁的儿子祖己,由此思先王之道,训导祖庚,作《高宗之训》,曰:

高宗肜日,越有雊雉。祖己曰:"惟先格王,正厥事。"乃训于王。曰:"惟天监下民,典厥义。降年有永有不永,非天夭民,民中绝命。民有不若德,不听罪。天既孚命正厥德,乃曰:'其如台?'呜呼!王司敬民,罔非天胤,典祀无丰于昵。"②

---

①〔汉〕郑玄注,〔唐〕孔颖达等疏:《尚书·无逸》,载《十三经注疏》,上海:上海古籍出版社,1997年版,第222页。

②〔汉〕郑玄注,〔唐〕孔颖达等疏:《尚书·高宗肜日》,载《十三经注疏》,上海:上海古籍出版社,1997年版,第176页。

又譬如太康失邦之时,康的五个弟弟曾作《五子之歌》,云"皇祖有训":

> 其一曰:"皇祖有训,民可近,不可下,民惟邦本,本固邦宁。予视天下,愚夫愚妇,一能胜予,一人三失,怨岂在明,不见是图。予临兆民,懔乎若朽索之驭六马,为人上者,奈何不敬?"……①

《尚书·酒诰》又有文王"诰教小子"文:

> 文王诰教小子有正有事:无彝酒,越庶国,饮惟祀,德将无醉;惟曰:我民迪小子,惟土物爱,厥心臧;聪听祖考之彝训,越小大德,小子惟一。②

诸如此类,均是以口头抑或者以书面"训辞"的形式留下来的。发展到后来,尤其是到魏晋南北朝时期,类似于此的书面的家诫、家训、家书之类的著述就更为盛行了。许多家长,尤其是高门士族之家,正是运用这样的形式,在家庭教育中贯彻其家长的教育理念与教育主张,教导子女甚至更为久远的后代一系列生存发展、传业扬名之道。

2.重视身教示范的教育作用

家庭是人生活的重要场所,一个人的孕育,最先得自父母的精血,父母是子女最初的生命依赖;一个人的成长,最先在"家"中起步,父母是教导子女由家迈向社会的最初榜样与导师;故家长在家庭生活中的很多事情上都影响着子女,是子女学习模仿的对象。也正因为此,我国古代的家庭教育很重视家长的言传身教作用,重视家长自身素养对于子女教育的影响。曾子"杀彘成教"、孟母"买肉教子"就是父母以自身守信的示范教育子女的典型。

> 曾子之妻之市,其子随之而泣,其母曰:"女还,顾反为女杀彘。"妻适市来,曾子欲捕彘杀之,妻止之曰:"特与婴儿戏耳。"曾子曰:"婴儿非与戏也。

---

① [汉]郑玄注,[唐]孔颖达等疏:《尚书·五子之歌》,载《十三经注疏》,上海:上海古籍出版社,1997年版,第156页。
② [汉]郑玄注,[唐]孔颖达等疏:《尚书·酒诰》,载《十三经注疏》,上海:上海古籍出版社,1997年版,第206页。

婴儿非有知也，待父母而学者也，听父母之教。今子欺之，是教子欺也。母欺子，子而不信其母，非所以成教也。"遂烹彘也。①

据《韩非子》记载，有一次，曾子的妻子到集市去，她的孩子跟着她哭闹着要随着去，他的妻子没办法，就许诺儿子说："你回去，等我回来杀猪给你吃。"后来，妻子从集市回来，曾子就要逮着猪把它杀了，妻子阻止他说："那只不过哄小孩子罢了。"曾子说："不能跟小孩子开这样的玩笑。小孩子不懂事，没有什么判断是非对错的能力，什么事情都要看父母怎么做然后向父母学习，需要父母给予教导。现在你哄骗儿子，这是教导儿子哄骗别人；母亲哄骗儿子，儿子不相信他的母亲，这不是用来教育孩子成为正人君子的办法。"于是曾子为妻子兑现诺言，真的杀猪煮肉了。据《韩诗外传》中记述，孟子的母亲也曾经为了自己的一句话而去做了基本没有计划去做的事情。

孟子少时，东家杀豚。孟子问其母曰："东家杀豚何为？"母曰："欲啖汝。"其母自悔失言。曰："吾怀（妊）是子，席不正不坐，割不正不食，胎教之也。今适有知而欺之，是教之不信也。"乃买东家豚肉以食之，明不欺也。《诗》曰："宜尔子孙承承兮。"言贤母使子贤也。②

孟子小的时候，有一次东家邻居杀猪，孟子问他的母亲："东家邻居杀猪干什么啊？"孟母顺口说："想让你吃。"话一出口，自悔失言说错了话，自言："我怀这个儿子的时候，饭席没有摆好就不去坐，肉菜切割的不规整就不吃，这是怀胎的时候就教育他；现在他已经有了认知的能力，我反而骗他，这是教他不诚信。"于是就到东家邻居那里买了一块猪肉给孟子吃，以此来告诉儿子方才所言"想让你吃"说的是真的，不是骗人的。所以《诗经》中说："宜尔子孙承承兮。"就是说贤能的母亲能教育儿子使儿子贤能。

曾子、孟母以自己不欺骗儿子的言行教育了儿子为人诚信，他们这样对子女

---

① [战国]韩非著，王先慎撰，钟哲点校：《韩非子集解·外储说左上第三十二》，北京：中华书局，1998年版，第287页。
② [西汉]韩婴著，许维遹集释：《韩诗外传》，北京：中华书局，1980年版，第306页。

德行养成甚为负责任的教育态度的确令人钦佩。

《老子》提倡的"不言之教"也属于身教示范一类,尽管老子并非仅仅针对教育言及身教,但"不言之教"同样适用于家庭教育中的子女教育范畴。《老子》认为,如果天下人都知道美之所以为美的原因,于是就有了令人嫌恶的丑的出现;都知道善之所以为善的缘由,于是就有了对立的不善的观念。所以,"有"与"无"相互依存,"难"与"易"相互促成,"长"与"短"相互比较,"高"与"下"互相反转,"音"与"声"相互陪衬,"前"与"后"相互照应——这些东西都是相辅相成。所以:

> 是以圣人处无为之事,行不言之教。万物作焉而不辞,生而不有,为而不恃,功成而弗居。夫唯弗居,是以不去。①

从家庭教育的角度去理解,也就是说,作为教育者最好不偏不倚,不要首先为事物作出善恶、难易、长短、高下、音声、前后的判断,而是要效法自然的法则,遵循天地自然的规律,奉行"不言之教"。用自身的行为引导受教者去追求美,去力行善,但不必言辞灼灼地教导他们何为美,何谓善,当然也就没有丑,没有不善;而且,你生养了他但并不将他据为私有,你扶持他成长、成功但并不将他的成长、成功据为自己的功劳。作为教育者,巧妙运用"不言之教",让一切受教者感受不到教育者强加于他的强制和约束,他们就像在自然界自由生长。

3.重视环境对人的塑造

我国古代家庭教育对于家庭环境和社会环境对教育的作用,以及对师友的选择也是很重视的。

譬如孔子已有"择其善者而从之""里仁为美"②的思想与论断,而墨子则更为准确地提出了"素丝说"。《墨子》云:

> 染于苍则苍,染于黄则黄,所入者变,其色亦变,五入必,而已则为五色

---

① [战国]老子著,朱谦之撰:《老子校释》,北京:中华书局,1984年版,第10页。
② [汉]郑玄注,[唐]孔颖达等疏:《论语注疏·里仁》,载《十三经注疏》,上海:上海古籍出版社,1997年版,第2471页。

矣。故染不可不慎也。非独染丝然也,国亦有染。……非独国有染也,士亦有染。其友皆好仁义,淳谨畏令,则家日益,身日安,名日荣,处官得其理矣,则段干木、禽子、傅说之徒是也。其友皆好矜奋,创作比周,则家日损,身日危,名日辱,处官失其理矣,则子西、易牙、竖刀之徒是也。①

墨子看到别人染"素丝",放入青色的染料去染就变成青色,放入黄色的染料去染就变成了黄色,投入的染料变了,丝的颜色也随着就变了。他认为,"非独染丝然也,国亦有染""非独国有染也,士亦有染"。人性就如同待染的"素丝",有什么样的环境熏染就会造就什么样的人。如果结交仁义的人,就会受到仁义的"染化",家道日益兴盛,自身日益安定,名声日益显赫,而为官治政也会合于正道;如果结交的都是一些自恃勇气、结党营私的人,那么他的家道就会日益衰落,自身日益危险,名声渐渐被辱没,为官治政也不得其道。

环境对人的发展有重要影响,对年幼的子女而言更是如此。基于诸如"择仁""染化"之类的思想对环境影响的认识,古人在进行家庭教育时,往往会强调为子女创设良好的受教环境,重视对子女的师友选择。譬如孟子的母亲为了教育孟子而三次迁移居住地,就是重视家教环境的一个典型事例。

邹孟轲之母也,号孟母。其舍近墓,孟子之少也,嬉戏为墓间之事,踊跃筑埋。孟母曰:"此非吾所以居处子。"乃去,舍市傍。其嬉戏为贾人炫卖之事。孟母又曰:"此非吾所以居处子也。"复徙舍学宫之旁。其嬉游乃设俎豆揖让进退。孟母曰:"真可以居吾子矣。"遂居。及孟子长,学六艺,卒成大儒之名。君子谓孟母善以渐化。②

孟子的家本来距离墓地很近,所以幼年的孟子喜欢跟其他的小孩子一起玩诸如丧葬一类的游戏,经常欢喜雀跃地在土里面埋一些东西,筑起土堆,模仿修

---

① [战国]墨子著,吴毓江撰,孙启治点校:《墨子校注·所染第三》,北京:中华书局,1993年版,第16—17页。

② [西汉]刘向著,张涛译注:《列女传》,济南:山东大学出版社,1990年版,第38页。

墓。孟子的母亲看到后很担忧,说:"这可不是我可以居住下来教育儿子的地方。"于是,就离开了这里,把家搬到了靠近市场的地方。孟子就跟小伙伴学着商贾的样子玩起买卖吆喝一类的游戏。孟子的母亲看到后又说:"这里也不是我能居住下来教育儿子的地方。"于是又把家迁到专门教授国子和其他贵族子弟的场所的旁边。这下,孟子与小朋友们嬉戏的内容就主要是诸如如何排放一些拜祭祖先的器物,如何行揖让进退之礼节等。孟子的母亲看到后说:"这才是我们可以居住下来教育儿子的地方啊!"于是,孟子的母亲就带着孟子在这里居住下来。孟子长大后,学习了六艺,最终成为有名望的大儒。所以大家都说,孟子的母亲是善于运用环境感染教化的作用教育儿子的。

另外,值得提及的是这一时期的主要家庭教育形式,诸如亲师合一教育,君师合一教育,君、亲、师分离教育,保、师、傅等分工教育(家族式、私塾式教育),以及家庭教育与官学结合的教育形式等。

养儿育女本是父母的职责,子女出生,随父母生活、学习,父母是长辈,也是老师。随着家庭教育的发展,仅仅依赖父母长辈直接的言传身教已经不足以满足子女日趋复杂的需要。于是,"天地君亲师"之"亲""师"也就独立出现了,"立大傅、少傅以养之,欲其知父子、君臣之道也。大傅审父子,君臣之道以示之;少傅奉世子,以观大傅之德行而审喻之。大傅在前,少傅在后;入则有保,出则有师"[1]。由特定的施教者"保""傅""师""姆"等参与承担对子女履行教育之责,成为教育发展的必然。

这些施教者一般会是子女的亲族长辈或者其他有密切关系的贤能之人,譬如《大戴礼记》所记的"三公"即召公为太保,周公为太傅,太公为太师。所谓"保",就是帮助其保其身体;"傅",就是教导其德义;"师",就是教导之教顺,这就是三公之职。教导成王的周公、召公、太公,皆是值得成王学习的长辈,吕思勉先生称之为"三老"[2];少保、少傅、少师,也都是一些与王室关系亲近的人。请贤

---

[1] [汉]郑玄注,[唐]孔颖达等疏:《礼记正义·文王世子》,载《十三经注疏》,上海:上海古籍出版社,1997年版,第1406页。

[2] 吕思勉:《先秦史》,上海:上海古籍出版社,1982年版,第386页。

能之人作为子女之"傅""姆"的记载是很多的。譬如：

> 惠之二十四年,晋始乱,故封桓叔于曲沃,靖侯之孙栾宾傅之。①
> 献公使荀息傅奚齐。②
> 使高厚傅牙,以为大子,凤沙卫为少傅。③
> 女子十年不出,姆教婉娩听从。④

诸如此类,不烦列举。推及一般的家庭,虽然不请"三公""三少",但请人为"师"作"傅",承担教育子女的职责也还是必要的;家有塾,党有庠,其他诸如乡师、乡大夫、州长、党正等,则逐渐成为地方乡学的主持者,于是家庭教育逐渐走向家教与官学的结合。

其次,易子而教之。

陈亢问伯鱼所受的父亲的教育有没有什么特别的,伯鱼告诉他,父亲对自己的教育没有什么特别的,只是说过"不学诗,无以言""不学礼,无以立"这两点。陈亢很高兴地说：

> "问一得三,闻诗,闻礼,又闻君子之远其子也。"⑤

这里所言"君子之远其子"的教育方法,并非孔子所创,但却是被孔子终身践

---

① [汉]郑玄注,[唐]孔颖达等疏:《左传·桓公二年》,载《十三经注疏》,上海：上海古籍出版社,1997年版,第1744页。
② [汉]郑玄注,[唐]孔颖达等疏:《左传·僖公九年》,载《十三经注疏》,上海：上海古籍出版社,1997年版,第1800页。
③ [汉]郑玄注,[唐]孔颖达等疏:《左传·襄公十九年》,载《十三经注疏》,上海：上海古籍出版社,1997年版,第1968页。
④ [汉]郑玄注,[唐]孔颖达等疏:《礼记·内则》,载《十三经注疏》,上海：上海古籍出版社,1997年版,第1471页。
⑤ [汉]郑玄注,[唐]孔颖达等疏:《论语注疏·季氏》,载《十三经注疏》,上海：上海古籍出版社,1997年版,第2522页。

行的。孟子也提倡父不亲教,并提及"易子而教"的教育方法,他说:

> 公孙丑曰:"君子之不教子,何也?"孟子曰:"势不行也。教者必以正,以正不行,继之以怒。继之以怒,则反夷矣。'夫子教我以正,夫子未出于正也。'则是父子相夷也。父子相夷,则恶矣。古者易子而教之,父子之间不责善。责善则离,离则不祥莫大焉。"①

他认为,父母教育子女,如果子女做不到,父亲就会发怒,父亲一发怒,就会影响到父子的情感,从而影响教育效果。甚至子女会说:"父亲教我这么做,但他自己就不是这么做的。"这就使得父子相责,这是很糟糕的事情。所以古代的家庭教育往往采用"易子而教"的方法。

汉代以后,即便是官学的发展已经颇具规模,但家庭教育依然受到普遍的重视,尤其是到了魏晋南北朝时期,当时世家大族的家庭教育俨然成为教育子女、传承华夏文化的主要渠道,当时很多世家大族贤才名士的出现,都与其严格的家庭教育密不可分。

---

① [汉]赵岐注,[宋]孔颖疏:《孟子注疏·离娄上》,载《十三经注疏》,上海:上海古籍出版社,1997年版,第2722页。

第二节 魏晋南北朝时期的家庭教育概况

一、汉末魏晋南北朝门第家庭教育获得积极发展的背景

首先,关于汉末魏晋南北朝的教育,我们不得不注意到这样的状况,那就是国家所设立的学校教育的颓败与高门世家家庭教育的兴盛。我们知道,汉代之后,读书人仕进的道路一般是先进入国家设立的学校读书,经国家较为系统的文化思想教育,再经一定期限的行政实习、行政考察,之后朝廷对这些读书人,借助考试或者举荐选举的方式加以任用。但是,这时的官学存在诸多弊端,滞固了学校教育的发展。其次,祸乱迭起,朝代屡易,国家分裂的社会现实,对正常发展中的学校教育造成了更为直接的破坏;而九品中正制选士促使世家大族为了家族的地位与自身的利益,重视传承家学门风,这就更加促进了当时家庭教育的积极发展。

(一)汉末魏晋南北朝时期官学存在的诸多弊端,滞固了学校教育的发展

1.当时学校教育的入学门槛很高,而且求学读书的花费很大。譬如书籍的收藏与拥有都是很昂贵的,并非一般的家庭可以达到或者承担,这样就凸显出家庭教育在教育中的重要地位。

据《颜氏家训》记载,当时借书阅读甚为普遍,即便是颜氏家族也面临需要借书学习的情况,所以颜之推才会在家训中提醒子女借书阅读的时候要注意什么。他说:"借人典籍,皆须爱护,先有缺坏,就为补治,此亦士大夫百行之一也。济阳江禄,读书未竟,虽有急速,必待卷束整齐,然后得起,故无损败,人不厌其

求假焉。或有狼藉几案,分散部帙,多为童幼婢妾之所点污,风雨虫鼠之所毁伤,实为累德。"①颜氏这样的家族尚且为借书考虑,何况不如他们的庶族子弟,要想获得更好的教育更是面临着学校教育权利上、经济上、资料上的重重困难;而相应的,官学无论是从生源选择上、经济条件的要求上也都不具备普及性,而宫廷教育之类,更是与普通大众无缘。

一般庶族子弟由于各种因素的制约,难以享有获得良好教育的权利,而世家大族"家多坟籍,人所罕见"②。他们的子弟不入学校,也可以凭借自己家族丰富的藏书、渊博的家承、优良的家庭教育传统,享受到优良的甚至比学校教育更系统的家庭教育。正如胡美琦在《中国教育史》中所讲的,"古代社会书籍不易得,学术环境不普遍,……抄一本书,费用很大。且需不远千里寻师访求,因此读书求学便有着极大的限制。但若生在一个人读书家庭中,一切困难便易于解决。儒家讲敬宗恤族,一个家族中只要有一个人读书入仕,在政治上获得地位,则此一家族之子弟亦因此比他人易于获得读书的机会。知识的传授遂往往限于少数的私家。于是有所谓的世代经学,便可世代跑进政治圈子,成为世代公卿,而形成变相的世袭贵族了。"③

2.学校教育内容死板,不能适应社会需求,也是造成学校教育难以受到青睐的重要因素。这时,经学渐趋迂腐、荒诞、烦琐、僵化,今文追求"无一字无精义",古文追求"无一字无来历",言语烦琐,空疏无用;有识之士无不反对这种无用之学,如东汉张衡甚为痛恨当时的经学"欺世罔俗,以罔势位,情伪较然,莫之纠禁"④。但是,这些被有识之士批判的东西却都是当时学校教育的主要内容。譬如:孙休即位即下诏开官学,"其案古置学官,立五经博士,核取应选,加其宠

---

① 颜之推撰,王利器集解:《颜氏家训集解》,上海:上海古籍出版社,1980年版,第66页。
② [梁]萧子显撰:《南齐书·陆澄传》,北京:中华书局,1972年版,第686页。
③ 胡美琦:《中国教育史》,台北:三民书局,1978年版,第205页。
④ [宋]范晔撰,[唐]李贤等注:《后汉书·张衡列传》(卷五十九),北京:中华书局,1965年版,第1912页。

禄"①。晋武帝即位后,也是"承魏制,置博士十九人。及咸宁四年,武帝初立国子学,定置国子祭酒、博士各一人,助教十五人,以教生徒"②。与此相对,当时社会上,"当今年少,不复以学问为本,专更以交游为业;国士不以孝悌清修为首,乃以趋势游利为先"③。"淡而寡味,故始学者不好也。"④尤其是在政权更替频繁的年代,学这些无用的东西无疑等于自取灭亡。所以,"士大夫子弟皆以博涉为贵,不肯专儒"⑤。在对世家大族子弟的家庭教育中,儒家、道家并行,儒业与玄学并重,在儒业之外兼及玄学、佛学、文史、地理、算术、医学乃至琴棋书画等杂艺的现象都是比较普遍的。

3.学校教育施教者、受教者犹如一个群体空架,为师的不师、为学的不学亦属正常。据《三国志》记载,魏文帝时下诏立太学,"制五经课试之法,置《春秋》《谷梁》博士"⑥。但是这些博士往往教不了什么东西,"学多偏狭,又不熟悉,略不亲教,备员而已"⑦。《晋书·儒林传》也说,"自魏晋以来,多以微人教授,号为博士,不复尊以为师"⑧。有时偶尔有一两个诸如苏林、秦静等胜任其职位的老师,一旦伤逝,也会出现青黄不接,"学者遂废"的状况⑨。

---

① [晋]陈寿撰,陈乃乾校:《三国志·吴书三》(卷四十八),北京:中华书局,1959年版,第1158页。
② [唐]房玄龄等撰:《晋书·志第十四》(卷二十四),北京:中华书局,1974年版,第736页。
③ [晋]陈寿撰,陈乃乾校:《三国志·魏书·董昭传》(卷十三),北京:中华书局,1959年版,第442页。
④ [唐]房玄龄等撰:《晋书·虞溥传》(卷八十二),北京:中华书局,1974年版,第2140页。
⑤ 颜之推撰,王利器集解:《颜氏家训集解》,上海:上海古籍出版社,1980年版,第170页。
⑥ [晋]陈寿撰,陈乃乾校:《三国志·魏书·文帝纪第二》(卷二),北京:中华书局,1959年版,第84页。
⑦ [晋]陈寿撰,陈乃乾校:《三国志·魏书·魏略》(卷十六),北京:中华书局,1959年版,第507页。
⑧ [唐]房玄龄等撰:《晋书·儒林传·徐邈》(卷九十一),北京:中华书局,1974年版,第2358页。
⑨ [晋]陈寿撰,陈乃乾校:《三国志·魏书·高堂隆传》(卷二十五),北京:中华书局,1959年版,第718页。

引 言

之所以出现师资匮乏的现象，主要源于特殊的政治环境，当世称为硕学的人，尚且"读《易》三年不解文义，欲撰《宋书》竟不成"①，何况一般学习者；而真正有学问的人却不肯出仕任教。与此同时，所招到的生源的素质也相对较差。正如《三国志·王肃传》中《魏略》载：

> 太学始开，有弟子数百人。至太和、青龙中，中外多事，人怀避就。虽性非解学，多求诣太学。太学诸生有千数，而诸博士率皆麄疎，无以教弟子。弟子本亦避役，竟无能习学。冬来春去，岁岁如是。虽有精者，而台阁举格太高，加不念统其大义，而问字指墨法点注之间。百人同试，度者未十。是以志学之士，遂复陵迟，而末求浮虚者各竞逐也。……见在京师者尚且万人，而应书与议者略无几人。又是时朝堂公卿以下四百余人，其能操笔者未有十人。②

也就是说，来官学读书的多是对学问毫无兴趣，且没有什么底子的人，他们或者是为了避祸，或者是为了当官，或者是逃避徭役，或者是顶替别人充数的；而有一定的家教和修养的人反而没有意愿入学。即便真的招到那么一两个有志于学的学生，也会因为遇不到好的指导而在不切实际的墨法点注与虚名逐利中误了他天赋的发展，以至于"志学之士，遂复陵迟，而末求浮虚者各竞逐也"③。要么就像颜之推所说的，"俗间儒士，不涉群书，经纬之外，义疏而已"④，真正能学到有用的东西的人少之又少，而那些本来有基础、有潜力的弟子，却又往往不入官学，或者找人代替自己入学。《三国志·刘馥传》云：

> 自黄初以来，崇立太学二十余年，而寡有成者，盖由博士选轻，诸生避役，高门弟子，耻非其伦，故无学者。虽有其名而无其人，虽设其教而无其功。⑤

---

① [梁]萧子显撰：《南齐书·陆澄传》，北京：中华书局，1972年版，第685页。
② [晋]陈寿撰，陈乃干校：《三国志·魏书·魏略》（卷十三），北京：中华书局，1959年版，第420—421页。
③ [晋]陈寿撰，陈乃干校：《三国志·魏书·魏略》（卷十三），北京：中华书局，1959年版，第421页。
④ 颜之推撰，王利器集解：《颜氏家训集解》，上海：上海古籍出版社，1980年版，第176页。
⑤ [晋]陈寿撰，陈乃干校：《三国志·魏书十五·刘馥传》（卷十五），北京：中华书局，1959年版，第464页。

正是这样的情况,刘馥才会建议提高师资水平,令高门子弟入学。

> 宜高选博士,取行为人表,经任人师者,掌教国子。依遵古法,使二千石以上子孙,年从十五,皆入太学。明制黜陟荣辱之路;其经明行修者,则进之以崇德;荒教废业者,则退之以惩恶;举善而教不能则劝,浮华交游,不禁自息矣。阐弘大化,以绥未宾;六合承风,远人来格。此圣人之教,致治之本也。①

刘馥认为,只有选用"行为人表,经任人师"的博士教导学生,并提高生源的素质,将官学与"黜陟荣辱"相结合,才能更好地发挥官学的作用。然而,在魏晋南北朝时期,这只能是一种理想。

4.统治者兴办庠序,名为教化,实则为了维护自己的统治而培养忠实的工具以加强思想的控制。但是在思想领域,玄学、佛学与儒学相为争锋,经学的桎梏教育早已使得很多有志之士难以接受。何况,这时候"九品中正制"选任人才,也极大地冲击了官学人才征用的权力,高门士族的社会地位与权势与皇权并驾齐驱,学校教育与仕途出现脱节。所以失去了原有的思想上的吸引力,失去了原有的出仕价值与社会意义,国家又如何能鼓起人心去接受学校教育?这个时候,出于现实的考虑,或是出于精神哲学的追求,或是为了保全身家性命,或是为了家族氏族的长远利益,有志之士多选择远离官学,而看重家学的传承。

他们认为,他们只要远离官学,不非议朝政,即使生活得再狂放、再傲慢,频频更替的当权者也不会着意去迫害他们。譬如郑玄潜心学术,远离官学,就比较安稳地度过了一生;又譬如"竹林七贤"中的阮籍远离官学,谨言慎行,虽然放荡不羁,"毁顿如此",但"君不共忧之"②。统治者依然能够容忍他,从而避免了嵇康

---

① [晋]陈寿撰,陈乃干校:《三国志·魏书十五·刘馥传》(卷十五),北京:中华书局,1959年版,第464页。

② [南朝宋]刘义庆撰,徐震堮笺:《世说新语校笺·任诞二》,北京:中华书局,1984年版,第391页。

一样的下场。二则他们远离官学，并非意味着不学，而是要用另外一种方式去学，那就是"家学"。他们可以借助家庭教育，传业扬名，并最终成为一姓一氏世家大族，所以家学在这一时期成为诸多世家大族子弟得以在社会立足生存的重要依托。

（二）祸乱迭起、朝代屡易、国家分裂的社会现实，对发展中的官学造成直接的破坏

国家承平，则学业才能大盛。一个国家要恢复既有的庠序制度，实现国家学校教育的价值，只有在政治经济长期稳定的大前提下，才有可能；如果政局衰乱，时事多故，朝令夕改，民众弃学，国家教育自然无法正常进行。历史上，历时三百多年的汉末魏晋南北朝，中原动荡，干戈不息——黄巾起义、群雄割据、三国鼎立、五胡乱华、晋室南迁，朝代屡易，可以说，除却西晋平吴后三十余年的统一，其余的时间，魏晋南北朝时期的人们无不是在祸乱迭起、分裂战乱中度过的；直到隋文帝灭掉陈国，这一段非常历史时期才最终告一段落。历史曾对这一段的历史有很多悲痛的记载，譬如《晋书》言元康永嘉之乱，云：

> 自元康以来，王德始阙，戎翟及于中国，宗庙焚为灰烬，千里无烟爨之气，华夏无冠带之人，自开天辟地，书籍所载，大乱之极，未有若兹者也。①

> （永嘉之祸）晏以外继不至，出自东阳门，掠王公已下子女二百余人而去。时帝将济河东遁，具船于洛水，晏尽焚之，还于张方故垒。王弥、刘曜至，复与晏会围洛阳。宣阳门陷，弥、晏入于南宫，升太极前殿，纵兵大掠，悉收宫人、珍宝。曜于是害诸王公及百官已下三万余人，于洛水北筑为京观。②

由于战争的破坏，原本繁华的京洛沦为废墟；白骨露于野，千里无鸡鸣的惨

---

① [唐]房玄龄等撰：《晋书·虞溥传》（卷八十二），北京：中华书局，1974年版，第2144页。
② [唐]房玄龄等撰：《晋书·载记第二·刘聪》（卷一百二），北京：中华书局，1974年版，第2658—2659页。

象令人不忍触目；而就在混乱不堪的汉族政权虚弱萧索之时，胡人又趁机南下，入侵中原，洛京倾覆，寇资蜂起，虽有很多中原高门世族和一些流离失所的百姓为求安身立命而渡江逃亡南方，但更多的汉族百姓则不得不遭受亡国的命运。

北方陷入异族的血腥统治，而逃亡南方的汉族权贵又如何呢？

>过江诸人，每至美日，辄相邀新亭，藉卉饮宴。周侯中坐而叹曰："风景不殊，正自有山河之异！"皆相视流泪。唯王丞相愀然变色曰："当共戮力王室，克复神州，何至作楚囚相对！"①

>永嘉三年，……于时四方寇乱，天下分崩，王威不振，朝野危惧。简优游卒岁，唯酒是耽。诸习氏，荆土豪族，有佳园池，简每出嬉游，多之池上，置酒辄醉，名之曰高阳池。时有童儿歌曰："山公出何许，往至高阳池。日夕倒载归，茗芋无所知。……"②

>江左儒门，参差互出，虽于时不绝，而罕复专家。晋世以玄言方道，宋氏以文章间业，服膺典艺，斯风不纯，二代以来，为教衰矣。建元肇运，戎警未夷，天子少为诸生，[端]拱以思儒业，载戢干戈，遽诏庠序。③

渡江偏安一隅的汉室与掌权的士族大户，不去想收复，却在少许的稳定中战里偷闲，风雅清谈，追求享乐，在南北分裂的现实中逃难、享受、得过且过。不仅如此，还要兄弟阋墙，篡位杀戮。

血腥的异族统治，相继的篡位弑杀，委曲求全的偷生与苟安于世的偏安，成

---

①[南朝宋]刘义庆撰，徐震堮笺：《世说新语校笺·任诞二》，北京：中华书局，1984年版，第50页。
②[唐]房玄龄等撰：《晋书·山涛传》（卷第四十三列传第十三），北京：中华书局，1974年版，第1229—1230页。
③[梁]萧子显撰：《南齐书·陆澄传》，北京：中华书局，1972年版，第686—687页。

为这个特定历史时期令人难以展颜的悲哀。在这样为国、为天下的使命与维系身家性命地位的矛盾交织中,一个国家要想静下心来推行"十年树木,百年树人"这样正常的学校教育,岂不是天方夜谭?这个时候,有多少人会有心思去顾及官学,恢复庠序,为教育事业奋争呢?

> 自汉氏失御,天下分崩,江表寇隔,久替王教,庠序之训,废而莫修。①

> 又国不置史,注记无官,是以行事多遗,灾异靡书。诸葛亮虽达於为政,凡此之类,犹有未周焉。②

> 自顷以来,庠序不建,为日久矣。道肆陵迟,学业遂废,子衿之叹,复见于今。③

> 比学官虽建,庠序未修,稽考古今,莫专其任。④

> 自永嘉以来,旧章殄灭。乡闾芜没《雅颂》之声,京邑杜绝释奠之礼。道业陵夷,百五十载。仰惟先朝每欲宪章昔典,经阐素风,方事尚殷,弗遑克复。⑤

尽管有识之士皆知学校教育的重要,但是,时值天下混乱之时,诸多朝代统治的时间都相当短暂,基本没有足够的时间给予官学制度化、系统化的机会,学校与察举皆难存立,太学虽然有博士,但也教不了什么东西,国家办学难以正常持续。虽然若干有识的大臣君主也想振兴学校,但也常常只能存在一念之间,断断续续;即便终于有机会恢复庠序,也难免时兴时废,或因快速地朝代更替而宣

---

① [唐]房玄龄等撰:《晋书·虞溥传》(卷八十二),北京:中华书局,1974年版,第2140页。
② 诸葛亮曾"作八务、七戒、六恐、五惧,皆有条章,以训厉臣子"。([晋]陈寿撰,陈乃干校:《三国志·诸葛亮传·魏氏春秋》卷三十五,北京:中华书局,1959年版,第928页。)但由于蜀国国小民贫,加之屡次用兵南征北伐,无暇顾及官学教育,不免"国不置史,注记无官,是以行事多遗,灾异靡书"。([晋]陈寿撰,陈乃干校:《三国志·后主传第三》卷三十三,北京:中华书局,1959年版,第902页。)
③ [北齐]魏收:《魏书·高允传》(卷四十八),北京:中华书局,1974年版,第1077页。
④ [晋]陈寿撰,陈乃干校:《三国志·魏书·礼志四》(卷一百八之四),北京:中华书局,1959年版,第2807页。
⑤ [晋]陈寿撰,陈乃干校:《三国志·魏书·高允传》(卷四十八),北京:中华书局,1959年版,第1077—1078页。

告终结，或因一场战事的祸乱而导致今天立明天废，难成大局。

  梁武帝修建庠序，别开五馆，其一馆在宪宅西，宪常招引诸生与之谈论，新义出人意表，同辈咸嗟服焉。①

  时责傪官献便宜，议者以为宜修庠序，卹典刑，审官方，明黜陟，举逸拔才，务农简调。②

  时兵荒之后，儒雅道息，谨命立庠序，教以诗书。③

  诉上疏求立学校曰："臣闻至治之隆，非文德无以经纶王道；太平之美，非良才无以光赞皇化。是以昔之明主，建庠序于京畿，立学官于郡邑，教国子弟，习其道艺。然后选其俊异，以为造士。今圣治钦明，道隆三五，九服之民，咸仰德化，而所在州土，学校未立。臣虽不敏，诚愿备之，使后生闻雅颂之音，童幼觌经教之本。④

  朕既篡统大业，八表晏宁，稽之旧典，欲置学官于郡国，使进修之业，有所津寄。⑤

  （冯怀上书请开办官学）疏奏，帝有感焉，由是议立国学征集生徒。而世尚庄、老，莫肯用心儒训。穆帝永和八年，殷浩西征，以军兴罢遣，由此遂废。⑥

华夏精神在人心惟危、如步履薄冰的社会中饱受冲击，原有的国家学校教育

---

① [唐]李延寿：《南史·列传第十六》（卷二十六），北京：中华书局，1975年版，第718页。
② [唐]李延寿：《南史·列传第十七》（卷二十七），北京：中华书局，1975年版，第733页。
③ [唐]李延寿：《北史》，北京：中华书局，1974年版，第1325页。
④ [晋]陈寿撰，陈乃干校：《三国志·魏书·李诉传》（卷四十六），北京：中华书局，1959年版，第1040页。
⑤ [晋]陈寿撰，陈乃干校：《魏书·高允传》（卷四十八），北京：中华书局，1959年版，第1077页。
⑥ [南朝梁]沈约：《宋书·志第四》（卷十四），北京：中华书局，1975年版，第363页。

也在异族的统治与偏安内斗,以及频繁更替的政权中,实在难以获得令人理想的发展。就是在这个时候,中国特有的门阀士族特权时代以其特有的生命力发展着、演化着、传袭着中国的传统文化精神,承担起一个国家的文化传承与教育重任。① 故《中国教育史》说:

> 东汉末季虽早已有门第,但要等到魏晋南北朝时期,由于上层社会的不稳定,士族门第遂成为一个新的阶级,而大门第的地位才得以确立。他们掌握了朝廷政权,上层王室虽不断更迭,但士族门第反因此更形稳固。南北朝分裂,但南方北方的士族门第却同样能传袭不断。政局虽动乱,门第却安定无恙。此一时期,可说国政乱于上,家教治天下。……中国文化命脉之延续不断,而下开隋唐之盛运者,实有赖于当时之门第。②

胡美琦所言实为中的之论,事实也正是如此。魏晋南北朝时期,无论南方北方,亦无论政治经济,门第之盛都毫无疑问。国家祸乱迭起,朝代频更屡易,但世家大族门第则递嬗相承,家学的传承亦未受到波动。这一时期学校教育受到主客观因素的冲击而颓败,能承担教育功能的主要是门第教育;门第教育实施教育功能的主要场所在家庭,而不在国家所设立的学校;除了门第家庭之外,再有就是佛教寺院等亦成为当时实施教育的场所。政府官学在战乱中分崩离析,而

---

① 譬如永嘉乱后,晋室南迁,有一部分世家大族诸如清河崔氏、博陵崔氏、范阳卢氏、荥阳郑氏、赵郡李氏、河东裴氏等大族等,因为受到地域的限制,又因为是大家族聚族而居,他们的迁徙流动多以家族群体为单位,人数众多,行动缓滞,均未能跨越五胡控制的核心地区南迁。原本血腥屠戮汉民的胡人为了自己的统治,对于降服于他们的世家大族,最终还是采取了相当优容的政策,诸如清河崔瑞、范阳卢湛、荥阳郑略、河东裴宪等等均受到北朝政府的礼遇;石勒将"衣冠人物,集为君子营"便是一例。而在北方异族的统治之下,诸世家大族出于维持家族地位以及生存的需要,也不得不隐忍耻辱与诸胡合作,由是及至北魏,以鲜卑贵族为主,汉族士人为辅的政权,就这样在历史中得以形成和发展。虽然这些汉族士人在传统意义上的政治志向大多泯灭殆尽,但他们对于华夏文化在诸胡的传播还是起到了至关重要的作用。而同时的南方,虽然传统的国家官学在战乱篡弑中受到极大的摧残,但士族大家代代相因的家族式教育,却为华夏传统文化的继承与发展起到不可估量的作用。

② 胡美琦:《中国教育史》,台北:三民书局,1978年版,第197—198页。

中国历史文化的传承则有赖门第教育的欲求与坚持而得以维持不堕。

（三）九品中正制选士，促进了家庭教育的积极发展

两汉察举制度，使天下知识分子得以涌进参政的行列。但到了东汉末年，天下丧乱，世人各地流徙不定，察举制难以继续推行，遂有九品中正制的诞生。九品中正制是一种官吏诠选制度，中正是主诠选人才的官，而九品是指中正将当地士人分别评为九个等级供吏部选任。司马氏当政后，任用各地豪门担任中正，九品论人也就逐渐变成专以家世为重，将家世、门第、德行、才能等为九品诠选的主要标准，所以家庭成员要入仕，首先必须取得宗族内部及乡里的褒誉，而为取得宗族与乡里的褒誉，使得自己家族中代有高官显职，重视对子女的教育无疑具有举足轻重的作用；另一方面，当某一家族中的某个人出仕后，他也往往不仅着眼于个人价值的实现，而且会从"兴吾宗"出发，维持其家族的社会地位，注重家族的长远利益；家族中出仕的人越多，取得的爵位越高，其后代的发展环境与出仕机会也就更多，其家族的社会地位也就更为稳定，家族势力也会更加兴旺。

> 盖在当时人意念中，门第之可贵，正在此一家门第中有可贵的人物。门第可贵，决不当从权位财富上来衡量，此与现代人想法不大同。故既望有好子弟，又贵有贤祖先。①

在这种社会观念与九品中正制度选士的影响下，上品无寒门，下品无世族。世家大族要凭借九品中正制保证自己家族优越的政治地位，从而保证家族人员得以顺利入仕，故家庭或家族利益与个人利益息息相关，乃天经地义之事，这使得很多世族大户和一些庶族士人家庭，特别是其中的名门望族，十分重视本家族的家庭教育。他们不仅以门第标榜，累世学业相袭的现象也十分普遍。他们往往从立志、修身、劝学等各个方面对子孙或谆谆教诲，或严加训导，以便于使家族中的子孙后代能传承家业，能有更多的人畅游于宦海。故家庭教育在魏晋南

---

① 胡美琦：《中国教育史》，台北：三民书局，1978年版，第220—221页。

北朝教化活动中的地位由此得以确立,逐渐发展成为这一时期道德教化、传承文化、培养技能及发展教育的重要载体。

二、魏晋南北朝时期家庭教育的主要内容

相比较于汉代之后的学校教育,魏晋南北朝时期的门第家庭教育的内容显示出重实用的重要特征,其内容主要包括:处世哲学、修身治家、文学及杂艺等相关内容。

(一)处世哲学教育

"人"的属性多种多样,但概括起来可分为自然属性和社会属性两大类。人的自然属性表现在:人是自然界的一部分,人的生存离不开自然界,人要受自然规律的支配,人有类似动物的自然欲求;而人的社会性则主要表现在:人是社会的产物,人的生产活动具有社会性,人的生活也具有社会性。社会性是人的本质属性,也是人类特有的属性。人的社会性制约着人的自然性,离开了社会,人的社会属性不再完整存在,人也就不成为"人"了。换句话说,人是社会的人,是处于社会关系中的人,是生活在社会现实中的人;人不能脱离社会而独立存在,任何人脱离社会都不可能生活为"人"。

所以,人要想成功,首要的条件就是要先学会怎样做人,怎样与人交往,也即为人处世;而对于家长而言,如果想要成功地培养好子女,至关重要的工作也是要教会子女正确处世;而这处世的态度也就是我们现代教育人生观教育中的一部分。

关于处世的哲学,早在先秦时代,就被诸子百家争论得令人莫衷一是。诸如孔子"仁义礼信"所倡导"己所不欲,勿施于人"的"忠恕"哲学;孟轲人皆有恻隐之心以及"杀身成仁""见利思义""与民同乐"的人生哲学;荀卿"崇人之德,扬人之美"的崇德扬善的君子哲学;老子"不争""贵柔""处下""守静"的处世哲学;庄子"用心如镜"的人生态度与"坐忘无私""安时处顺""万物皆一""顺物固然""不

见利忘形"的处世哲学;杨朱"人不为己,天诛地灭"的利己主义哲学;魏牟"纵情性""不能自胜则纵之"的纵欲主义;以及墨子"兼爱""利人",管仲"社稷先于亲戚",韩非"利己而不害人"等。先秦时代诸子百家对于为人处世哲学的缤纷阐释,展示了我们的前辈对于"怎么做人""怎么处世"问题的注重和关切,同时也说明,"怎么做人""怎么处世"问题的复杂性及其答案的变通性。至于诸子百家,谁是谁非,后世人到底运用怎样的方式才是最好的,按庄子的话说,就是世间本没有什么统一的是非标准,所有的标准都是人们依据自己的"成心"设定的。

夫随其成心而师之,谁独且无师乎?奚必知代而心自取者有之?愚者与有焉!未成乎心而有是非,是今日适越而昔至也。是以无有为有。无有为有,虽有神禹,且不能知,吾独且奈何哉!①

物无非彼,物无非是。自彼则不见,自知则知之。故曰彼出于是,是亦因彼。彼是方生之说也。虽然,方生方死,方死方生;方可方不可,方不可方可;因是因非,因非因是。是以圣人不由,而照之于天,亦因是也。是亦彼也,彼亦是也。彼亦一是非,此亦一是非,果且有彼是乎哉?果且无彼是乎哉?彼是莫得其偶,谓之道枢。枢始得其环中,以应无穷。是亦一无穷,非亦一无穷也。故曰:"莫若以明。"②

但是,从传统的国家治理的角度来看,没有规矩岂能成方圆?为了能达到社会中的人尤其是掌握了实际话语权的制度主宰者满意的生存状态与社会环境,人还是要为这个社会创建规则,设置被公认为的正确的"心"。尤其是汉代以后,"罢黜百家,独尊儒术",儒家的处世道德成为国家教育的主要内容,即便是南北朝清谈名世,儒家处世道德的影响依然是社会教育的主流形态。但特殊的时代与特殊的文化氛围,门第与皇权的争锋,效忠与篡弑的矛盾,地位与失节的冲突,

---

① [战国]庄子著,郭庆藩撰,王孝鱼点校:《庄子集释》,北京:中华书局,1961年版,第56页。
② [战国]庄子著,郭庆藩撰,王孝鱼点校:《庄子集释》,北京:中华书局,1961年版,第66页。

引 言

权利与命运的博弈,祸乱对生命的嘲讽,虚伪对忠实的践踏,野蛮对尊严的杀戮,复杂的社会现实,颓败的学校教育,人们的内心,岂能不呼唤一种能令自身拨开云雾见到光明的处事方法?人们岂能不寻求能给予自己真实、可信、值得遵循的救自己救子女救家族以及救世的良法?

> 当时的门第生命,尽在时局祸乱中而传袭三四百年,更有的直传至隋唐,绵延至七八百年以上而不衰不败。……若如只看重门第中人在政治之上的特种优势,在经济上之特种凭借,以为门第保存者仅在此,则实所见浮浅。无以抉发此一时代门第生命之共同精神所在。当知魏晋南北朝人,生当乱世,要为其人生求一出路,自可与两汉时儒士在建功立业上谋出路不同,但他们内心深处,也自有一番精神向往与人生理想。①

那么,他们的精神向往与人生理想,如何得以体现呢?当然不是国家颓败的学校教育,那里教授给他们的要么是早已经与现实脱节的或者迂远空疏的博士买驴之学,要么就是形同虚设。这大概也是颜之推之所以说家庭教育更能达到预期教育目的,能得到理解和接受的重要原因。颜之推说:

> 夫同言而信,信其所亲;同命而行,行其所服。禁童子之暴谑,则师友之诫,不如傅婢之指挥;止凡人之斗阋,则尧、舜之道,不如寡妻之诲谕。吾望此书为汝曹之所信,犹贤于傅婢寡妻耳。②

故颜之推极为重视对子女处世哲学方面的家庭教育。关于如何做人,如何全身避害,如何从俗有礼、追求名声不可求其极、做事要留有余地,以及在残酷的现实社会如何实现颜氏家族之"生""声"的理想等,颜之推都为子孙留下了真诚而不虚伪矫饰的谆谆告诫。

---

① 胡美琦:《中国教育史》,台北:三民书局,1978年版,第212页。
② 颜之推撰,王利器集解:《颜氏家训集解》,上海:上海古籍出版社,1980年版,第19页。

(二)家学门风的传承

魏晋南北朝时期,世家大族门第因为重视家风、家范、家教,故也就重教育子女对人生处世方式的把握,重视子弟对家风、家学的传承。家风不正,会受到世人的嘲笑;家学不显,就会遭遇家族的衰亡。这里所谓家风也即门风,它侧重于指一家或一族世代相传的用以约束和规范家庭成员行为风尚的某种道德准则或某种处世原则。家风的形成,无关士庶贫富,而关乎崇尚德行;家风的传承,则承载着一个家族的思想延续,承载着一个民族的教育与文明。譬如史书上常常所述的所谓"某某氏满门忠孝""某某一族是善良的家族"等即是言此了。家学,则指通过长者亲自传授、馆塾施教或者训诫文本等多种方式,在家庭内部,将某一种知识或技艺作为世代相传之学的教育形式,强调个人的成功、家庭的荣耀。《中国教育史》云:

> 当时门第中人全家保门第之共同理想,在上有贤能父兄,在下有佳子弟,而所期望于此贤父兄佳子弟者,不外两要项,一则希望其具有孝友之内行,一则希望其能有经籍文史学业之修养。此两项合成为当时共同之家教。孝友内行的表现则成为门第的家风,经籍文史学业之修养的表现,则成为门第的家学。①

陈寅恪于《金明馆丛稿初编·崔浩与寇谦之》一文中也曾指出:

> 盖由自东汉末年之乱,首都洛阳之太学,失其为全国文化学术中心之地位。虽西晋混一区宇,洛阳太学恢复旧观,然为时未久,影响不深。故东汉以后学术文化,其重心不在政治中心之首都,而分散于各地之名都大邑。是以地方之大族盛门乃为学术文化之所寄托。中原经五胡之乱,而学术文化尚能保持不坠者,固由地方大族之力,而汉族之学术文化变为地方化及家门化矣。故论学术,只有家学之可言,而学术文化与大族盛门常不可分离也。②

魏晋南北朝时期,家学与学术的特殊关系,是我们理解书香门第家庭教育与

---

① 胡美琦:《中国教育史》,台北:三民书局,1978年版,第224—225页。
② 陈寅恪:《金明馆丛稿初编》,上海:上海古籍出版社,1982年版,第131页。

"家学"内涵的关键。陈寅恪这里强调了高门士族与学术文化的传承关系,其所谓的高门家学,就是主要指当时的学术。

1. 在众多的德行门风教育之中,魏晋南北朝的教育十分重视孝悌。父慈子孝,兄友弟恭,这是家庭人伦关系和谐的需要,也是出于一个家族、家业、地位、尊严、名声的考虑。"盖在当时人意念中,门第之可贵,正在此一家门第中有可贵的人物。门第可贵,决不当从权位财富上来衡量,此与现代人想法不大同。故既望有好子弟,又贵有贤祖先。"①在门第教育处于主流的状态下,家庭人伦关系能否处理妥当,当然是能影响到一个家族的家业、地位、尊严、名声能否得以延续的重要因素。其次,正如鲁迅所言,"(魏晋)为什么要以孝治天下呢?因为天位从禅位,即巧取豪夺而来,若主张以忠治天下,他们的立脚点便不稳,办事很棘手,立论也难了,所以一定要以孝治天下。"②

兄友弟恭者,《世说新语·王览争鸩》中王祥王览兄弟之事。"王览护兄。争鸩舍生。感母悔悟。九代公卿。"据说继母每鞭挞王祥,同父异母的弟弟王览都会流着泪抱住哥哥,不让母亲伤及哥哥;继母残虐地使唤王祥和王祥的妻子的时候,王览也和自己的妻子与哥哥嫂子一起做事。后来王祥在社会上有了些声誉,继母嫉恨他,就要用毒酒毒死王祥。王览知道了,就拿了酒跟哥哥抢着喝,他的母亲这才急忙把酒倒到地上,因为这件事,他的母亲就醒悟了。据说当时吕虔有把佩刀,相其文格,据说佩戴这把刀的人,能官至三公。吕虔就把这佩刀送给了王祥,王祥却没有占为己有,而是把它给了弟弟王览,后来王览的后代有九代公卿。所以这兄弟二人友悌被世人称赞。

对孝亲的推崇,孝亲礼节的规范,色养尊亲至孝、丧葬举哀近礼等等,《世说新语》都曾有简洁而不失价值的记载。譬如《王长豫孝亲》:

> 王长豫为人谨顺,事亲尽色养之孝。丞相见长豫辄喜,见敬豫辄嗔。长

---

① 胡美琦:《中国教育史》,台北:三民书局,1978年版,第220—221页。
② 鲁迅:《鲁迅全集·而已集·魏晋风度及文章与药及酒的关系》,北京:人民文学出版社,1973年版,第512页。

> 豫与丞相语,恒以慎密为端。丞相还台,及行,未尝不送至车后。恒与曹夫人并当箱箧。长豫亡后,丞相还台,登车后,哭至台门;曹夫人作箧,封而不忍开。①

王导的儿子王长豫为人谨慎和顺,侍奉父母能做到色养,恪尽孝道。丞相王导看见王长豫就高兴,看见王敬豫就生气。长豫和王导谈话,总是以谨慎细密为本。王导要去尚书省上朝,临走,长豫总是送他上车,要知道,古时候为官上朝都是天不亮就出门,长豫每天坚持早起送父亲上车,实在不容易啊。长豫还常常替母亲曹夫人收拾箱子之类的,要知道这也不是一般的男儿愿意去做的事情。可惜长豫早死,死后,王导到尚书省去,上车后,总是一路哭到官署门口;曹夫人收拾箱子,总是把长豫收拾过的箱子封好,不忍心再打开。王长豫的孝顺,无疑贵在色养,不仅要顾及父母的生活物质需求,还要能满足父母的精神需要,只有那些把孝道当作人生之大事,时刻惦记着父母的孝子们才能做到这一点。

如果说讲求这样的"色孝"至今还算是一种理想的话,《王祥哭李》《王祥请死》则将"至孝"推至矫情、不可思议的地步。

> 王祥事后母朱夫人甚谨。家有一李树,结子殊好,母恒使守之。时风雨忽至,祥抱树而泣。祥尝在别床眠,母自往暗斫之;值祥私起,空所得被。既还,知母憾之不已,因跪前请死。母于是感悟,爱之如己子。②

这里,《王祥哭李》是说王祥侍奉继母非常小心谨慎,据说他家有一棵李子树,结的李子特别好,继母一直让他看守着,"昼视鸟雀,夜则趋鼠"③。有一夜忽然有急风暴雨,王祥就抱着树从晚上哭泣到天亮。《王祥请死》是说,古云"上士

---

① [南朝宋]刘义庆撰,徐震堮笺:《世说新语校笺·德行二十九》,北京:中华书局,1984年版,第17—18页。
②③ [南朝宋]刘义庆撰,徐震堮笺:《世说新语校笺·德行十四》,北京:中华书局,1984年版,第9页。

别床",有一次,王祥与妻子分床而睡,继母就亲自去偷偷地砍杀他,正好赶上王祥起夜出去了,继母只砍了空被子。王祥回来后,知道继母因为没有砍杀自己而遗憾不止,就跪在继母面前,请求继母处死自己。继母因此醒悟过来,从此就拿王祥当亲生儿子对待了。

又譬如《王戎死孝》云:

> 王戎、和峤同时遭大丧,俱以孝称。王鸡骨支床,和哭泣备礼。武帝谓刘仲雄曰:"卿数省王、和不?闻和哀苦过礼,使人忧之。"仲雄曰:"和峤虽备礼,神气不损;王戎虽不备礼,而哀毁骨立。臣以和峤生孝,王戎死孝。陛下不应忧峤,而应忧戎。"①

这是说,王戎和和峤同时丧母,都因为尽孝著称。据说丧母之后,王戎消瘦,就像用鸡骨头去支撑床一样,他的身子骨几乎支撑不住自己的身体;和峤则是哀痛哭泣,一切都合乎丧葬的礼仪。晋武帝对刘仲雄说:"你经常去探望王戎、和峤吗?听说和峤过于悲痛,超出了礼法常规,真令人担忧。"仲雄说:"和峤虽然礼仪周备,但精神元气没有受到损伤;王戎虽然礼仪不周,可是伤心过度,已经形销骨立伤了身体。我认为和峤的孝顺是生孝,尽孝道而不毁伤生命;王戎的孝顺那是死孝,用死去尽孝。所以陛下您不必担忧和峤,而应该为王戎担忧啊。"《任诞》也记载一个另类的"死孝"故事,就是《阮籍至孝》。

> "阮籍当葬母,蒸一肥豚,饮酒二斗,然后临诀,直言'穷矣!'都得一号,因吐血,废顿良久。"刘注引邓粲《晋纪》曰:"籍母将死,留人围棋如故,对者求止,籍不肯,留与决睹。既而饮酒三斗,举声一号,呕血数升,废顿久之。"②

这是说,阮籍在给母亲出殡时,蒸了一头小肥猪,喝了两斗酒,然后去和母亲诀别,他只说了一句:"完了!"大嚎一声,随即口吐鲜血,昏厥过去,很久才醒来。

---

① [南朝宋]刘义庆撰,徐震堮笺:《世说新语校笺·德行十七》,北京:中华书局,1984年版,第11页。

② [南朝宋]刘义庆撰,徐震堮笺:《世说新语校笺·任诞九》,北京:中华书局,1984年版,第393页。

蒸一肥豚,饮酒二斗,当然不符合当时孝子尽孝的礼节,但据《晋书》,阮籍三岁丧父,由母亲抚养至大,"性至孝",是个对母亲很孝顺的人,但他在母丧的时候,却不能按照一般礼俗蔬食水饮。可以想象,阮籍蒸了一头小肥猪,喝了两斗酒,向别人展示自己的不孝,或许有其不得已的苦衷,而且事实上,因极度的母丧之痛,最终他"吐血"且险些因此丧命,传达了其心理与行为举措的巨大错讹。所以按照"孝行"的法度,阮籍不以礼行事,但依据"吐血"的伤及程度,阮籍的孝绝非一般。故刘义庆只能归置于《任诞》,同时也有赞赏的意味。那么阮籍不愿表示出孝的原因何在呢?《祖纳至孝》的故事似乎告诉我们这样的信息,那就是至孝的名声也是获得名声、财富、官位的途径。

> 祖光禄少孤贫,性至孝,常自力母炊爨作食。王平北闻其佳名,以两婢饷之,因取为中郎。有人戏之者曰:"奴价倍婢。"祖云:"百里奚亦何必轻于五羖之皮邪!"①

光禄大夫祖纳,也就是那个闻鸡起舞的祖逖同父异母的哥哥,他很小的时候就死了父亲,家道中落。他生性至孝,经常亲自给母亲烧火做饭侍候母亲。那个时候,男人生火做饭算是奇闻了。所以平北将军王乂听到祖纳至孝的好名声,就把两个婢女送给他,并任用他做中郎。有人跟他开玩笑说:"奴仆的身价比婢女多一倍。"祖纳说:"百里奚又何尝比五张羊皮轻贱呢!"

2.基于学术文化传承对于门第之家维持家族门第的社会地位与社会尊严的重要性,汉末魏晋南北朝时期的世家大族往往都很重视家学传承。尽管这一时期,国家学校教育独尊儒学的局面受到混乱的政治、思潮风气的多重冲击,但门第之家对家学传承的教育却能以其典型的家族性与较大的稳定性而未被中断。这时期,家学所涉及的内容也甚为广泛,譬如儒学、玄学、文学,以及其他一些琴棋书画等杂艺②,皆成为一些世家大族家学的重要内容。

---

① [南朝宋]刘义庆撰,徐震堮笺:《世说新语校笺·德行二十六》,北京:中华书局,1984年版,第15—16页。
② 依据《颜氏家训》,权且归置其于"杂艺"。

引言

其一，儒学修养。魏晋以后的许多高门世族，是由汉代的经学世家转化而来。"古人习一业则累世相传，数十百年不坠。盖良冶之子必学为裘，良工之子必学为箕，所谓世业也。工艺且然，况于学士大夫之术业乎。"①这些家庭或者家族，"以累世经学而累世公卿，……某些家庭只需要把学业世袭了，在政治上的特殊权益也就世袭了。积久遂成门第。自东汉以下的世家大族，所谓门第的形成，经学传袭是主要原因。因此当时有句话说：'黄金满屋，不如遗子一经。'"②故这些世家往往用儒学学养的世代修习来保持家族门第的社会地位与恒定的尊严。诸如范阳卢氏"累世儒学"；东吴范平"家世好学"，三个儿子均以儒学而出仕；稽山阴贺氏，"世以儒术显"；武阴范氏四世皆以儒学传家等。可以说，魏晋南北朝时期，以儒学为内容的家学十分普遍。

譬如范阳卢氏"累世儒学"③。《晋书列传》云："祖植，汉侍中。父毓，魏司空。世以儒业显。钦清淡有远识，笃志经史。"④《魏书》云："卢玄……曾祖谌，晋司空刘琨从事中郎。祖偃，父邈，并仕慕容氏为郡太守，皆以儒雅称。……辟召儒俊，以玄为首，授中书博士。"⑤"渊，字伯源，小名阳乌。性温雅寡欲，有祖父之风，敦尚学业。"⑥卢氏儒业家传得到进一步的传承与发扬。至于魏末，卢诞"幼而通亮，博学有词彩""博学善隶书，有名于世"⑦。卢辩兄弟亦堪称硕儒，卢辩少好学，博通经籍，举秀才，为太学博士。以《大戴礼》未有解诂，辩乃注之。其兄景裕为当时硕儒，谓辩曰："昔侍中注《小戴》，今尔注《大戴》，庶纂前修矣。"⑧其弟卢光亦"性

---

① 赵翼撰，王树民校证：《廿二史札记校证》，北京：中华书局，1984年版，第100页。
② 胡美琦：《中国教育史》，台北：三民书局，1978年版，第206页。
③ [唐]令狐德棻等撰：《周书·卢辩传》(卷二十四)，北京：中华书局，1971年版，第403页。
④ [唐]房玄龄等撰：《晋·书卢钦传》(卷四十四)，北京：中华书局，1974年版，第1255页。
⑤ [晋]陈寿撰，陈乃干校：《魏书·卢玄传》(卷四十七)，北京：中华书局，1959年版，第1045页。
⑥ [战国]老子著，朱谦之撰：《魏书·卢玄传》(卷四十七)，北京：中华书局，1984年版，第1047页。
⑦ [唐]令狐德棻等撰：《周书·卢诞传》(卷四十五)，北京：中华书局，1971年版，第806页。
⑧ [唐]令狐德棻等撰：《周书·卢辩传》(卷二十四)，北京：中华书局，1971年版，第403页。

温谨,博览群书,精于《三礼》"①。

再譬如崔氏家族。《魏略》云:"明帝时,崔林尝与司空陈群共论冀州人士,称琰为首。"②崔琰,崔林从兄,汉末研读《论语》《韩诗》,曾到郑玄门下求学;崔林,当时亦因才显,魏明帝时,升任司空。《魏书列传第十二》记载崔林六世孙崔玄伯,其父亲崔潜"并有才学之称",而"玄伯少有隽才,号曰冀州神童"。长大之后,"(崔玄伯)立身雅正,与世不群,虽在兵乱,犹励志笃学,不以资产为意"③。他的长子崔浩,"少好文学,博览经史。玄象阴阳,百家之言,无不关综,研精义理,时人莫及"④。"世祖诏太常崔浩集诸文学,撰述国书,颖与浩弟览等俱参著作事。"⑤"帝命歌工历颂群臣,曰:'智如崔浩,廉如道生。'"⑥次子崔简"好学,少以善书知名"⑦。"玄伯弟徽,字玄猷。少有文才,与勃海高演俱知名。"⑧

其次,玄学。玄学以老庄为宗而黜六经,以"三玄"为主要研究对象,是魏晋南北朝时期融合道家和儒家取代两汉经学思潮而出现的一种哲学文化思潮,通常也称为"魏晋玄学"。"人士竞谈玄理"⑨,通过谈玄累居显职,在此时属自然现

---

① [唐]令狐德棻等撰:《周书·卢光传》(卷四十五),北京:中华书局,1971年版,第807页。
② [晋]陈寿撰,陈乃干校:《三国志·魏书·崔琰传》(卷十二),北京:中华书局,1959年版,第370页。
③ [晋]陈寿撰,陈乃干校:《三国志·魏书·崔玄伯传》(卷二十四),北京:中华书局,1959年版,第620页。
④ [晋]陈寿撰,陈乃干校:《三国志·魏书·崔浩传》(卷三十五),北京:中华书局,1959年版,第807页。
⑤ [晋]陈寿撰,陈乃干校:《三国志·魏书·邓渊传》(卷二十四),北京:中华书局,1959年版,第635页。
⑥ [晋]陈寿撰,陈乃干校:《三国志·魏书·长孙道生传》(卷二十五),北京:中华书局,1959年版,第646页。
⑦ [晋]陈寿撰,陈乃干校:《三国志·魏书·崔玄伯传》(卷二十四),北京:中华书局,1959年版,第623页。
⑧ [晋]陈寿撰,陈乃干校:《三国志·魏书·崔玄伯传》(卷二十四),北京:中华书局,1959年版,第624页。
⑨ [唐]姚思廉撰:《梁书·侯景传》(卷五十六),北京:中华书局,1973年版,第863页。

象,而不善谈玄的则往往被人瞧不起。在玄学的发展中,代表性人物诸如正始名士夏侯玄、何晏、王弼,"竹林七贤"嵇康、阮籍、山涛、向秀、刘伶、阮咸、王戎,中朝名士裴頠、郭象、王衍、王承、阮修等。崇尚玄学或引玄入儒、儒玄互渗成了这一时期不少世家大族家庭教育的重要特色。譬如琅邪王氏,本以儒学传家,王吉传《韩诗》,成一家之学,教授《论语》,以传《齐论》名家,开创了琅邪王氏经术传统,对于其家学影响深远。但至西晋王衍,却唯以谈玄为务,"终日清谈,而县务亦理"①。王衍喜老庄学说,谈论精辟透彻,倾动当时,为当时谈宗。其他诸如王衍之弟王澄,从兄王戎,儿子王玄,乐广的女婿卫玠等,都莫不好清谈。卫玠因为善于玄谈,曾令王澄叹息绝倒,王敦称有"正始之风",《晋书》云"玠字叔宝……及长,好言玄理。其后多病体羸,母恆禁其语。遇有胜日,亲友时请一言,无不咨嗟,以为入微。琅邪王澄有高名,少所推服,每闻玠言,辄叹息绝倒。故时人为之语曰:'卫玠谈道,平子绝倒'"②。"敦谓鲲曰:'昔王辅嗣吐金声于中朝,此子复玉振于江表,微言之绪,绝而复续。不意永嘉之末,复闻正始之音,何平叔若在,当复绝倒。'"③其他诸如庐江何氏子弟何偃"素好谈玄,注《庄子·逍遥篇》传于时"④;吴郡张氏子弟张绪"有正始遗风"⑤,"长于《周易》,言精理奥,见宗一时"⑥;范阳卢氏子弟卢光亦"善阴阳,解钟律,又好玄言"⑦。

其三,文学。魏晋南北朝时期,文学颇受重视。这时,"文学"终于脱离"史学""哲学"而走向独立。首先,宋文帝时建立儒、玄、文、史四馆,文学与儒、玄、史并列而出便可见一斑。其次,帝王将相的倡导,"天下皆以文采相尚",也为文学的发展注入活力。最后,家族文学之士的多寡与修养的优劣与一个家族的声望被联系在一起,这也是促进文学受到重视的原因。当时文学批评的言论以及论著诸如《典论·论文》《文赋》《文心雕龙》《诗品》等,正是以这样的背景而陆续出现。

---

① [唐]房玄龄等撰:《晋书·王戎传》(卷四十三),北京:中华书局,1974年版,第1236页。
② [唐]房玄龄等撰:《晋书·卫瓘传》(卷三十六),北京:中华书局,1974年版,第1067页。
③ [南朝梁]沈约:《晋书·卫瓘传》(卷三十六),北京:中华书局,1975年版,第1067页。
④ [南朝梁]沈约:《宋书·何晏传》(卷五十九),北京:中华书局,1975年版,第1609页。
⑤ [梁]萧子显撰:《南齐书·张绪传》(卷三十三),中华书局,1972年版,第600页。
⑥ [梁]萧子显撰:《南齐书·张绪传》(卷三十三),中华书局,1972年版,第601页。
⑦ [唐]令狐德棻等撰:《周书·卢光传》(卷四十五),北京:中华书局,1971年版,第807页。

《中国教育史》云：

> 当时门第中人，犹以文学为时尚，我国正式有纯文学概念之觉醒，始于建安。建安之后，时有表现作者私人情感、私人人生的文学作品出现；文章遂成为经国之大业，不朽之盛事。然而此种文学风尚，既与经史实学异趣，又与当时门第所重安亲保荣之风教有违背。①

魏晋南北朝时期，文学世家颇多。刘勰《文心雕龙·时序》曰："王、袁联宗以龙章，颜、谢重叶以凤采"②，这里，"龙章""凤采"指文采之盛，"联宗""重叶"即指琅邪王氏、汝南袁氏、琅邪颜氏和陈郡谢氏累世文学，世代相传。其中特别是谢氏，更可谓是当时文学之冠冕。谢安身为东晋名相，但"出则渔弋山水，入则言咏属文"③。谢万"才器隽秀，虽器量不及安，而善自炫曜，故早有时誉。工言论，善属文"④。谢朗"善言玄理，文义艳发，名亚于玄"⑤。谢混"少有美誉，善属文"⑥。其他还有谢瞻、谢灵运、谢惠连、谢朓、谢琛、谢超宗、谢胃、谢微、谢几卿等，谢氏一门，对我国魏晋南北朝的文学发展贡献巨大。近代刘师培在总论宋齐梁陈文学时亦曾指出："试合当时各史传观之：自江左以来，其文学之士，大抵出于世族，而世族之中，父子兄弟各以能文擅名。"⑦刘氏此语准确地揭示了当时普遍出现的"一门能文"的社会现象，道出了魏晋南北朝时期学术文化的家族化这一本质特点。

（三）琴棋书画和其他知识技能教育

相比较于先秦时代贵族大家多轻视杂艺的思想，魏晋南北朝时更多的家庭开始关注杂艺。譬如魏晋南北朝时期琴棋书画以及其他一些知识技能已经成为诸多世家大族家庭教育的一部分。例如琅玡王氏一族，不仅重视子弟的孝悌人伦教育和儒学文学修养，在所有累世书法家学中，也是首屈一指。

---

① 胡美琦：《中国教育史》，台北：三民书局，1978年版，第230页。
② 刘勰撰，范文澜译注：《文心雕龙注·时序》，北京：人民文学出版社，1958年版，第675页。
③ [南朝梁]沈约：《晋书·谢安传》（卷七十九），北京：中华书局，1975年版，第2072页。
④ [南朝梁]沈约：《晋书·谢安传》（卷七十九），北京：中华书局，1975年版，第2086页。
⑤ [南朝梁]沈约：《晋书·谢安传》（卷七十九），北京：中华书局，1975年版，第2087页。
⑥ [南朝梁]沈约：《晋书·谢安传》（卷七十九），北京：中华书局，1975年版，第2079页。
⑦ 刘师培：《中古文学史》，北京：人民文学出版社，1959年版，第88页。

渡江而南下的王氏一族在王导的影响下，子孙练书蔚为风气。王导有六子：悦、恬、洽、协、邵、荟；悦、协早卒，恬、洽、劭、荟则均善书；洽的儿子珣、珉，亦擅长行书。《晋书·列传·第三十五》云："珉字季琰。少有才艺，善行书，名出珣右。时人为之语曰：'法护非不佳，僧弥难为兄。'"①王导从子王羲之更是"尤善隶书，为古今之冠，论者称其笔势，以为飘若浮云，矫若惊龙。深为从伯敦、导所器重"②。王敦曾对王羲之说："汝是吾家佳子弟，当不减阮主簿。"③王羲之"有七子，知名者五人。玄之早卒。次凝之，亦工草隶"④。"献之字子敬。少有盛名，……工草隶，善丹青。七八岁时学书，羲之密从后掣其笔不得。叹曰：'此儿后当复有大名。'"⑤

不仅如此，琴棋书画作为修身娱乐、取名涉位之用，常常如影随形。譬如王献之有《桃叶歌》，王恬"晚节更好士，多技艺，善奕棋，为中兴第一"⑥。王献之善琴，"王献之卒，徽之奔丧不哭，直上灵床坐，取献之琴弹之，久而不调，叹曰：'呜呼子敬，人琴俱亡！'"⑦王珣更善于歌诗，"太元中，……乃使曹毗、王珣等增造宗庙歌诗"⑧。《晋书》即有《歌简文帝》《歌孝武帝》。⑨

以上所举，仅仅是当时琅邪王氏的家学中相关杂艺的内容。实际上，在魏晋南北朝时期的家庭教育中，一个家族或者一个家庭传承任何一技之长，无论是主要的还是次要的，皆可成为家学的内容。故在当时，既有治经儒学之家、玄学之家、文学之家、史学之家，也有书法之家、绘画之家、医学之家、武功之家等。在官学时兴时废的魏晋南北朝，这些家学以其特殊的教育形式，不仅影响着我国家庭教育的发展，同时也为我国的教育事业传承传统文化与发展新文化精神起到了不可估量的作用。

---

① [南朝梁]沈约：《晋书·王导传》（卷六十五），北京：中华书局，1975年版，第1785页。
②③ [南朝梁]沈约：《晋书·王羲之传》（卷八十），北京：中华书局，1975年版，第2093页。
④ [南朝梁]沈约：《晋书·王羲之传》（卷八十），北京：中华书局，1975年版，第2102页。
⑤ [南朝梁]沈约：《晋书·王羲之传》（卷八十），北京：中华书局，1975年版，第2105页。
⑥ [南朝梁]沈约：《晋书·王导传》（卷六十五），北京：中华书局，1975年版第1755页。
⑦ [南朝梁]沈约：《晋书·王羲之传》（卷八十），北京：中华书局，1975年版，第2104页。
⑧⑨ [南朝梁]沈约：《晋书·乐志下》（卷二十三），北京：中华书局，1975年版，第698页。

第一章

颜之推与《颜氏家训》

第一节 颜之推生平年谱

永嘉大乱之后,汉族政权偏安江南,南朝经济文化获得前所未有的发展,而其中最盛的时期就是梁朝。但经济的发展并不能阻止水旱蝗虫灾难的发生、南北战争的持续以及内乱纷争的祸害。这时,与南朝政权对峙的北魏,最后东西分裂并继而为北齐、北周所取代,梁、陈、东魏、西魏、北齐、北周以至于隋朝在历史的革易中,写就了一段天灾战乱频发、民不聊生的百年历史。而颜之推就是生活在这样一个天灾频发、战乱频仍、弑君杀戮、朝代更迭的时代。

关于颜之推的生平,《北齐书·颜之推传》《梁书·颜协传》《周书·颜之仪传》《北史·颜之推颜之仪传》,以及其他相关记载基本可据,缪钺《读史存稿》曾对其年谱做过一番整理,现参考该书和其他相关著作,重新梳理颜之推的生平,以求知其人、论其事、明其《训》。

颜之推的生平,大致可以划分为三个阶段。

一、龆龀之年,便蒙诱诲;少学《礼》《传》,早传家业

颜之推,琅邪临沂人。颜氏之先,本居住于邹鲁之地,颜之推的祖父是齐朝负责纠察弹劾官僚的御史中丞,博学有行,耿性忠烈;齐朝被梁武帝萧衍取代时,绝食殉国。颜之推的父亲颜协,自小孤弱,由舅舅抚养,少年时代即以"度量""学识"见称;博涉群书,工于草隶;因受到父亲"蹈义忤时"之事的影响,不求显达,

遂不仕进;梁元帝为湘东王的时候,请颜协任其府记室参军,不得已,颜协才应命出仕,之后随湘东王为常侍、府记室、正记室等于荆州。在此期间,颜之推出生。

1.梁武帝中大通三年(531),颜之推出生。

到大同二年(536)十月辛亥,京师地震;大同三年(537)十月丙辰,京师又地震,天下大饥。此时颜之推才六七岁,正值换牙的年龄,但他已经开始接受良好的家庭教育。这时的颜之推不仅能诵《鲁灵光殿赋》①,而且常常得到长辈的引导和教诲。他小小年纪就随两个哥哥一起对长辈行人子之礼,冬温夏清,昏定晨省,行为合乎规矩,言语仪表合乎礼度,连行走的时候都是恭敬有礼,就像父亲在身边一样。②而且他的长辈常常又教育他,"赐以优言,问所好尚,励短引长,莫不恳笃"③。

2.大同五年(539),颜之推九岁。
颜之推的父亲颜协去世④,此后颜之推由其兄教养。⑤

关于颜之推的两个哥哥为何人,因史载有错讹,今不能确定。《梁书·颜协传》云颜协有两个儿子⑥,即颜之仪与颜之推⑦,之仪在之推之前,《颜氏家庙碑》亦云"黄门兄之仪"。据此,缪钺《读史存稿》推测颜之仪"盖之推之兄"⑧;《周书·颜之仪传》有颜之仪卒于开皇十一年冬的记载,这一年颜之仪六十九岁⑨,而颜之推六十一岁。《颜氏家训》云:"吾已六十余,故心坦然,不以残年为念。"⑩可推知颜之推是在六十多岁的时候去世。但《北史·颜之仪传》却说"(颜之推)弟之仪,字升"⑪。

---

①颜之推撰,王利器集解:《颜氏家训集解》,上海:上海古籍出版社,1980年版,第166页。
②③⑤颜之推撰,王利器集解:《颜氏家训集解》,上海:上海古籍出版社,1980年版,第22页。
④⑦[唐]姚思廉撰:《梁书·颜协传》,北京:中华书局,1973年版,第727页。
⑥颜之推撰,王利器集解:《颜氏家训全译》,上海:上海古籍出版社,1980年版,第298页。
⑧颜之推著,程小铭译注:《颜氏家训全译·附录》,贵阳:贵州人民出版社,2008年版,第298页。
⑨[唐]令狐德棻等撰:《周书》,北京:中华书局,1971年版,第720—721页。
⑩颜之推撰,王利器集解:《颜氏家训集解》,上海:上海古籍出版社,1980年版,第533页。
⑪[唐]李延寿:《北史·颜之仪传》,北京:中华书局,1974年版,第2796页。

这一年七月,湘东王萧绎被封为安右将军、护军将军,掌管石头戍军事。①

3.大同八年(542),颜之推十二岁。

这时候,湘东王萧绎曾招置学生,亲自废寝忘食地主讲《庄》《老》,那时候,颜之推也偶尔参与其间,亲耳聆听元帝的教诲。但是,颜之推终因为不喜欢"虚谈",故也就没有坚持下去。颜之推继续学习《礼》《传》,以家学的传承为重。②只是,由于父亲已经去世,兄长管教不严格,颜之推虽然研读《礼》《传》,但又受到当时其他凡庸子弟不良习惯的熏染,形成了做事放纵、肆欲轻言、不修边幅的毛病。

4.太清元年(547),颜之推十七岁。

正月,镇南将军、江州刺史湘东王萧绎被任命为镇西将军、荆州刺史。

东魏司徒侯景反叛北魏,入据颍城;司空韩轨、骠骑大将军、仪同三司贺拔胜、可朱浑道元、左卫将军刘丰等率众讨伐侯景;侯景遣使向宝炬请降,请师救援;宝炬派李景和、王思政率骑兵赶往颍川,并入据颍川,侯景于是逃到了豫州。此时,萧衍派遣使者朝贡。二月,侯景又背叛宝炬,率河南豫、广、颍、洛、阳、西扬、东荆、北荆、襄、东豫、南兖、西兖、齐等十三州请归于萧衍;萧衍任命侯景为封河南王,大行台。③

接受侯景这种反复之人内属,为梁留下祸患。《观我生赋》自注云:"梁武帝纳亡人侯景,授其命,遂为反叛之基"④,就是说的这件事。

二、盛年时代,一生而三化;仕于四朝,备荼苦而蓼辛

逐渐步入成年的颜之推,因博览群书,行文典丽,学优才赡,不负家门之望,

---

①[唐]姚思廉撰:《梁书·武帝纪》卷三,北京:中华书局,1973年版,第83页。
②[唐]姚思廉撰:《北史·文苑传》,北京:中华书局,1973年版,第2794—2797页。
③[晋]陈寿撰,陈乃干校:《三国志·魏书》卷十二,北京:中华书局,1959年版,第309页。
④[唐]李百药撰:《北齐书》,北京:中华书局,1972年版,第619页。

并受到湘东王萧绎的赏识,十九岁就被任命为国左常侍,加镇西墨曹参军。①只是,侯景攻陷郢州时,颜之推亦被俘,侯景曾经多次想杀掉颜之推,只是依靠行台郎中王则说情才被赦免。后来梁元帝平定侯景之乱,颜之推重获任用,眼看能够施展抱负,又遇到西魏的侵略虏杀;元帝被杀害,颜之推被送往弘农任职,辗转流离,受尽身心苦难,所幸不死而已。后来,他涉险入齐,想通过北齐归还故国,偏又遇到陈霸先弑主自立,梁朝灭亡。"遭厄命而事旋,旧国从于采芑,先废君而诛相,讫变朝而。"②遭逢亡国易市之难的颜之推,紧接着又遇到北齐的沦陷,以及北周的兴亡之变,由此入仕隋朝。就这样,一个世家大族子弟,在历史革易中,家道罄穷,母亲去世,连奉营资费都难以筹措;"但以门衰,骨肉单弱,五服之内,傍无一人,播越他乡,无复资荫"③。为不使子孙陷入厮役之苦,耻辱先人,含羞忍耻,不敢辞官退隐;依他自叙,"一生而三化,备荼苦而蓼辛"④,叹息"三为亡国之人"⑤。个中酸楚可以想见。

1.太清二年(548),颜之推十八岁。

侯景叛梁,直逼京师。

这一年秋八月,刚刚前来受降的侯景举兵反叛,擅攻马头、木栅、荆山,偷袭谯州,进攻历阳;从寿阳率兵叛乱到渡江直逼京师,擒拿了刺史萧泰,历阳太守投降,临贺王萧正德也率兵投降依附;十一月,侯景便攻陷了东府城,邵陵王萧纶等入援京师,也以战败告终。⑥侯景之乱来势汹汹,同时也暴露了梁朝政府的腐败无能。

---

①[唐]李百药撰:《北齐书·颜之推传·〈观我生赋〉》,北京:中华书局,1972年版,第620页。
②[唐]李百药撰:《北齐书·颜之推传·〈观我生赋〉》,北京:中华书局,1972年版,第624页。
③颜之推撰,王利器集解:《颜氏家训集解》,上海:上海古籍出版社,1980年版,第534页。
④⑤[唐]李百药撰:《北齐书·颜之推传·〈观我生赋〉》,北京:中华书局,1972年版,第626页。
⑥《梁书》云:"八月戊戌,侯景举兵反,擅攻马头、木栅、荆山等戍;甲辰,以安前将军、开府仪同三司邵陵王纶都督众军讨景。……冬十月,侯景袭谯州,执刺史萧泰。丁未,景进攻历阳,太守庄铁降之。……辛亥,景师至京,临贺王正德率众附贼。十一月辛酉,贼攻陷东府城,害南浦侯萧推、中军司马杨暾。庚辰,邵陵王纶帅武州刺史萧弄璋、前谯州刺史赵伯超等,入援京师,……与贼战,败绩。"([唐]姚思廉撰:《梁书》卷三,北京:中华书局,1973年版,第94页。)

2.太清三年(549),颜之推十九岁,值梁家丧乱之时。
侯景之乱继续。

三月,侯景攻陷宫城,纵兵大肆掠夺,又假传圣旨,派人质石城公萧大款解散了外援军。庚午,侯景自立为都督中外诸军事、大丞相、录尚书,而援军则各自退散。①

天灾:四月己丑,京师地震;丙申,地又震。②

五月,梁武帝卒,简文帝萧纲即位。简文帝对颜之推影响颇深。其一,简文帝少年笃学,洞达儒玄,喜爱文学,颇好著述。史书记载,简文帝虽然万机多务,但仍然卷不辍手,燃烛侧光,常常熬到深夜。他曾经写作《制旨孝经义》《周易讲疏》,及六十四卦、《系辞》《文言》《序卦》等义,《乐社义》《毛诗答问》《春秋答问》《尚书大义》《中庸讲疏》《孔子正言》《老子讲疏》,共有二百多卷,"并正先儒之迷,开古圣之旨。王侯朝臣皆奉表质疑,高祖皆为解释。修饰国学,增广生员,立五馆,置《五经》博士"③。其二,简文帝以孝闻名。据说他六岁的时候,皇太后死去,他竟"水浆不入口三日,哭泣哀苦,有过成人"。所以"内外亲党,咸加敬异"④。其三,简文帝崇信佛教。"及居帝位,即于钟山造大爱敬寺,青溪边造智度寺,又于台内立至敬等殿。"⑤这些对于颜之推的成长都是有很大影响的。

这一年夏五月,齐文宣废其主元善见自立。⑥

此时,逐渐步入成年的颜之推,已经知道磨炼自己的秉性的重要性,但少年时候养成的不良习惯已经很难彻底改正。所以,他虽然能博览群书,行文典丽优美,且受到湘东王的赏识,被任命为国左常侍,加镇西墨曹参军⑦,但也常常因为

---

①《梁书》云:"丁卯,贼攻陷宫城,纵兵大掠。己巳,贼矫诏遣石城公大款解外援军。庚午,侯景自为都督中外诸军事、大丞相、录尚书。辛未,援军各退散。([唐]姚思廉撰:《梁书》卷三,北京:中华书局,1973年版,第95页。)
②④[唐]姚思廉撰:《梁书》卷三,北京:中华书局,1973年版,第95页。
③⑤[唐]姚思廉撰:《梁书》卷三,北京:中华书局,1973年版,第96页。
⑥[唐]令狐德棻等撰:《周书·卢诞传》(卷四十五),北京:中华书局,1971年版,第32页。
⑦[唐]李百药撰:《北齐书·颜之推传·〈观我生赋〉》,北京:中华书局,1972年版,第620页。

他好喝酒、放纵言行、不讲究衣着容貌等而不得不受到一些非议。①

3.简文帝大宝元年(550),颜之推二十岁。

外患:西魏趁侯景叛乱之机进攻安陆,俘获司州刺史柳仲礼,将汉东之地尽数吞灭。

天灾:由春天到夏天,民生大饥,人吃人的现象在京师尤为严重。

侯景之乱日甚。

前江都令祖皓起义,偷袭广陵;侯景攻陷广陵,杀祖皓。

侯景逼迫太宗幸西州;自立为相国,封二十郡为汉王;又逼太宗幸西州曲宴,自己给自己加封宇宙大将军、都督六合诸军事,并不断杀害萧梁诸王。②

此时,湘东王萧绎则派遣王僧辩率众紧逼郢州,并遣前宁州刺史徐文盛督众军与任约对抗。③

4.大宝二年(551),颜之推二十一岁。

外患:二月,邵陵王萧纶逃至安陆董城,却被西魏攻打,军败而死。④

侯景之乱继续,颜之推被俘。

---

① [唐]李百药撰:《北齐书·颜之推传·〈观我生赋〉》,北京:中华书局,1972年版,第617页。
② 《梁书》云:"(大宝元年)正月……西魏寇安陆,执司州刺史柳仲礼,尽没汉东之地。……癸酉,前江都令祖皓起义,袭广陵,斩贼南兖州刺史董绍先。侯景自帅水步军击皓。二月癸未,景攻陷广陵,皓等并见害。……丙午,侯景逼太宗幸西州。……自春迄夏,大饥,人相食,京师尤甚。……八月甲午,湘东王绎遣领军将军王僧辩率众逼郢州。乙亥,侯景自进位相国,封二十郡为汉王。冬十月乙未,侯景又逼太宗幸西州曲宴,自加宇宙大将军、都督六合诸军事。……壬寅,景害南康嗣王会理。十一月,任约进据西阳,分兵寇齐昌,执衡阳王献送京师,害之。"([唐]姚思廉撰:《梁书·简文帝》卷四,北京:中华书局,1973年版,第106—107页。)
③④[唐]姚思廉撰:《梁书·简文帝》卷四,北京:中华书局,1973年版,第107页。

三月，侯景率兵继续向西，分遣伪将宋子仙、任约偷袭郢州，很快就俘获了郢州刺史萧方诸①。

因湘东王萧绎遣世子萧方诸坐镇郢州之时，任命颜之推为中抚军府外兵参军，掌管记，所以，颜之推在此战役中，亦随萧方诸一起被俘。《观我生赋》云："就狄俘于旧壤，陷戎俗于来旋。"②本来按惯例颜之推是要被杀掉的，所幸的是他得到侯景行台郎中王则的说情才得以幸免，后来被囚送到颜氏的故乡建康。

侯景废杀简文帝：八月，侯景废简文帝为晋安王，并假传圣旨，诏立豫章嗣王萧栋为帝；十月，侯景杀简文帝，废萧栋，自称为帝，国号为汉。

5.梁元帝承圣元年（552），颜之推二十二岁。

三月，湘东王萧绎派遣王僧辩等平叛侯景之乱，终于打败了侯景，并传其首于江陵。

五月，魏遣使到梁恭贺平定侯景之乱。

十一月，湘东王萧绎即皇帝位于江陵，即梁元帝。

这段时间，一向受到元帝赏识的颜之推也从建康回至江陵，并被元帝任为散骑侍郎，奏舍人事，奉命校"石渠之文"，并参与了当时的很多游宴唱和等。③

---

①［唐］姚思廉撰：《梁书·简文帝》卷四，北京：中华书局，1973年版，第107页。
②［唐］李百药撰：《北齐书·颜之推传·〈观我生赋〉》，北京：中华书局，1972年版，第621页。
③《北史》云："（颜之推）遇侯景陷郢州，频欲杀之，赖其行台郎中王则以免。景平，还江陵。时湘东即位，以之推为散骑侍郎，奏舍人事。"（《北史》，第2794—2795页）"绎遣世子方诸出镇郢州，以之推掌管记。值侯景陷郢州，频欲杀之，赖其行台郎中王则以获免。被囚送建业。景平，还江陵。"（［唐］李百药撰：《北齐书·文苑传》北京：中华书局，1972年版，第618—626页。）《观我生赋》云："摄绛衣以奏言，忝黄散于官谤。（时为散骑侍郎，奏舍人事也。）或校石渠之文，（王司徒表送祕阁旧事八万卷，乃诏比校，部分为正御、副御、重杂三本。左民尚书周弘正、黄门郎彭僧朗、直省学士王、戴陵校经部，左仆射王褒、吏部尚书宗怀正、员外郎颜之推、直学士刘仁英校史部，廷尉卿殷不害、御史中丞王孝纯、中书郎邓荩、金部郎中徐报校子部，右卫将军庾信、中书郎王固、晋安王文学宗菩业、直省学士周确校集部也。）时参柏梁之唱，顾颙瓯之不算，濯波涛而无量。"（［唐］李百药撰：《北齐书·颜之推传·〈观我生赋〉》，北京：中华书局，1972年版，第622页。）

颜之仪亦曾献上《荆州颂》。

兄弟二人博学与文采皆深受元帝赞誉。

6.承圣三年(554),颜之推二十四岁。

承圣末年,颜之推向元帝请求,想把先父母的灵柩迁回故乡建康,元帝应允并下诏,赐银百两,颜之推在扬州为父母烧制墓砖①;但不幸又遇到西魏遣兵伐梁,江陵沦陷,梁地生灵涂炭、斯文尽丧,梁朝覆没。

《梁书》云:"帝因为自己的喜好,在龙光殿讲述《老子》大义,此时,西魏遣兵伐梁;不得已,元帝停讲。"②十一月,梁军战败,又加上有反叛者做内应,江陵沦陷,元帝被俘遇害。西魏立萧詧为新的梁帝,仍居于江陵,但只是作为魏的附庸;③还挑选百姓男女数万人,没为奴婢,驱入长安;而将那些弱小的人都杀害了,④当时幸免者仅仅二百余家。故颜之推《观我生赋》云:"民百万而囚虏,书千两而烟炀,溥天之下,斯文尽丧。"⑤

也就在西魏攻陷江陵之时,颜之推全家被俘虏。颜之仪在此时以例随迁长安;⑥颜之推则因为受到周太祖心腹大将军李显庆的看重,被推荐至弘农,到李远处掌书翰。⑦但颜之推心终究属意于梁,故后来一旦听闻"齐遣上党王涣率兵数万纳梁贞阳侯明为主,"任用旧臣如故,而"梁武聘使谢挺,徐陵始得还南,凡厥梁臣,皆以礼遣"⑧,遂生奔齐还国之心。

---

①颜之推撰,王利器集解:《颜氏家训集解》,上海:上海古籍出版社,1980年版,第534页。
②[唐]姚思廉撰:《梁书·元帝纪》卷五,北京:中华书局,1973年版,第134页。
③[唐]令狐德棻等撰:《周书》卷二,北京:中华书局,1971年版,第36页。
④《梁书》云:"十一月,六军败绩。反者斩西门关以纳魏师,城陷于西魏。世祖见执……辛未,西魏害世祖,……太子元良、始安王方略皆见害。乃选百姓男女数万口,分为奴婢,驱入长安;小弱者皆杀之。"([唐]姚思廉撰:《梁书·元帝纪》卷五,北京:中华书局,1973年版,第135页。)
⑤[唐]李百药撰:《北齐书·颜之推传·〈观我生赋〉》,北京:中华书局,1972年版,第622页。
⑥《周书》云:"江陵平,之仪随例迁长安。"([唐]令狐德棻等撰:《周书·颜之仪传》卷二,北京:中华书局,1971年版,第721页。)
⑦《北齐书》云:"大将军李显庆重之,荐往弘农,令掌其兄阳平公远书翰。"([唐]李百药撰:《北齐书·颜之推传·〈观我生赋〉》,北京:中华书局,1972年版,第617页。)
⑧[唐]李百药撰:《北齐书·颜之推传·〈观我生赋〉》,北京:中华书局,1972年版,第623页。

7.敬帝绍泰元年[北齐文宣帝天保六年](555),颜之推二十五岁。

江陵沦陷后,身在北齐的贞阳侯萧渊明曾前后多次给王僧辩寄书信,谈及还国继承大统的意愿,王僧辩没有同意;三月,北齐遣其上党王高涣送贞阳侯萧渊明来继承梁嗣,到了东关,吴兴太守裴之横被派往作战,但裴之横大败而死;四月,梁司徒陆法和以郢州之地投降并依附于北齐;七月,王僧辩开始谋划纳贞阳侯,定君臣之礼。贞阳侯即位后,仍授王僧辩大司马,领太子太傅、扬州牧,其他人的任用也都是和原来的一样。

九月,司空陈霸先举义,袭杀王僧辩,废黜萧渊明;太子即皇帝位,即敬帝。①

8.太平元年(丙子年)[天保七年](556),颜之推二十六岁。

二月,北齐继续遣大将萧轨出栅口,向梁山进攻,梁朝司空陈霸先等逆击,大破萧轨,萧轨退保芜湖;四月,侯安都轻兵在历阳偷袭北齐行台司马恭,俘获以万数计;五月,萧渊明薨;六月,司空陈霸先授众军节度,与齐军交战,又大破齐军,斩齐北兖州刺史杜方庆和徐嗣徽弟嗣宗,生擒并诛杀徐嗣产、萧轨、东方老、王敬宝、李希光、裴英起、刘归义等。②

在北齐遣送贞阳侯萧渊明继位期间,"凡厥梁臣,皆以礼遣",而"贞阳既践伪位,仍授僧辩大司马,领太子太傅、扬州牧,余悉如故"。颜之推或因此有由齐归梁的计划并冒险付诸实施。③后来,颜之推趁黄河水暴涨,携全家冒险从弘农夜乘小船,逃奔北齐。《北齐书》云:"值河水暴长,具船将妻子来奔,经砥柱之险,时人称其勇决。"④

颜之推《观我生赋》云:"返季子之观乐,释钟仪之鼓琴;窃闻风而清耳,倾见

---

①《梁书》云:"三月,齐遣其上党王高涣送贞阳侯萧渊明来主梁嗣,至东关,遣吴兴太守裴之横与战,败绩,之横死。太尉王僧辩率众出屯姑孰。四月,司徒陆法和以郢州附于齐,遣江州刺史侯瑱讨之。七月辛丑,王僧辩纳贞阳侯萧渊明,自采石济江。甲辰,入于京师,以帝为皇太子。九月甲辰,司空陈霸先举义,袭杀王僧辩,黜萧渊明。丙午,帝即皇帝位。"([唐]姚思廉撰:《梁书·敬帝纪》卷六,北京:中华书局,1973年版,第143—144页。)

②[唐]姚思廉撰:《梁书·敬帝纪》卷六,北京:中华书局1973年版,第146页。

③[唐]李百药撰:《北齐书·颜之推传·〈观我生赋〉》,北京:中华书局,1972年版,第623页。

④[唐]李百药撰:《北齐书·颜之推传·〈观我生赋〉》,北京:中华书局,1972年版,第617页。

第一章　颜之推与《颜氏家训》

日之归心;试拂蓍以贞筮,遇交泰之吉林。譬欲秦而更楚,假南路于东寻;乘龙门之一曲,历砥柱之双岑。"即是言此计划的实现。《文苑英华》二八九《从周入齐夜度砥柱》也是颜之推由周逃至北齐,期望由北齐返回故国的时候留下的诗歌记载:

　　侠客重艰辛,夜出小平津。马色迷关吏,鸡鸣起戍人。露鲜华剑彩,月照宝刀新。问我:"将何去?""北海就孙宾。"①

河水暴涨,多在夏秋之季节,明确颜之推归齐的时间。此时,贞阳侯已死,敬帝即位,陈霸先把持朝政不久篡位。颜之推冒险渡河到达北齐后,尚未能回到故国,很快又赶上梁朝灭亡,所以最终无缘回国而留在了北齐。颜之推在北齐受到显祖的厚遇:"显祖见而悦之,即除奉朝请,引于内馆中,侍从左右,颇被顾眄。"②

9.太平二年［北齐天保八年］(557),颜之推二十七岁。

天灾:八年春三月,大热,人或暍死。③从夏天至九月,河北六州、河南十二州、京畿内八郡有大蝗灾;蝗虫飞至京师,遮天蔽日,声如风雨。④

是月,周冢宰宇文护杀其主闵帝而立帝弟毓,是为明帝。⑤

十月,陈霸先弑其主萧方智自立,是为陈武帝。⑥

此时,颜之推已经过砥柱之险,由周入齐,欲由北齐还梁,但偏赶上梁朝灭亡,所以无缘返回故国,由此"数十年间,绝于还望"⑦。《颜氏家训全译·附录》云:"之推北渡之后,不忘故国,触险奔齐,蓄志南归,至是绝望,遂留居北齐。"⑧颜之推《观我生赋》云:"遭厄命而事旋,旧国从于采芑;先废君而诛相,讫变朝而易

----

① 颜之推撰,王利器集解:《颜氏家训集解》,上海:上海古籍出版社,1980年版,第637页。
② [唐]李百药撰:《北齐书·颜之推传》,北京:中华书局,1972年版,第617页。
③ [唐]李百药撰:《北齐书·帝纪第四》,北京:中华书局,1972年版,第63页。
④⑤⑥ [唐]李百药撰:《北齐书·帝纪第四》,北京:中华书局,1972年版,第64页。
⑦ 颜之推撰,王利器集解:《颜氏家训集解》,上海:上海古籍出版社,1980年版,第534页。
⑧ 颜之推著,程小铭译注:《颜氏家训全译·附录》,贵阳:贵州人民出版社,2008年版,第303页。

市。遂留滞于漳滨,私自怜其何已。"自注亦云:"至邺,便值陈兴而梁灭,故不得还南。"①

10. 天保九年(558),颜之推二十八岁。
天灾:夏,大旱;山东出现大蝗灾。

这段时间,文宣帝车架赶往山西晋阳,从晋阳向北巡视,直到祁连池等地。颜之推亦在随行之列。

《北齐书》云:"帝幸并州,俨常居守。"②《颜氏家训》云:"吾尝从齐主幸并州,自井陉关入上艾县,东数十里,有猎闾村。后百官受马粮在晋阳东百余里亢仇城侧。并不识二所本是何地,博求古今,皆未能晓。"此即言文宣帝车架到并州,而颜之推曾随行至此。

11. 天保十年(559),颜之推二十九岁。

《北齐书》《北史》记载,天保末年,颜之推跟随文宣帝到天池,文宣帝欲任颜之推为中书舍人,就令中书郎段孝信将敕命诏书出示给颜之推。但颜之推在营外饮酒③,不敬,段孝信就将这一情状告诉了文宣帝,文宣帝便打消了任用颜之推为中书舍人的念头。

此年十月,文宣帝卒,太子高殷立,是为废帝。史载,太子高殷虽富于春秋,而这个人温裕开朗,有人君之度,而且"贯综经业,省览时政,甚有美名"④。但是,他终究没有获得足够的机会施展自己的才能。

12. 废帝乾明元年[孝昭帝皇建元年](560),颜之推三十岁。
八月,太皇太后令废帝高殷为济南王,以大丞相、常山王高演入纂大统,是为

---

① [唐]李百药撰:《北齐书·颜之推传·观我生赋》,北京:中华书局,1972年版,第624页。
② [唐]李百药撰:《北齐书·琅邪王传》卷十二,北京:中华书局,1972年版,第161页。
③ [唐]李百药撰:《北齐书·颜之推传》,北京:中华书局,1972年版,第617页。
④ [唐]李百药撰:《北齐书·废帝纪》卷五,北京:中华书局,1972年版,第73页。

孝昭帝。①孝昭帝是个很孝顺的人,敬业重旧,为武明皇太后所爱重。《颜氏家训》对孝昭之孝有记载,云:"齐孝昭帝侍娄太后疾,容色憔悴,服膳减损。徐之才为灸两穴,帝握拳代痛,爪入掌心,血流满手。后既痊愈,帝寻疾崩,遗诏恨不见山陵之事。"②

13.孝昭帝皇建二年[武成帝太宁元年](561),颜之推三十一岁。

十一月,孝昭帝卒;同母弟长广王高湛即立,是为武成帝。③

14.武成帝河清元年(562),颜之推三十二岁。

时有叛乱。譬如七月,太宰、冀州刺史、平秦王高归彦叛乱,武成帝命大司马段韶、司空娄睿讨伐高归彦;斩杀高归彦及其三个儿子及同党二十人。④

15.河清二年(563),颜之推三十三岁。

正月,武成帝诏临朝堂策试秀才;以太子少傅魏收兼尚书右仆射,当时,武成帝十分看重魏收。

16.河清三年(564),颜之推三十四岁。

外患:正月,周军至城下而陈,战于城西。"人畜死者相枕,数百里不绝。"⑤

天灾:十二月,山东大水,饥死者不可胜计,武成帝下诏赈济百姓,但此事最终不了了之。

17.河清四年[后主天统元年](565),颜之推三十五岁。

河清末年,颜之推被举荐为赵州功曹参军。⑥

河清四年四月,武成帝禅位于太子高纬,是为后主;后主颇好文艺,调颜之推至京都,称谓"馆客"。

---

①[唐]李百药撰:《北齐书·废帝纪》卷五,北京:中华书局,1972年版,第75页。
②颜之推撰,王利器集解:《颜氏家训集解》,上海:上海古籍出版社,1980年版,第187页。
③[唐]李百药撰:《北齐书·武成帝纪》卷七,北京:中华书局,1972年版,第90页。
④[唐]李百药撰:《北齐书·武成帝纪》卷七,北京:中华书局,1972年版,第91页。
⑤[唐]李百药撰:《北齐书·武成帝纪》卷七,北京:中华书局,1972年版,第92页。
⑥《北齐书》云:"河清末,被举为赵州功曹参军,寻待诏文林馆,除司徒录事参军。"([唐]李百药撰:《北齐书·颜之推传》,北京:中华书局,1972年版,第617页。)

18. 天统四年(568)，颜之推三十八岁。

九月，周人来通和。

兴佛。《隋书·卷二十四》记载：至天统中，君王不顾老百姓洪灾饥馑、瘟疫疾病，打造游园，大修佛寺，劳役以万计；国家财用不能满足，就减免朝士的俸禄，中断各地官员以及九州各地军人的粮食和平常的赏赐来满足需求。

19. 天统五年(569)，颜之推三十九岁。

兴佛。正月，后主下诏以金凤等三台未入寺者施大兴圣寺；二月，又下诏严禁用网捕捉鹰鹞及畜养笼放之物。

武成帝宠爱幼子俨。二月，改东平王俨为琅邪王；十一月，诏以大将军、琅邪王俨为大司马。

20. 后主武平元年(570)，颜之推四十岁。

四月，以大司马、琅邪王俨为太保；七月，太保、琅邪王俨矫诏杀录尚书事和士开于南台；九月，杀太保、琅邪王俨。《颜氏家训》亦记载了此事。

21. 武平三年(572)，颜之推四十二岁。

武平三年，祖珽为左仆射，采纳颜之推建议，奏立文林馆，又奏撰《御览》。颜之推待诏文林馆，除司徒录事参军，与李德林共同掌管文林馆①，参与撰写《御览》②，

---

① 《隋书》云："三年，……齐主留情文雅，召入文林馆。又令（李德林）与黄门侍郎颜之推二人同判文林馆事。"（[唐]魏征等撰：《隋书》卷四十二，北京：中华书局，1973年版，第1197页。）

② 《北齐书》云："后主虽溺于群小，然颇好咏诗……后复追齐州录事参军萧悫、赵州功曹参军颜之推同入撰次，犹依霸朝，谓之馆客。放（萧放）及之推意欲更广其事，又祖珽辅政，爱重之推，又托邓长颙渐说后主，属意斯文。三年，祖珽奏立文林馆，於是更召引文学士，谓之待诏文林馆焉。珽又奏撰《御览》……珽等奏追通直散骑侍郎韦道逊、陆乂、太子舍人王劭……入馆撰书，并敕放、悫、之推等同入撰例。"（[唐]李百药撰：《北齐书·文苑传》卷四十五，北京：中华书局，1972年版，第603—604页。）

不久颜之推又迁通直散骑常侍,领中书舍人①,待迁黄门侍郎。②

《北齐书》记载,任、沈俱有重名,邢、魏各有所好。武平中,黄门侍郎颜之推曾因之问祖珽,祖珽回答说:"见邢、魏之臧否,即是任、沈之优劣。"③此亦见录于《颜氏家训》。此言"黄门侍郎颜之推",明颜之推之职任。《隋书》亦记载:"三年……齐主留情文雅,召入文林馆。又令(李德林)与黄门侍郎颜之推二人同判文林馆事。"④《北齐书》记载,武平四平,"寻除黄门侍郎"⑤。大概此时属于正式任职。

22. 武平四年(573),颜之推四十三岁。

四、五月中,祖珽解仆射,出任涂州刺史;十月,侍中崔季舒、张雕虎、散骑常侍刘逖、封孝琰、黄门侍郎裴泽、郭遵等六人因为谏议阻止后主赴晋阳而被杀害,颜之推差点被累及受难。因为没有在联名书上签名,幸免于难。《北齐书》记载:"崔季舒等将谏也,之推取急还宅,故不连署。及召集谏人,之推亦被唤入,勘无其名,方得免祸。寻除黄门侍郎。"⑥

23. 武平六年(575),颜之推四十五岁。

由于权臣、幸臣并进,朝廷赏赐没有限度,再加上旱灾、蝗灾接连不断,这时候军国资用已经出现严重不足的状况,给事黄门侍郎颜之推,通过宦官邓长颙,奏请收取关市、邸店之税,后主听到这个建议后非常高兴⑦;于是"税关市、舟车、山泽、盐铁、店肆,轻重各有差"⑧。

---

① 《北齐书》云:"后待诏文林馆,除司徒录事参军。之推聪颖机悟,博识有才辩,工尺牍,应对闲明,大为祖珽所重,令掌知馆事,判署文书。寻迁通直散骑常侍,俄领中书舍人。"([唐]李百药撰:《北齐书·颜之推传》,北京:中华书局,1972年版,第617页。)

② 《观我生赋》云:"珥貂蝉而就列,执麾盖以入齿。"自注云:"时以通直散骑常侍迁黄门郎也。"([唐]李百药撰:《北齐书·颜之推传·观我生赋》,北京:中华书局,1972年版,第624页。)

③ 《北齐书》云:"武平中,黄门郎颜之推以二公意问仆射祖珽,珽答曰:'见邢、魏之臧否,即是任、沈之优劣。'"([唐]李百药撰:《北齐书·魏收传》卷三十七,北京:中华书局,1972年版,第492页。)

④ [唐]魏征等撰:《隋书》卷二十四,北京:中华书局,1973年版,第1197页。

⑤⑥ [唐]李百药撰:《北齐书·颜之推传》,北京:中华书局,1972年版,第618页。

⑦ [唐]魏征等撰:《隋书》卷四十二,北京:中华书局,1973年版,第679页。

⑧ [唐]李百药撰:《北齐书·后主记》卷八,北京:中华书局,1972年版,第108页。

24.武平七年[隆化元年、德昌元年](576),颜之推四十六岁。

齐文宣帝即位数年,便沉湎纵恣,略无纲纪。开始还能任用一些有能力的人,后来国家政治逐渐衰落,孝昭皇帝杀戮贤能。由于北齐折冲之臣,无罪也会遭到杀戮,将士不再团结,于是北周就有了"吞齐之志"①。武平七年(隆化元年)八月,后主不顾群臣的建议,赶赴晋阳,这年冬天,周武帝就发起了伐齐的战争,攻取晋州,不久攻入晋阳。其间,相国高延宗即皇位于晋阳,改隆化为德昌元年,后主逃至建邺;高延宗与周师大战于晋阳,但是战事不利,为周师所虏。②

25.幼主承光元年[周武帝建德六年](577),颜之推四十七岁。

隆化二年春正月,后主太子高恒即皇位,年仅八岁,改元为承光元年,尊后主为太上皇,但不久在青州被周军擒获。齐国灭亡。③

其间,颜之推曾与薛道衡等劝太上皇往河外募兵,更为经略,如若不济,由此可以南投陈国。后主采纳了颜之推的建议,但是丞相高阿那肱不愿入陈。《北齐书》记载:"太上皇既至青州,即为入陈之计。而高阿那肱召周军,约生致齐主,而屡使人告言,贼军在远,已令人烧断桥路。太上所以停缓。周军奄至青州,太上窘急,将逊於陈……为周将尉迟纲所获。"④《北史》亦记载:周兵攻陷晋阳,后主不知如何是好,颜之推通过宦者侍中邓长颙进"奔陈"策,并劝募吴士千余人以为左右,取青、徐路共投陈国,后主本来采纳了颜之推的建议,但是丞相高阿那肱不愿入陈;劝后主向青州送去珍宝累重,以此守三齐之地;若不可守,再慢慢渡海向南。此时,后主"虽不从之推策,然犹以为平原太守,令守河津"⑤。

---

①《颜氏家训》云:"齐文宣帝即位数年,便沈湎纵恣,略无纲纪。尚能委政尚书令杨遵彦,内外清谧,朝野晏如,各得其所,物无异议,终天保之朝。遵彦后为孝昭所戮,刑政于是衰矣。斛律明月齐朝折冲之臣,无罪被诛,将士解体,周人始有吞齐之志"。(颜之推撰,王利器集解:《颜氏家训集解》,上海:上海古籍出版社,1980年版,第137页。)
②[唐]李百药撰:《北齐书·幼主纪》卷八,北京:中华书局1972年版,第110页。
③《北齐书》云:"正月,尉迟勤擒齐主及其太子恒於青州。……十月,周师渐逼……幼主禅位於大丞相、任城王湝,令侍中斛律孝卿送禅文及玺绂於瀛洲,孝卿乃以之归周。……至建德七年,……延宗等数十人无少长咸赐死,神武子孙所存者一二而已。"([唐]李百药撰:《北齐书·幼主纪》卷八,北京:中华书局,1972年版,第111页。)
④[唐]李百药撰:《北齐书·幼主纪》卷八,北京:中华书局,1972年版,第111页。
⑤[唐]李延寿撰:《北史》,北京:中华书局,1974年版,第2795页。

又有开府、中侍中有一个宦者叫作田敬宣,本字鹏,本是蛮人。这个人少年时代就非常喜欢读书,虽然是个宦官,但"年十四五,便好读书。既为阉寺,伺隙便周章询请,每至文林馆,气喘汗流,问书之外,不暇他语。及视古人节义事,未尝不感激沉吟。颜之推重其勤学,甚加开佴慈后遂通显。后主之奔青州,遣其西出,参伺动静,为周军所获。问齐主何在,绐云已去。殴捶服之,每折一支,辞色愈厉,竟断四体而卒"。颜之推对于田敬宣此行甚是赞赏,《颜氏家训》中曾说:"蛮夷童卯,犹能以学成忠,齐之将相,比敬宣之奴不若也。"

颜之推齐亡入周。①

周武帝平齐后,颜之推与阳休之、袁聿修、李孝贞、卢思道、李德林、陆乂、薛道衡、陆开明等十八人,随驾赴长安。②卢思道、阳休之道中作《鸣蝉篇》,颜之推亦有同作。

26.周武帝建德七年[周宣帝宣政元年](578),颜之推四十八岁。
四月壬子,初令遭父母丧者,听"终制"。③

六月,周武帝卒,太子宇文赟既立,是为周宣帝。七月,任命杨坚为上柱国、大司马。

周宣帝提倡孝义,任用北齐旧臣。八月,周宣帝下诏制九条:"五曰:孝子顺孙,义夫节妇,表其门闾,才堪任用者,即宜申荐。六曰:或昔经驱使名位未达,或沉沦蓬荜,文武可施,宜并采访,具以名奏。七曰:伪齐七品以上,已敕收用,八品以下,爰及流外,若欲入仕,皆听预选,降二等授官。八曰:州举高才博学者为秀才,郡举经明行修者为孝廉,上州、上郡岁一人,下州、下郡三岁一人。"④

27.宣政二年[周静帝大象元年](579),颜之推四十九岁。
二月,宣帝传位太子,即静帝,宣帝自称天元皇帝;正月,以大司马、随国公杨

---

① 颜之推撰,王利器集解:《颜氏家训集解》,上海:上海古籍出版社,1980年版,第141页。
② [唐]李百药撰:《北齐书》卷四十二,北京:中华书局,1972年版,第564页。
③ [唐]令狐德棻等撰:《周书·武帝纪》卷六,北京:中华书局,1971年版,第106页。
④ [唐]令狐德棻等撰:《周书·宣帝纪》卷七,北京:中华书局,1971年版,第116页。

坚为大后丞；七月，以大后丞、随国公杨坚为大前疑。①

28.大象二年(580)，颜之推五十岁。

大象末年，颜之推被任为御史上士。②

大象二年五月，上柱国、大前疑、随国公杨坚被任为扬州总管；十二月，大丞相、随国公杨坚进爵为王，以十郡为国。此时，宣帝身体日益糟糕，下诏由随国公杨坚入侍疾，杨坚由此受遗诏辅政。③

29.大定元年[隋文帝开皇元年](581)，颜之推五十一岁。

二月，大丞相、随王杨坚为相国，总领百官，能带剑上殿，见皇帝不拜，位在诸王上。不久，杨坚废静帝而自立，是为隋文帝。

此年，颜之推子颜思鲁生子籀，即颜师古。

30.开皇二年(582)，颜之推五十二岁。

开皇二年，颜之推上言依梁国旧事，考订雅乐；隋文帝不从。④

又有长安百姓掘得秦时铁称权，颜之推曾受敕数写读。⑤

是年二月，文帝立子杨勇为太子。《读史存稿》云："勇召之推为学士，盖在是

---

①[唐]令狐德棻等撰：《周书·宣帝纪》卷七，北京：中华书局，1971年版，第117—120页。
②[唐]李百药撰：《北齐书·颜之推传》，北京：中华书局，1972年版，第626页。
③[唐]令狐德棻等撰：《周书·宣帝纪》卷七，北京：中华书局，1971年版，第124页。
④《隋书》云："开皇二年，齐黄门侍郎颜之推上言：'礼崩乐坏，其来自久。今太常雅乐，并用胡声，请冯梁国旧事，考寻古典。'高祖不从，曰：'梁乐亡国之音，奈何遣我用邪？'"([唐]魏征等撰：《隋书·音乐中》，北京：中华书局，1973年版，第345页。)
⑤《颜氏家训·书证》云："开皇二年五月，长安民掘得秦时铁称权，旁有铜涂镌铭二所。……凡五十八字，一字磨灭，见有五十七字，了了分明。其书兼为古隶。余被敕写读之，与内史令李德林对，见此称权，今在官库。"(颜之推撰，王利器集解：《颜氏家训集解》，上海：上海古籍出版社，1980年版，第415—416页。)

年之后,之推等与陆法言论音韵,盖在本年前后。之推在开皇初曾奉敕与魏澹、辛德源更撰《魏书》,未详何年,亦系于此。①

31.开皇三年(583),颜之推五十三岁。
颜之推奉隋文帝之命接待陈国使臣阮卓。②

32.开皇四年(584),颜之推五十四岁。
二月,隋文帝下诏颁行新历,其后争论历法,绵历十余年,颜之推亦曾参加讨论。③

33.开皇七年(587),颜之推五十七岁。
二月,派遣十万多丁男修筑长城;七月,河南诸州发生水灾;八月,关内七州大旱。④

34.开皇九年(589),颜之推五十九岁。
正月,隋灭陈,南北统一。

三、为邦传圣学,垂训著家规

《颜氏家训》属于颜之推晚年"整齐家门,提撕子孙"之作,尽管具体的写作过程和写作的起讫时间不得而知,但《终制》篇提到:"吾已六十余,故心坦然,不以残年为念。先有风气之疾,常疑奄然,聊书素怀,以为汝诫。"这里陈述了《家训》大概的写作时间,以及《终制》的完成时间。

开皇十一年(591),颜之推六十一岁。
颜之推卒年已无可考,据《颜氏家训》推测,大约在开皇十余年中,年六十余。

---

① 缪越:《读史存稿·颜氏家训全译·附录》,北京:生活·读书·新知三联书店,1963年版,第311页。
② 《陈书》云:"隋主凤闻卓名,乃遣河东薛道衡、琅邪颜之推等,与卓谈宴赋诗,赐遗加礼。"([唐]姚思廉撰:《陈书·文学·阮卓传》,北京:中华书局,1972年版,第472页。)
③ 《颜氏家训》提到"前在修文令曹,有山东学士与关中太史竞历,凡十余人,纷纭累岁,内史牒付议官平之。吾执论曰……举曹贵贱,咸以为然。"(颜之推撰,王利器集解:《颜氏家训集解》,上海:上海古籍出版社,1980年版,第313页。)
④ [唐]魏征等撰:《隋书》卷一,北京:中华书局,1973年版,第23—24页。

颜之推弟颜之仪，自江陵沦陷入周之后，历仕麟趾学士、司书上士、小宫尹等职，被封为平阳县男；后进爵为公，出为西疆郡宁。隋文帝即位之后，他被调回京师，进爵为新野郡公。开皇五年，他又被任为集州刺史。开皇十一年冬卒，此年颜之仪年六十九岁。

颜之推的妻子姓殷，有三个儿子：长子思鲁、次子愍楚、三子游秦。《读史存稿》以为，思鲁与愍楚皆颜之推在北齐时所生，二子之命名，有不忘本之意；"思鲁"表示怀思故乡（颜氏之先，本乎邹鲁）；"愍楚"表示哀念故国（梁元帝都江陵，故旧楚）。①

附：颜之推的著作

《文集》三十卷，《家训》二十篇，《训俗文字略》一卷，《集灵记》二十卷，《急就章注》一卷，《笔墨法》一卷，《证俗音字》五卷，《还冤志》三卷。今存于世有《家训》《还冤志》，《北齐书观我生赋》一篇，《颜氏家训集解》所辑《古意二首》《和阳纳言听鸣蝉篇》《神仙》《从周入齐夜度砥柱》《稽圣赋》以及失题诗句若干。

---

① 缪越：《读史存稿·颜氏家训全译·附录》，北京：生活·读书·新知三联书店，1963年版，第315页。

第二节 古今家训，以此为祖——《颜氏家训》

战乱之世生存的不易，官宦世家地位的风雨飘摇，沉沦厮役之耻的恐惧，官场祸患中的道德坚守与全身避祸的矛盾冲突，加之自己早年失教的悔悟……颜之推"追思平昔之指，铭肌镂骨，非徒古书之诫，经目过耳也"①。于是，他结合自己的切身经历与感受，为儿孙留下了一部以教导儿孙求得家庭和睦、免受穷辱、避祸全身、传业扬名为宗旨的家训巨著——《颜氏家训》。他说：

> 吾家风教，素为整密。昔在龆龀，便蒙诱诲。每从两兄，晓夕温清，规行矩步，安辞定色，锵锵翼翼，若朝严君焉。赐以优言，问所好尚，励短引长，莫不恳笃。年始九岁，便丁荼蓼，家涂离散，百口索然。慈兄鞠养，苦辛备至；有仁无威，导示不切。虽读《礼传》，微爱属文，颇为凡人之所陶染，肆欲轻言，不修边幅。年十八九，少知砥砺，习若自然，卒难洗荡。二十已后，大过稀焉；每常心共口敌，性与情竞，夜觉晓非，今悔昨失，自怜无教，以至于斯。追思平昔之指，铭肌镂骨，非徒古书之诫，经目过耳也。故留此二十篇，以为汝曹后车耳。②

颜之推说，自己缘于家风，幼承庭训，七岁能诵《灵光殿赋》，龆龀换牙的年纪，就常常得到长辈的引导和教诲，喜欢学习礼仪。只是，九岁丧父，他丧失了严君的教育，遂受兄长抚养，慈兄鞠养虽苦辛备至，但由于"有仁无威，导示不切"③，颜之推"颇为凡人之所陶染，肆欲轻言，不修边幅。年十八九，少知砥砺，习若自然，卒难洗荡"④。颜之推深深感受到自己丧父之后缺失严格家教的不良后果，自省是非得失，"夜觉晓非，今悔昨失，自怜无教，以至于斯"。故作《家训》，为儿孙

---

① 颜之推撰，王利器集解：《颜氏家训集解》，上海：上海古籍出版社，1980年版，第22页。
②③④ 颜之推撰，王利器集解：《颜氏家训集解》，上海：上海古籍出版社，1980年版，第22页。

留下前车之鉴。他又说:

> 夫圣贤之书,教人诚孝,慎言检迹,立身扬名,亦已备矣。魏、晋已来,所著诸子,理重事复,递相模教,犹屋下架屋,床上施床耳。吾今所以复为此者,非敢轨物范世也,业以整齐门内,提撕子孙。①

颜之推说,古往今来教人忠孝、谨慎言行、自重行为、立身扬名等道理的圣贤之书,已经撰写得很完备周全了;魏晋以来,"所著诸子,理重事复,递相模教,犹屋下架屋,床上施床耳"。各种各样的教导人的书真是太多了。故"吾今所以复为此者,非敢轨物范世也,业以整齐门内,提撕子孙"②。

这部书"自唐、宋以来,世世刊行天下",颜氏后代以之为"天球河图也,罔敢失坠"③。颜志邦《颜氏家训序》将颜氏家族的一度兴盛都归结于祖先的《家训》,云:"黄门公所著《家训》,迪我后人德业尤切,子孙灵承厥志,曰惟我祖之德,是彝是训,罔敢遏佚前人光,兹予其永保哉!"④颜星《重刊〈颜氏家训〉小引》亦云:"黄门祖《家训》仅二十篇,该括百行,贯穿六艺,寓意极精微,称说又极质朴。盖祖宗切切婆心,谆谆诰诫,迄今千余年,只如当面说话,订顽起懦,最为便捷。"⑤

《颜氏家训》虽然心在于"家"、意在于"训",但其著述不仅论述各种传统文化、伦理、风操、德行的教育方法与学习内容,而且其内容能切合实际、以身示范、广征博引、言辞恳切地辩驳纠正当时时俗的谬误,指导教子、治家、勉学以及各种修身处事的法则。其论述质明而详备,语言平实而不诡。其中的思想,篇篇药石,切中现实,言言龟鉴,句句满怀长者的期冀。所以无论是颜氏子弟抑或是他人儿孙,无论是教育实施过程中的受教者、施教者抑或是管理者等等,读之皆可以得

---

①②颜之推撰,王利器集解:《颜氏家训集解》,上海:上海古籍出版社,1980年版,第19页。
③颜嗣慎:《重刻〈颜氏家训〉序》,载《颜氏家训集解》,北京:中华书局,1980年版,第549页。
④颜志邦:《〈颜氏家训〉序》,载《颜氏家训集解》,北京:中华书局,1980年版,第552页。
⑤颜星:《重刊〈颜氏家训〉小引》,载《颜氏家训集解》,北京:中华书局,1980年版,第556页。

到启迪,而这也正是这部书能在"兵燹之余"得以不失的重要缘故。历代学者对这部书的推广价值都有较高的评价,譬如宋本佚名《颜氏家训序》云:"虽非子史同波,抑是王言盖代。其中破疑遣惑,在《广雅》之右;镜贤烛愚,出《世说》之左。"①沈揆《宋本沈跋》则云:"此书虽辞质义直,然皆本之孝弟,推以事君上,处朋友乡党之闲,其归要不悖《六经》,而旁贯百氏。至辩析援证,咸有根据;自当启悟来世,不但可训思鲁、愍楚辈而已。"②明人张璧也认为:"乃若书之传,以禔身,以范俗,为今代人文风化之助,则不独颜氏一家之训乎尔!"③清人赵曦明《〈颜氏家训〉跋》云:"虽其中不无疵累,然指陈原委,恺切丁宁,苟非大愚不灵,未有读之而不知兴起者。谓当家置一编,奉为楷式。"④近代周作人不仅推崇颜之推文风的闲适平易,而且对《颜氏家训》的写作也是极为佩服的,在《夜读抄》里还专门写了一篇《颜氏家训》读书笔记。学者范文澜亦充分肯定了《颜氏家训》的文学价值与教育学价值,他在《中国通史》中说:"(颜之推)是当时南北两朝最通博、最有思想的学者,经历南北两朝,深知南北政治、俗尚的弊病,洞悉南学、北学的短长。当时,所有大小知识,他几乎都钻研过,并且提出了自己的见解。《颜氏家训》二十篇,就是这些见解的记录。《颜氏家训》的佳处,在于立论平实。平而不流于凡庸,实而多异于世俗。在南方浮华、北方粗野的气氛中,《颜氏家训》保持平实的作风,自成一家言。"⑤

我们且不去讨论《颜氏家训》是否算得上是"家训"的鼻祖,也无需斤斤计较颜氏家族是否是在家训的影响下而成就了自颜思鲁、愍楚、勤礼、师古、相时、惟真、真卿、杲卿、春卿、曜卿、旭卿以至于如志邦之辈,就其在我国教育历史上产生的影响这一个方面,就可以说是目前我们所能见到的任何一部"家训""家诫"之类的书所无法企及的了。

---

① 宋本佚名:《〈颜氏家训〉序》,载《颜氏家训集解》,北京:中华书局,1980年版,第543页。
② 沈揆:《宋本沈跋》,载《颜氏家训集解》,北京:中华书局,1980年版,第545页。
③ 张璧:《刻〈颜氏家训〉序》,载《颜氏家训集解》,北京:中华书局,1980年版,第547页。
④ 赵曦明:《〈颜氏家训〉跋》,载《颜氏家训集解》,北京:中华书局,1980年版,第565页。
⑤ 范文澜:《中国通史简编》(修订本),北京:人民出版社,1949年版,第525页。

第三节 《颜氏家训》的内容略述

《颜氏家训》所涉及的内容颇为丰富,"该括百行,贯穿六艺"①,不仅涉及家庭教育、处世之道、经世济国之策,还涉及儒释道之思想学问,文史、文字训诂、校勘、书法、绘画、音韵、射术、卜筮之学,以及算术历法、医学、琴棋书画等杂艺。撷取其要,诸如:

(一)"信其所亲,行其所服。"②(《序致》)颜氏认为,家庭教育在亲缘关系、信任服从程度、受教的时间以及受教的效果上等都具有其他社会教育所缺少的得天独厚的优势。譬如,要禁止顽童的过分调皮,老师、朋友的劝说与警告,还比不上他喜欢的那个朝夕伺候他衣食的婢女的一个手势、一个身体的动作及一个特殊的表情更有效果;而要制止子女之间的争执,便是尧、舜劝导也不如他们自家妻子的晓谕开导。故颜氏作书,"吾望此书为汝曹之所信,犹贤于傅婢寡妻耳"③。

(二)"教妇初来,教儿婴孩。"④(《教子》)颜氏认为,对子女的教育一定要及早,如果能充分利用早教教诲子女,"使为则为,使止则止",就能使子女自小养成好的行为习惯,从而为其一生的品行道德奠定良好的基础。

(三)"友悌深至,不为旁人之所移。"⑤(《兄弟》)颜氏认为,在人伦关系上,夫妇、父子、兄弟至关重要,不可不笃。兄弟之间,要相亲相爱,感情深厚,这样才不

---

①颜星:《重刊〈颜氏家训〉小引》,载《颜氏家训集解》,北京:中华书局,1980年版,第556页。
②颜之推撰,王利器集解:《颜氏家训集解》,上海:上海古籍出版社,1980年版,第19页。
③颜之推撰,王利器集解:《颜氏家训集解》,上海:上海古籍出版社,1980年版,第19页。
④颜之推撰,王利器集解:《颜氏家训集解》,上海:上海古籍出版社,1980年版,第25页。
⑤颜之推撰,王利器集解:《颜氏家训集解》,上海:上海古籍出版社,1980年版,第38页。

会受到外在因素的影响；而兄弟之间，也不要期望过高，期望过高不能满意就容易产生怨怒，而如果经常往来、兄友弟恭，则即便有了不满也容易消除。

（四）"异姓宠则父母被怨，继亲虐则兄弟为仇。"①（《后娶》）颜氏认为，迫于事势，继母常常会虐待前妻留下的子女，在儿女地位争夺、宦学、婚嫁等方面也无不是处处提防。如果异姓的子女受宠，自家的子女就会怨恨；而如果继母虐待前妻的子女，则同父异母的兄弟之间就会成为仇人。这是家庭的祸害。所以颜氏告诫子孙，续弦之事一定要慎重。

（五）"治家之宽猛，亦犹国焉。"②（《治家》）颜氏认为，家长治家，不仅要以身作则，勤俭孝慈，而且要对子女宽猛相顾，恰当处理各种关系，不能有偏宠虐待，也不要信什么巫神妖妄之事。

（六）"不近有情，乃儒雅之罪人。"③（《风操》）博学通达的君子能自己权衡礼仪规范，适宜地遵循礼仪规范，过去人们将这些礼仪规范称之为"士大夫风操"。虽然家门不同，对礼仪的看法和要求也有区别，但其中要遵循的大致要求，还是可以了解的。不过，颜氏告诫儿孙，循礼固然重要，但如果拘礼过甚，不近人情，也是有伤儒雅，不可取的。

（七）"所值名贤，未尝不心醉魂迷向慕之。"④（《慕贤》）古人云："千载一圣，犹旦暮也；五百年一贤，犹比髆也。"⑤这是说圣贤难得。所以，一旦能遇到史上罕有的明达君子，哪能不攀附景仰他呢？遇到有名的贤人，哪能不心醉神迷，钦慕向往呢？所以他劝导子孙不能"贵耳贱目，重遥轻近"⑥，而要礼敬贤哲，无论贵贱。

---

① 颜之推撰，王利器集解：《颜氏家训集解》，上海：上海古籍出版社，1980年版，第50页。
② 颜之推撰，王利器集解：《颜氏家训集解》，上海：上海古籍出版社，1980年版，第54页。
③ 颜之推撰，王利器集解：《颜氏家训集解》，上海：上海古籍出版社，1980年版，第104页。
④⑤ 颜之推撰，王利器集解：《颜氏家训集解》，上海：上海古籍出版社，1980年版，第128页。
⑥ 颜之推撰，王利器集解：《颜氏家训集解》，上海：上海古籍出版社，1980年版，第130页。

（八）"读书学问，本欲开心明目，利於行耳。"①（《勉学》）颜氏认为，读书问学，可潜移默化地提升人的修养，锻炼士之节操，成就人养亲、事君的道德，改变人的骄奢、鄙吝、暴悍与怯懦，"开心明目，利于行"。所以他告诫子女不能借祖上余绪，养尊处优，而要勤学博览，以谋求自立于世。

（九）"宜以古之制裁为本，今之辞调为末，并须两存，不可偏弃也。"②（《文章》）颜氏认为文章原出"五经"，故看重撰写行文"敷显仁义，发明功德，牧民建国，施用多途"，而反对"趋本弃末""辞胜而理伏"。但他同样也很重视辞采的作用，认为"陶冶性灵，从容讽谏，入其滋味，亦乐事也；行有余力，则可习之"③。如果行有余力，缘情以为文，未尝不是一件乐事；如果为文能够思想与辞采"并须两存"，不偏弃，那就更好了。

（十）"名之与实，犹形之与影也。"④（《名实》）在名与实的关系上，颜氏也有清醒的认识。他认为，名声与实际的关系，就好比身体与影子；一个人德艺周厚，名声随之而善。所以修身慎行，令名自然而来；心藏奸诈求得浮名，终究也不会真的得到好的名声。所以，颜之推甚为重视对子女的德艺双馨的教育。但他也提醒子孙，无论求实求名，都不能太过，试想，人足所履，不过数寸，但是走在咫尺宽的山路上，却为什么会从山崖上掉下去；从拱把粗的桥梁上过河，却为什么常常沉溺于川谷？那是因为脚的旁边没有余地的缘故。至诚的话语，为什么人们未必能信？至洁的行为，为什么人们会产生怀疑？这也是因为这些话语、行为、声名好到极点，没有给人留下余地的缘故。所以，一个人要在社会上立足，必须为自己的立足留有余地。

（十一）"君子之处世，贵能有益於物耳。"⑤（《涉务》）朝不保夕、人情险恶的战乱时代与士族子弟的不学无术、自导没落的现实，使颜氏清醒地意识到所谓的

---

①颜之推撰，王利器集解：《颜氏家训集解》，上海：上海古籍出版社，1980年版，第160页。
②③颜之推撰，王利器集解：《颜氏家训集解》，上海：上海古籍出版社，1980年版，第250页。
④颜之推撰，王利器集解：《颜氏家训集解》，上海：上海古籍出版社，1980年版，第280页。
⑤颜之推撰，王利器集解：《颜氏家训集解》，上海：上海古籍出版社，1980年版，第290页。

祖上之荫、家族门第的显赫,终不可靠;一个人为人处世与生存的根本,至贵之处不是依赖祖上的余绪,不是凭借显赫的家族门第,而是在于自己是否拥有独立的技能,能对别人有所益处。他说:"父兄不可常依,乡国不可常保,一旦流离,无人庇荫,当自求诸身耳。谚曰:'积财千万,不如薄技在身。'"①一个人能在这个世上很好地立足,就要能"有益于物"。

(十二)"多为少善,不如执一。"②(《省事》)颜氏相信"天道不使物有兼焉也",故善于奔跑的就不给它翅膀;善于飞行的就不让它有前趾。而如果一个人样样事情都去干,很少能都做得好,就像鼫鼠有五种本领,但却没有一个能称得上技术。所以,一个人要善于生存,就不能违背天道,样样去干却不能精通,还不如专心干好一件,达到精妙。

(十三)"唯在少欲知足,为立涯限尔。"③(《止足》)颜氏引用《礼》所言"欲不可纵,志不可满",告诫子女,宇宙虽大,但却有其极限,而人的情性欲望常常没有穷尽;只有少欲知足,才能为人的欲望设立涯限。"周穆王、秦始皇、汉武帝,富有四海,贵为天子,不知纪极,犹自败累,况士庶乎?"古往今来,多少人富有四海,贵为天子,但却不知极限,欲望无边,终于败落,何况是一般人呢?天地鬼神之道,皆恶满盈;只有谦虚淡泊,才能免除祸患。

(十四)"世以儒雅为业……未有用兵以取达者。"④(《诫兵》)颜氏崇儒雅学问,认为学问可以全身,而好兵则致祸。他说,自己的祖先世世代代以儒雅为业,孔子的七十二门徒,颜氏家族就有八人;秦、汉、魏、晋,以至于齐、梁,颜氏家族就没有能以用兵获取显达的。春秋时代,颜高、颜鸣、颜息、颜羽这些人,都是武夫;齐国颜涿聚,赵国颜最,汉末颜良,宋颜延之,这些人曾经成为大将,但结果要么被俘,要么被杀,最终倾覆。汉朝颜驷,自称好武,但不见有什么事迹流传;颜忠

---

① 颜之推撰,王利器集解:《颜氏家训集解》,上海:上海古籍出版社,1980年版,第153页。
② 颜之推撰,王利器集解:《颜氏家训集解》,上海:上海古籍出版社,1980年版,第301页。
③ 颜之推撰,王利器集解:《颜氏家训集解》,上海:上海古籍出版社,1980年版,第316页。
④ 颜之推撰,王利器集解:《颜氏家训集解》,上海:上海古籍出版社,1980年版,第320页。

因为党附楚王受诛,颜俊因为割据武威被杀,自从有了颜氏的姓,颜氏家族没有情操的,就是这两个人,都遭罹祸败。所以他劝诫子孙莫"违弃素业,徼幸战功"。现今之时,有人放弃了学问,想求得战功。但"吾见今世士大夫,才有气干,便倚赖之,不能被甲执兵,以卫社稷;但微行险服,逞弄拳擎,大则陷危亡,小则贻耻辱,遂无免者"①。

(十五)"养生者先须虑祸,全身保性,有此生然后养之。"②(《养生》)颜氏认为,神仙之事,并非子虚乌有,但是"性命在天,或难钟值",认为一般难以遇到这个机缘。所以他"不愿汝曹专精于此",但也不反对子孙"爱养神明,调护气息,慎节起卧,均适寒暄,禁忌食饮,将饵药物,遂其所禀"③。他提醒子孙,"养生者先须虑祸",养生的前提是要考虑如何得以生存,有了这个生存,然后才能去养护它;其次,"夫生不可不惜,不可苟惜"。爱惜生命固然重要,但也不能为它丧失做人的原则。

(十六)"家世归心,勿轻慢也。"④(《归心》)颜氏推崇佛教,故希望子孙能世代归心佛教,即便不能出家,也应当兼修戒行,留心诵读,把这些作为通往来世幸福的津梁。

(十七)"所见渐广,更知通变,救前之执,将欲半焉。"⑤(《书证》)在指导子孙文字、训诂、校勘方面,颜之推也有自己的见解。譬如,他认为考校文字,首先,要见识广博,这样才具备变通的可能;其次,还要去除偏执,做到正俗结合,校勘文字,不仅能"从正",亦能"随俗"。若是撰文论述,要选择"从正";若是官府文书,或者一般的书札信件,就不用违背世俗的习惯了。

(十八)"古今言语,时俗不同,著述之人,楚、夏各异。"⑥(《音辞》)在声韵学

---

①颜之推撰,王利器集解:《颜氏家训集解》,上海:上海古籍出版社,1980年版,第321页。
②③颜之推撰,王利器集解:《颜氏家训集解》,上海:上海古籍出版社,1980年版,第332页。
④颜之推撰,王利器集解:《颜氏家训集解》,上海:上海古籍出版社,1980年版,第335页。
⑤颜之推撰,王利器集解:《颜氏家训集解》,上海:上海古籍出版社,1980年版,第463页。
⑥颜之推撰,王利器集解:《颜氏家训集解》,上海:上海古籍出版社,1980年版,第487页。

上,颜之推亦有很深的造诣。他认为,身处九州不同地区的人,言语各不相同,这自从有人类以来就如此了;何况古代与今日的言语,也因为时俗的变化而出现变异,而著述的人,也因为地处楚、夏而出现差异。由于地域的不同、时代的变迁,语言的差异、古今声韵的变异,使得我们现在所听到的语音混杂,"各有土风,递相非笑,指马之谕,未知孰是"。故为后人的学习也带来弊端。"内染贱保傅,外无良师友"①,便是王侯外戚,也多少语音不正;诸如"飔段""永州"之变,无不令人啼笑皆非。为此,元帝不得不手教诸子侍读,以此为戒。而颜之推更将语音的家教推向极端,说:"吾家儿女,虽在孩稚,便渐督正之;一言讹替,以为己罪矣。云为品物,未考书记者,不敢辄名,汝曹所知也"②。

(十九)"(杂)艺不须过精。"③(《杂艺》)《颜氏家训·杂艺·第十九》中,颜之推对学习书法、绘画、矢射、卜筮、算术律历、医术、琴瑟、博弈、投壶等杂艺分别提出了自己的看法。他认为,这些技艺可以稍作学习,但不要过精。譬如书法,他劝诫子孙"微须留意",但"此艺不须过精","慎勿以书自命"。因为"巧者劳而智者忧,常为人所役使,更觉为累"。又说,"画绘之工,亦为妙矣",但是如果擅长绘画的人官位不显,却被公私叫去画画,实在是件苦差事。诸如顾士端父子因妙丹青,常被元帝所使,每怀羞恨;刘岳绘画绝伦,却不得不与诸工巧杂处,如果他们都不会画画,只专攻儒学,怎么会有这种耻辱呢?至于卜筮,虽然是圣人之业,但是,近古以来,比较精妙的,也就是京房、管辂、郭璞这些人,这些人皆没有什么官位,而且大多罹灾遇难,世上所传懂阴阳之术的人命运坎坷,多不称泰,这种说法是可以相信的。至于算术律历,可以兼明,但"不可以专业";医方之事,"劝汝曹以自命也";围捕狩猎,"不愿汝辈为之";琴瑟雅致有深味,但"不可令有称誉";围棋颇为雅戏,但"令人耽愦,废丧实多,不可常也";弹棋亦近世雅戏,但可以消愁释愤,只能"时可为之"。由此可见,颜之推对这些杂艺的实际态度次于学问的传承。

---

① 颜之推撰,王利器集解:《颜氏家训集解》,上海:上海古籍出版社,1980年版,第504页。
② 颜之推撰,王利器集解:《颜氏家训集解》,上海:上海古籍出版社,1980年版,第474页。
③ 颜之推撰,王利器集解:《颜氏家训集解》,上海:上海古籍出版社,1980年版,第507页。

（二十）"传业扬名为务,不可顾恋朽壤。"(《终制》)《颜氏家训》的《终制》可以看作是颜之推给予儿孙最后的遗言。从这里可以看到：其一,颜之推身体力行"孝慈"的家教；其二,葬礼从简,崇信佛教；其三,遵守儒家传统,告诫子孙应该以传承家业、光宗耀祖为主要的任务,而不必顾虑其他。

当然,以上所述,仅仅是《颜氏家训》内容的一小部分。在这部书中,颜之推还结合自身幼年的成长与一生生活、思想发展的经历,对家庭教育,诸如胎教、幼教、成人教育甚至老年教育,德育、智育及其他技能教育等,都提出了颇具价值的见解。尽管这些见解并不像王钺所言的"篇篇皆可为药石、言言皆可为龟鉴"那么夸张,但书中全面丰富的教育内容、教育方法、学习方法,以及对教育的持续性、公正性、实用性、时效性问题的关注与探讨,对我们的现代家庭甚至学校教育都无不存在着积极的借鉴与参考价值。

第二章

颜氏家庭教育的主要内容

在魏晋南北朝这一特殊的时代教育背景下,家庭不仅是人生的第一所学校,也成为弥补官学颓废的重要替代。如何使家庭教育既能完成寻常家庭教育的职能又能发挥官学的教育职能,进而实现对子女系统的全面的多层次的道德修养、文化礼仪、知识技能教育,这不仅关系到子女身心的健康成长、良好习惯的养成以及门第的兴衰与传承,而且也影响着传统文化的传承与扬弃,影响着国家社会的安定与发展。可以说,这一时期的家庭教育施教者被赋予了现代意义上的"家长""教师""教育管理者"的多重职能,而受教者相应地就具有"子女""学生""社会成员"等多重意义,故而家庭教育的涉及面也必然趋向于一个完整的体系而不会囿于一点一线。《颜氏家训》对于家庭教育内容较为系统的设置,亦体现了颜之推对于这一点的深刻认知。

第一节 德 育

德育是施教者按照一定社会的要求,有目的、有计划地对受教育者施加系统的思想影响,把一定的思想观点、道德准则转化为个体思想品质的教育。自古以来,我国的教育者就很重视对受教者的道德思想教育,譬如孔子强调"仁",孟子强调"义",荀子强调"化性起伪"等等,皆是如此。颜之推同样也很注重对子女的思想教育,并以之作为家庭教育展开的基础。

一、自小便教之以德

颜之推很重视家庭教育的德育环节,将家庭教育作为培养具有德艺人才的主要方式。他认为,在家庭教育中,因施教者与受教者之间的特殊关系,使得家中的道德教育与学校教育相比,有其不言而喻的优势。对子女而言,父母是长辈,值得信任,故能听其教诲,服从其命令;对父母而言,教育子女是天大的事情,没有半点私心,可谓一心一意。所以,父母对子女的教育有较强的感染力,易为子女所接受,这样的家庭教育,可以达到事半功倍的效果。为进一步说明这一道理,颜之推举了这样的例子,他说:

> 禁童子之暴谑,则师友之诫,不如傅婢之指挥;止凡人之斗阋,则尧、舜之道,不如寡妻之诲谕。①

颜之推认为,要禁止孩童的过分淘气,师友的劝诫,抵不上伺候他的婢女的

---

① 颜之推撰,王利器集解:《颜氏家训集解》,上海:上海古籍出版社,1980年版,第19页。

手势指令;制止兄弟间的内讧争斗,尧舜的教导,抵不上他们自家妻子的一句诱导规劝。这就是颜之推所说的"夫同言而信,信其所亲;同命而行,行其所服"①。用我们现在的话说,含有亲情色彩的家庭教育所具有的特殊教育效果,绝不是学校教育所能达到的。

颜之推不仅仅重视家庭教育的作用,更重视家庭教育中德育的价值,而且认为对子女的德育要赶早,自小便教之以德,这样才会效果显著。他说:

> 生子咳䶊,师保固明孝仁礼义,导习之矣。……父母威严而有慈,则子女畏慎而生孝矣。……骄慢已习,方复制之,捶挞至死而无威,忿怒日隆而增怨,逮于成长,终为败德。②

颜之推生活的时代,正处于门阀士族由盛而衰的非常时期,士大夫们对自己的处境感到担忧,如果一点小事处理不当,就会惹来杀身之祸;最主要的是,士族子弟不学无术,饱食终日,不注重自身的道德修养,世风败坏。基于此,颜之推从个人家庭利益出发,"整齐门内,提撕子孙"③,鲜明提出教育的目的就在于教育自家儿孙晚辈,避免家族在政治的动荡中衰败。他结合自己的所见所闻和立身、治家、处世方面的经验,忠告子女,在家庭教育方面,一定要及早注意对后代的"孝仁礼义"的教育。如果错过了对后代幼年时期的道德教育,等"骄慢已习",再去管教就难以奏效了。

二、颜氏德育的主要内容

颜之推的德育内容主要以儒家"仁义礼信"为核心,包含了以儒家的道德规

---

①颜之推撰,王利器集解:《颜氏家训集解》,上海:上海古籍出版社,1980年版,第19页。
②③颜之推撰,王利器集解:《颜氏家训集解》,上海:上海古籍出版社,1980年版,第25页。

范来培养人才的思想,并涉及其他相关人生哲学、为人道德的一套颜氏德育理论。

(一)把"孝悌"放在德育之首,并提出早教与示范教育

孝为百行之首,"孝"的观念深深根植于中华民族的血脉之中,代代相传。颜之推对"孝"亦特别地重视,甚至将"孝"的教育提到幼教之中,认为孩子一出生就应当接受"孝仁礼义"的教导。他说:

> 子生咳啶,师保固明孝仁礼义,导习之矣。①

不过颜氏理解的"孝"有其特别之处。譬如他说,"(子女对父母)先意承颜,怡声下气,不惮劬劳,以致甘腴,惕然惭惧,起而行之也。"②这也就是说,孝子要先父母之意而顺承其志,声气和悦,不怕劳苦,为父母弄到香甜软嫩食品,要让那些不知道如何奉养父母的人看了之后感到畏惧惭愧,从而也去效法别人孝顺父母。至于"悌",颜氏认为,兄弟间要互相关心、爱护。相反,"兄弟不睦,则子侄不爱;子侄不爱,则群从疏薄;群从疏薄,则僮仆为仇敌矣。如此,则行路皆踏其面而蹈其心,谁救之哉?"③颜之推认为,兄弟之间不和睦,侄儿之间就不会互相爱护;侄儿之间不爱护,家庭中的子弟们就会关系疏远;子弟们关系疏远,会导致僮仆们成为仇敌。一个家庭像这样,过往路人就会随意侮辱他们,谁能够救助他们呢?"夫有人民而后有夫妇,有夫妇而后有父子,有父子而后有兄弟:一家之亲,此三而已矣。自兹以往,至于九族,皆本于三亲焉,故于人伦为重者也,不可不笃。……惟友悌深至,不为旁人之所移者,免夫!"④只有尊重人伦道德,兄友弟恭,不为旁人的谗言而有所改变,这才能防止兄弟阋于墙的发生。所以,颜之推主张,为人父母者、为人长兄者要以身作则,对年幼的子女或兄弟进行守孝悌、重人伦的道德教育。他说:

---

①颜之推撰,王利器集解:《颜氏家训集解》,上海:上海古籍出版社,1980年版,第25页。
②颜之推撰,王利器集解:《颜氏家训集解》,上海:上海古籍出版社,1980年版,第160页。
③颜之推撰,王利器集解:《颜氏家训集解》,上海:上海古籍出版社,1980年版,第42页。
④颜之推撰,王丽器集解:《颜氏家训集解》,上海:上海古籍出版社,1980年版,第37—38页。

> 是以父不慈则子不孝,兄不友则弟不恭,夫不义则妇不顺矣。父慈而子逆,兄友而弟傲,夫义而妇陵,则天之凶民,乃刑戮之所摄,非训导之所移也。①

这也就是说,在子女的孝悌道德教育中,在很大的程度上,父母就是子女的榜样,就是子女要学习的对象。故颜之推认为,作为子女第一任教师的父母,不仅要要求子女遵守孝悌,也应该注意自己的一言一行,以便于给子女更多正面的信息,传达正能量,发挥榜样示范作用。

当然,父母的榜样作用只是子女学习的一个方面,事实上,子女通过更多的渠道习得更繁杂的道德观念的情况,并非不存在。为了避免"父慈而子逆,兄友而弟傲"的现象,颜之推提出了甚为多样化的德育措施。譬如父母威严而有慈;父子之严,不可以狎;笃学修行,不坠门风;学达君子,自为节度;蓬生麻中,不劳翰墨;君子必慎交游;与善人居,如入芝兰之室,久而自芳等。

(二)将"仁、礼、义、信"亦作为教育子女道德认知的内容

在颜氏的早教理论中,颜氏提出"子生咳嗯,师保固明孝仁礼义,导习之矣"②。颜之推不仅明确教导子女"孝",亦将学习儒家"仁、礼、义"引入其对子女德育的范畴;在《治家篇》《勉学篇》《名实篇》中,颜之推又提出"信"——立言必信、兑现"然诺"的重要性。他说:"仲由之言信,重于登坛之盟。"③而今,"吾见世人,清名登而金贝入,信誉显而然诺亏,不知后之矛戟,毁前之干橹也。"④"世间名士,但务宽仁;至于饮食馕馈,僮仆减损,施惠然诺,妻子节量,狎侮宾客,侵耗乡党:此亦为家之巨蠹矣。"⑤他说,现如今一些人,为名利而不重"信",哪里知道这是自己拿自己的矛戟要毁了自己的干橹呢!还有一些名士,只知道宽仁,而忘记承诺的兑现,本来承诺他人的饮食馈赠,被童仆减损;本来承诺接济他人的东西,却被

---

① 颜之推撰,王丽器集解:《颜氏家训集解》,上海:上海古籍出版社,1980年版,第53页。
② 颜之推撰,王丽器集解:《颜氏家训集解》,上海:上海古籍出版社,1980年版,第25页。
③ 颜之推撰,王丽器集解:《颜氏家训集解》,上海:上海古籍出版社,1980年版,第281页。
④ 颜之推撰,王利器集解:《颜氏家训集解》,上海:上海古籍出版社,1980年版,第282页。
⑤ 颜之推撰,王利器集解:《颜氏家训集解》,上海:上海古籍出版社,1980年版,第56页。

妻子节制。结果"狎侮宾客,侵耗乡党",使得他人与自己皆受损,这实在是君子治家的巨蠹啊。

至于如何进行"仁、礼、义、信"的道德教育,颜氏紧接"孝"的修养方法亦提出了向古人学"守职无侵""不忘诚谏""恭俭节用""礼为教本""贵义轻财""小心黜己""尊贤容众""强毅正直""立言必信"等诸多道德品行的方法。他说:

> 未知养亲者,欲其观古人之先意承颜,怡声下气,不惮劬劳,以致甘腴,惕然惭惧,起而行之也;未知事君者,欲其观古人之守职无侵,见危授命,不忘诚谏,以利社稷,恻然自念,思欲效之也;素骄奢者,欲其观古人之恭俭节用,卑以自牧,礼为教本,敬者身基,瞿然自失,敛容抑志也;素鄙吝者,欲其观古人之贵义轻财,少私寡欲,忌盈恶满,赒穷恤匮,赧然悔耻,积而能散也;素暴悍者,欲其观古人之小心黜己,齿弊舌存,含垢藏疾,尊贤容众,苶然沮丧,若不胜衣也;素怯懦者,欲者观古人之达生委命,强毅正直,立言必信,求福不回,勃然奋厉,不可恐慑也。历兹以往,百行皆然。①

在这里,颜之推提到,在道德教育上,以古人的典范行为事迹为榜样,能达到较好的学习效果。推而广之,其他方面的学习也可以运用这样的方法。

其次,颜之推也提出要向身边有德行的人学习。颜氏云:"吾生于乱世,长于戎马,流离播越,闻见已多;所值名贤,未尝不心醉魂迷向慕之也。人在年少,神情未定,所与款狎,熏渍陶染,言笑举动,无心于学,潜移暗化,自然似之;何况操履艺能,较明易习者也?是以与善人居,如入芝兰之室,久而自芳也;与恶人居,如入鲍鱼之肆,久而自臭也。墨子悲于染丝,是之谓矣。君子必慎交游焉。"②

---

① 颜之推撰,王利器集解:《颜氏家训集解》,上海:上海古籍出版社,1980年版,第160—161页。
② 颜之推撰,王利器集解:《颜氏家训集解》,上海:上海古籍出版社,1980年版,第128—129页。

再次,也可以向书本中所讲的其他经典德行学习。颜之推认为,"所以学者,欲其多知明达耳。"学习是为能够成为"明达君子",能够"学之所知,施无不达"①"笃学修行,不坠门风""学达君子,自为节度"②,有礼有节,是大夫风操。故他强烈批评空疏无用之学。他认为,某些人学习知识不能提高自身的修养,而只能吟啸谈谑,讽咏辞赋,甚至以此凌忽长者,轻慢同列。颜氏认为,如果这样,还不如不学。他说:"能言之,不能行之,忠孝无闻,仁义不足"③,为"武人俗吏所共嗤诋"④。"夫学者所以求益耳。见人读数十卷书,便自高大,凌忽长者,轻慢同列;人疾之如仇敌,恶之如鸱枭。如此以学自损,不如无学也。"⑤

另外,颜之推还将"忠孝仁义"的德育与实践结合,他认为不仅要学习,还要敢于实践仁义、为善去恶,这才是读圣贤书应该坚守的操行,为了实践这些道德准则,首先要有付出代价的勇气:

行诚孝而见贼,履仁义而得罪,丧身以全家,泯躯而济国,君子不咎也。⑥

如果是奉行忠义而被杀害,施行仁义而获罪责,舍身以保全家庭,捐躯以救国家,那么,君子不咎。由此可见,《颜氏家训》确实与一般的家训不同,颜氏考虑得更为深广,更具有远见。正如黄叔琳《颜氏家训节钞序》所言:"叔夜《家诫》,骩骳逢时,已绝巨源交,而又幸其子之不孤;渊明《责子》,付之天理,但以杯中物遣之;王僧虔虑其子不晓言家口实;徐勉屑屑以田园为念;杜子美云,'诗是吾家事','熟精《文选》理',其末已甚;即卓荦如韩退之,亦惟以公相潭府之荣盛,利诱其子,而未及于道义。彼数贤者,岂虑之不周,语之不详哉?识有所不足,而爱有所偏徇故也。余观《颜氏家训》廿篇,可谓度越数贤者矣。"⑦

---

①②③颜之推撰,王利器集解:《颜氏家训集解》,上海:上海古籍出版社,1980年版,第161页。

④颜之推撰,王利器集解:《颜氏家训集解》,上海:上海古籍出版社,1980年版,第69页。

⑤颜之推撰,王利器集解:《颜氏家训集解》,上海:上海古籍出版社,1980年版,第165页。

⑥颜之推撰,王利器集解:《颜氏家训集解》,上海:上海古籍出版社,1980年版,第333页。

⑦黄叔琳:《颜氏家训节钞序》,载《颜氏家训集解》,上海:上海古籍出版社,1980年版,第561页。

其实，何止是过去的家训不足与《颜氏家训》的周详之虑相提并论，即便是今天的教育，又何尝不需要从《颜氏家训》的德育理念中，"重加决择，芟其冗杂，掇其菁英"？颜氏道德教育对子女"仁义礼信"的要求，对于当今以经济发展为重心的社会和围绕经济社会而存在的家庭教育、学校教育中已经呈现的某些忽视德育的弊端，其现实的启示意义是很值得重视的。

其一，没有一定的道德准则是一件很可怕的事情。无论社会经济如何发展，人类都脱不开"社会"。如今，商业社会利益化的冲击以及狭隘自我的强调，使得人们自身的和谐与人际、群际交往的情感价值以及传统的道德信仰都受到挑战；一些社会问题诸如贪污腐化、明偷暗抢、赡而不养、道德失范等，使得人与家庭、人与社会之间的责任与角色关系显得狭隘而混乱。而我们的和谐社会的构建是以追求人之自身、人际、群体的整体和谐为目标的，考虑如何协调社会成员各种角色责任关系是必然的要求。"仁义礼信"的道德理念，对于我们协调社会成员各种角色责任关系，缓和现代经济社会狭隘自私的人际关系，构筑对弱势群体的保护体系，弘扬公益意识、志愿精神，强化国民对邻里、社区、民族乃至世界大爱无疆的道德责任、社会责任，无疑都有着值得借鉴的思想价值。

其二，从精神分析学来看，颜之推的"仁义礼信"道德教育具有积极的规范价值。奥地利心理学家弗洛伊德认为，人的精神分为"本我、自我与超我"，"本我"是与生俱来的非理性的人格基础，"自我"是按照现实的原则而行动的中间层面，"超我"则"代表社会道德的原则"，按照"至善原则"行动。从理论上说，人人都有满足本我的种种欲望的享乐原则，但现实往往会强迫人服从代表社会整体利益的超我的约束；一个具有"仁义礼信"信念的人，就会遵从"超我"获得力量，把遵守社会规范和实践"仁义礼信"当作首要任务，并为之付诸行动。颜之推对"仁义礼信"教育的推崇，实质上是强调社会规范对个体的约束和对欲望的控制，从而引导家庭中的子女处理好个体利益与社会规范之间的关系。

（三）引入佛家戒行，劝导去杀向善之心

颜氏的德育不仅重人伦、尚友悌，提倡儒家传统的孝仁礼义信，而且引入佛家的道德修养,重视修戒行,又劝导去杀向善之心。他认为佛教就是要通过各种戒行,让众生"万行归空,千门入善"。佛教里有五种禁,也就是不杀生、不偷盗、不淫乱、不酗酒、不虚妄,这与儒家所言的仁义礼智信都是相吻合的:

> 内典初门,设五种禁;外典仁义礼智信,皆与之符。仁者,不杀之禁也;义者,不盗之禁也;礼者,不邪之禁也;智者,不酒之禁也;信者,不妄之禁也。①

同时他引入佛教的因果报应,反对杀生:

> 善恶之行,祸福所归。②

> 儒家君子,尚离庖厨,见其生不忍其死,闻其声不食其肉。高柴、折像,未知内教,皆能不杀,此乃仁者自然用心。含生之徒,莫不爱命;去杀之事,必勉行之。好杀之人,临死报验,子孙殃祸,其数甚多。③

这一观念一直到《终制篇》,颜氏要求子孙"唯下白粥清水乾枣,不得有酒肉饼果之祭",并主张免去杀生祭祀而期望子女莫忘七月半的超度。与此相关的还有《戒兵篇》以及《还冤志》,是颜之推反对子孙从武的警告和数十个古今冤报故事。尽管颜氏戒兵、不杀的思想有失推敲,但在这样一个兵革不息、草菅人命的时代,自然也包含了颜氏对祸乱的厌恶和对和平安乐生活的向往。

(四)称扬老庄"全真养性,不肯以物累己"的道德

颜之推尽管不喜欢清谈,但对老庄"全真养性,不肯以物累己"却很欣赏。他认为这种方法可以帮人免遭世俗的祸患。他说:

---

①②颜之推撰,王利器集解:《颜氏家训集解》,上海:上海古籍出版社,1980年版,第354页。
③颜之推撰,王利器集解:《颜氏家训集解》,上海:上海古籍出版社,1980年版,第366页。

第二章 颜世家庭教育的主要内容

> 夫老、庄之书,盖全真养性,不肯以物累己也。故藏名柱史,终蹈流沙;匿迹漆园,卒辞楚相,此任纵之徒耳。①

颜氏认为,老子、庄子的书讲的都是如何保持本真、修养品性的,他们不肯以身外之物使自身受损。所以,老子隐姓埋名于柱下史这样的小官,最后隐遁于关外沙漠之中,人们不知道他去了哪里。庄子则藏身于漆园吏这样的小官,最后拒绝了楚王找他为相的邀请,以求弋尾泥中,得以活命。他们都是不拘小节、任纵自在、不受约束的人啊。但有的人虽然名义上学习老庄,但事实上却做不到"不肯以物累己"②这一点,而惨遭毒祸。对此,颜之推举出很多实例,告诫子孙要处处借鉴老庄的处世方法,而不要因为权势、地位、财富、名声、情愫等各种各样的欲望与俗世的繁累,丢去了自己的达观、逍遥、自在、脱俗、安稳的生活甚至原本可以不受伤害的生命。他说:

> 何晏、王弼,祖述玄宗,递相夸尚,景附草靡,皆以农、黄之化,在乎己身,周、孔之业,弃之度外。而平叔以党曹爽见诛,触死权之纲也;辅嗣以多笑人被疾,陷好胜之阱也;山巨源以蓄积取讥,背多藏厚亡之文也;夏侯玄以才望被戮,无支离臃肿之鉴也;荀奉倩丧妻,神伤而卒,非鼓缶之情也;王夷甫悼子,悲不自胜,异东门之达也;嵇叔夜排俗取祸,岂和光同尘之流也;郭子玄以倾动专势,宁后身外己之风也;阮嗣宗沈酒荒迷,乖畏途相诫之譬也;谢幼舆赃贿黜削,违弃其余鱼之旨也:彼诸人者,并其领袖,玄宗所归。其余枉梏尘滓之中,颠仆名利之下者,岂可备言乎!直取其清谈雅论,剖玄析微,宾主往复,娱心悦耳,非济世成俗之要也。③

颜之推认为,何晏、王弼,是玄学的开创者,他们互相夸耀推崇,当时的人如影相附,似草随风,都赶着去用神农黄帝的教化装点自己,而将周公、孔氏之大

---

① ② 颜之推撰,王利器集解:《颜氏家训集解》,上海:上海古籍出版社,1980年版,第178页。
③ 颜之推撰,王利器集解:《颜氏家训集解》,上海:上海古籍出版社,1980年版,第178—179页。

业,置之身外。然而,何晏因为依附曹爽被诛杀,这是死在贪图权利的罗网上了;王弼因为常常讥笑别人的短处而被忌恨,掉进争辩好胜的陷阱;山涛因为贪婪聚敛被世人所讥,这是违背了敛得越多失也越重的古训;夏侯玄缘于自己的才能与名望被杀戮,这是因为没有借鉴《庄子》支离臃肿无用反而得以保全的做法;荀粲死了妻子,便心神沮丧而死,这不具有庄子妻死鼓盆而歌的超脱达生情怀;王衍因为哀悼儿子悲不自胜不能忘情,这与《列子》中的东门吴临丧子之痛所持有的达观态度也不一样;嵇康因为排斥世俗而招致杀身之祸,哪里又算得上《老子》说的"和光同尘"的人呢?郭象借受人倾慕而专擅权势,哪里是甘居身后不考虑自己的举止?阮籍纵酒荒迷,违背了《庄子》"夫畏途者十杀一人,则父子兄弟相戒也"的告喻;谢鲲因为贪赃受贿而免官,这是违背了庄子弃其余鱼、节欲知足的意旨。这些人啊,都是玄学中众心所归向的领袖,他们尚且如此,至于其他那些生活在桎梏尘滓之中,在名利的追求中跌落的人,哪里说得尽呢!这些人不过是不假体味地取用老庄的清谈雅论,剖析其中的玄妙精微,宾主之间应对酬答,达到娱心悦耳的效果,但这不是普济世俗形成良好风俗的要事。所以,颜之推反对清谈不务实的做法,他希望自己的子女能够将何晏、王弼诸人之事引以为戒。

(五)提倡不窃人之美的学术道德

颜之推生活在我国南北分裂、割据的时代。这一时期,统治者互相攻伐,百姓惨遭荼毒;与此同时,士族阶层的腐朽也更令有知之士深忧。颜之推《颜氏家训》曾经对其时士大夫阶层依赖俸禄、养尊处优的生活进行了尖锐的批判。颜之推认为,这些人大多因为家世余绪,有一官半职,却又不学无术,香料熏衣,涂脂抹粉,酒足饭饱之余,无所事事,"多迂诞浮华,不涉世务。纤微过失,又惜行捶楚"[1]。他们平时不求文武之学,"皆尚褒衣博带,大冠高履,出则车舆,入则扶侍,郊郭之内,无乘马者"。所以"肤脆骨柔,不堪步行,体羸气弱,不耐寒暑"[2]。称马为虎,不能带兵;平时"品藻古今,若指诸掌,及有试用,多无所堪"。甚至"明经求第,则顾人答策;三九公宴,则假手赋诗"。至于"窃人之美,以为己力",亦实属平常了。对此,颜氏深恶痛

---

[1] 颜之推撰,王利器集解:《颜氏家训集解》,上海:上海古籍出版社,1980年版,第292页。
[2] 颜之推撰,王利器集解:《颜氏家训集解》,上海:上海古籍出版社,1980年版,第295页。

绝。他说：

> 用其言，弃其身，古人所耻。凡有一言一行，取于人者，皆显称之，不可窃人之美，以为己力；虽轻虽贱者，必归功焉。窃人之财，刑辟之所处；窃人之美，鬼神之所责。①

颜之推认为，如果你采用某人的观点，但却抛弃这个人本身，连古人都觉得是羞耻的事情。如果你有一言或者一事，是采用了别人的观点或者建议，你就应该"显称之"，而不应该"窃人之美，以为己力"，埋没别人的名字，而窃取别人的成果。即使那个人身份低贱轻微，你也应该明白无误地将功劳归他。窃取别人的钱财，会受到法律的处罚；窃人之美，则会遭到鬼神的谴责。

随之，颜之推又提出不能因为对方的身份地位，而失去伯乐爱才之心；爱才，敢于在未名之时发现他人的才能，也是一种品德。他举了丁觇一例，说：

> 有丁觇者，洪亭民耳，颇善属文，殊工草隶；孝元书记，一皆使之。军府轻贱，多未之重，耻令子弟以为楷法，时云："丁君十纸，不敌王褒数字。"吾雅爱其手迹，常所宝持。孝元尝遣典签惠编送文章示萧祭酒，祭酒问云："君王比赐书翰，及写诗笔，殊为佳手，姓名为谁？那得都无声问？"编以实答。子云叹曰："此人后生无比，遂不为世所称，亦是奇事。"于是闻者少复刮目。稍仕至尚书仪曹郎，末为晋安王侍读，随王东下。及西台陷殁，简牍湮散，丁亦寻卒于扬州；前所轻者，后思一纸，不可得矣。②

丁觇很会写文章，而且特别擅长草书、隶书，孝文帝时的文书抄写，全都是交给他来写的。但是，这时候的他无名无位，连军府中那些地位低下的人都以让自己的子弟向他学习书法为羞耻。这么一个书法高手，却正如萧祭酒子云所说："姓名为

---

① 颜之推撰，王利器集解：《颜氏家训集解》，上海：上海古籍出版社，1980年版，第132页。
② 颜之推撰，王利器集解：《颜氏家训集解》，上海：上海古籍出版社，1980年版，第133页。

谁?那得都无声问?""此人后生无比,遂不为世所称,亦是奇事。"后来,丁觇仕至尚书仪曹郎,最后又为晋安王侍读,随王东下;他书写的东西在战乱中散佚,而他本人也不久死去。如今,再想得到他的书法,"后思一纸,不可得矣"。

颜之推字里行间对丁觇的悲剧以及"窃人之美"现象的批判,时至今日犹不失其教育的价值。其实,直到现代社会,这种现象又何尝消失呢?即"窃人之美"的事情依然存在,而人们对权威的盲目崇拜以及对低贱未名者的挑剔,也依然是很正常的心理反应。

(六)主张勤俭之德,但反对吝啬待人

古人云:"俭,德之共也;侈,恶之大也。"但曾几何时,迁徙江南的世家大族比赛奢侈的风习却忘掉了这一点历史的警示。正如颜之推所云,"江南奢侈,多不逮焉"。譬如何曾"性至孝"[①],但"性奢豪,务在华侈。帷帐车服,穷极绮丽,厨膳滋味,过于王者。每燕见,不食太官所设,帝辄命取其食。蒸饼上不坼作十字不食。食日万钱,犹曰无下箸处。人以小纸为书者,敕记室勿报"[②]。又譬如石崇"勇而有谋"[③],但是他"与贵戚王恺、羊琇之徒以奢靡相尚"[④]。当时,石崇的财产丰饶山积,居室屋宇宏伟富丽;后房的姬妾就有数百人,个个穿的都是丝绸长裙曳地,戴的都是黄金翡翠首饰;丝竹乐队选尽了当时的名家,厨房的膳食都是山珍海味。王恺则是山东王氏名门望族,又是皇亲国戚。王恺用蜂蜜刷锅,石崇就用蜡烛当柴烧;王恺用紫丝绸做四十里的步障,石崇就用锦缎做五十里的步障与他匹敌;石崇用香椒涂抹屋内墙壁,王恺就用红脂玉石作涂料。他们如此斗富,晋武帝不是制止,而是每每暗助王恺。有一次,晋武帝把一棵稀罕的珊瑚树赐给王恺,王恺就用它来向石崇夸耀,石崇看后抡起铁如意就砸毁了这棵珊瑚树。王恺觉得惋惜,又认为石崇是妒忌他,气得声音面目都变了。石崇却满不在乎地说:"不要发那么大的火,现在我就赔给您!"说罢叫他的家仆从家里搬来全部的珊瑚树:三四

[①] 唐玄龄等撰:《晋书·何曾传》(卷三十三),北京:中华书局,1974年版,第997页。
[②] 唐玄龄等撰:《晋书·何曾传》(卷三十三),北京:中华书局,1974年版,第998页。
[③] 唐玄龄等撰:《晋书·何曾传》(卷三十三),北京:中华书局,1974年版,第1004页。
[④] 唐玄龄等撰:《晋书·何曾传》(卷三十三),北京:中华书局,1974年版,第1007页。

尺高的就有六七棵,条干绝俗,光彩曜日,跟王恺的那棵一样的就更多了。王恺一见,立刻没了精神,像丢了魂一样。

而就是在这样的社会背景中,颜之推告诫子女要守道崇德、勤俭自立,以俭省节约为德,即"省约为礼"等。他引用孔子的话说:

奢则不孙,俭则固;与其不孙也,宁固。①

如有周公之才之美,使骄且吝,其余不足观也已。②

也就是说,奢侈就显得不驯,简朴就显得鄙陋,与其无礼,不若鄙陋;假如有周公的优秀才能,但是既骄奢又吝啬,那他其余的方面也没有什么值得称道的。所以,颜氏要求子女一定要养成节俭的美德,像北方人那样"躬俭节用,以赡衣食",而不能像南方人那样奢侈成习,相互斗富显侈:

今北土风俗,率能躬俭节用,以赡衣食;江南奢侈,多不逮焉。③

天地鬼神之道,皆恶满盈。谦虚冲损,可以免害。人生衣趣以覆寒露,食趣以塞饥乏耳。形骸之内,尚不得奢靡,己身之外,而欲穷骄泰邪?周穆王、秦始皇、汉武帝,富有四海,贵为天子,不知纪极,犹自败累,况士庶乎?④

颜之推认为,天道、地道、鬼道、神道都是不喜欢满盈的,只有谦虚淡薄,才能免除祸患。人生在世,衣服只要能够御寒,食物只要能够充饥,也就可以了;在衣食方面尚且不应该奢侈浪费,何况那些身外之事呢!周穆王、秦始皇、汉武帝,富有四海,贵为天子,但是穷奢极欲不知道满足,到头来只能激化社会矛盾,遭到败

---

① ② 颜之推撰,王利器集解:《颜氏家训集解》,上海:上海古籍出版社,1980年版,第54页。
③ 颜之推撰,王利器集解:《颜氏家训集解》,上海:上海古籍出版社,1980年版,第55页。
④ 颜之推撰,王利器集解:《颜氏家训集解》,上海:上海古籍出版社,1980年版,第317页。

落。所以颜之推认为,持家应当节俭:

> 常以二十口家,奴婢盛多,不可出二十人,良田十顷,堂室才蔽风雨,车马仅代杖策,蓄财数万,以拟吉凶急速,不啻此者,以义散之;不至此者,勿非道求之。①

不过他提醒子女,持家可俭但不可吝啬,如果能做到施舍他人而不奢侈浪费,勤俭节约而不吝啬苛刻,这就是值得称赞的。他说:

> 俭者,省约为礼之谓也;吝者,穷急不恤之谓也。今有施则奢,俭则吝;如能施而不奢,俭而不吝,可矣。②

颜之推还举出"裴子野"的例子来说明"施而不奢,俭而不吝"的德行:

> 裴子野有疏亲故属饥寒不能自济者,皆收养之;家素清贫,时逢水旱,二石米为薄粥,仅得遍焉,躬自同之,常无厌色。③

并举出南阳老翁悭吝搞坏亲戚关系以及诸子争财相杀的恶果:

> 南阳有人,为生奥博,性殊俭吝,冬至后女婿谒之,乃设一铜瓯酒,数脔𪉏肉;婿恨其单率,一举尽之。主人愕然,俛仰命益,如此者再;退而责其女曰:"某郎好酒,故汝常贫。"及其死后,诸子争财,兄遂杀弟。④

总之,骄奢与吝啬皆在颜之推治家主张的反对之列,他认为这些是不利于家庭和谐、亲邻和睦的。为了更好地教导子女不骄奢不吝啬,《勉学篇》提出:

---

① 颜之推撰,王利器集解:《颜氏家训集解》,上海:上海古籍出版社,1980年版,第317页。
② 颜之推撰,王利器集解:《颜氏家训集解》,上海:上海古籍出版社,1980年版,第54页。
③ 颜之推撰,王利器集解:《颜氏家训集解》,上海:上海古籍出版社,1980年版,第57页。
④ 颜之推撰,王利器集解:《颜氏家训集解》,上海:上海古籍出版社,1980年版,第57—58页。

素骄奢者,欲其观古人之恭俭节用,卑以自牧,礼为教本,敬者身基,瞿然自失,敛容抑志也;素鄙吝者,欲其观古人之贵义轻财,少私寡欲,忌盈恶满,赒穷恤匮,赧然悔耻,积而能散也。①

颜之推认为,骄奢的人应该向古人学习如何恭谨俭朴,节约开支,谦卑自守,将礼让作为道德之本,将恭敬作为立身之本,端正态度,抑制骄奢的心态;而那些吝啬的人,就要去看看古代的人是怎样贵义轻财、少私寡欲、忌盈恶满,又是如何做到周济体恤穷人的,让他们看了以后脸红羞愧,从而做到集财又能散财。

(七)反对暴慢、怠慢、骄慢、骄吝、骄恣无节等不良品行

在具体的品行上,颜氏教育子女修学君子风操。他认为士大夫应当遵循各种礼仪规范,这是一个人修养的体现。但是《礼经》残缺不全,而世事又有所变改,博学通达的人一般能将自己权衡着去作为,所以他也希望自己的子孙能够懂得礼仪。所以,他记下若干传给没有机会了解这些礼仪的子孙。与此同时,对于暴慢、骄慢、怠慢、骄恣无节、骄吝等不良的品行,他是极力地反对。譬如:

年登婚宦,暴慢日滋,竟以言语不择,为周逖抽肠衅鼓云。②

简则慈孝不接,狎则怠慢生焉。③

齐武成帝子琅邪王,……年十许岁,骄恣无节,……识者多有叔段、州吁之讥。

是以父不慈则子不孝,兄不友则弟不恭,夫不义则妇不顺矣。父慈而子逆,兄友而弟傲,夫义而妇陵,则天之凶民,乃刑戮之所摄,非训导之所移也。④

---

① 颜之推撰,王利器集解:《颜氏家训集解》,上海:上海古籍出版社,1980年版,第160页。
② 颜之推撰,王利器集解:《颜氏家训集解》,上海:上海古籍出版社,1980年版,第29页。
③ 颜之推撰,王利器集解:《颜氏家训集解》,上海:上海古籍出版社,1980年版,第30页。
④ 颜之推撰,王利器集解:《颜氏家训集解》,上海:上海古籍出版社,1980年版,第53页。

圣齐朝有一士大夫,尝谓吾曰:"我有一儿,年已十七,颇晓书疏,教其鲜卑语及弹琵琶,稍欲通解,以此伏事公卿,无不宠爱,亦要事也。"吾时俛而不答。异哉,此人之教子也!若由此业,自致卿相,亦不愿汝曹为之。①

颜之推认为,暴慢、怠慢、骄恣无节这些不良的品行最终会祸及自身的幸福生活;而逆子、傲弟、陵妇,也都是刑罚、杀戮的对象;至于那些以所学邀宠而不自尊的行为,颜之推亦反对子女去做。

(八)不近有情,乃儒雅之罪人

颜之推重视礼节,但也能变通。他认为循礼固然重要,但如果拘礼过甚,不近人情,也是有伤儒雅,不可取的。博学通达的君子能自己权衡礼仪规范,总是能"适宜地"遵循礼仪规范;而有的人拘礼过甚,不近有情,而被人讥笑,甚至招致祸患。譬如在避讳方面,"今人避讳,更急于古"。但是一味避讳而不考虑变通难免有失人情:

> 近在扬都,有一士人讳审,而与沈氏交结周厚,沈与其书,名而不姓,此非人情也。②

最近在扬州城,有一个读书人忌讳"审"字,但是他与姓沈的某某交情深厚,姓沈的给他写信,只称呼其名而不写姓,这就不近人情了。要知道,古人称名一作自称,二作传记介绍,三表示轻视、厌恶。《仪礼·士冠礼》云:"冠而字之,敬其名也。君父之前称名,他人则称字也。"颜氏《风操篇》云:"古者,名以正体,字以表德。名终则讳之,字乃可以为孙氏。"③而至于因为避讳改字,以至于造成文字的误解或者啼笑皆非就更不可取。他说:

> 凡避讳者,皆须得其同训以代换之:桓公名白,博有五皓之称;厉王名

---

① 颜之推撰,王利器集解:《颜氏家训集解》,上海:上海古籍出版社,1980年版,第36页。
② 颜之推撰,王利器集解:《颜氏家训集解》,上海:上海古籍出版社,1980年版,第74页。
③ 颜之推撰,王利器集解:《颜氏家训集解》,上海:上海古籍出版社,1980年版,第98页。

长,琴有修短之目。不闻谓布帛为布皓,呼肾肠为肾修也。梁武小名阿练,子孙皆呼练为绢;乃谓销链物为销绢物,恐乖其义。或有讳云者,呼纷纭为纷烟;有讳桐者,呼梧桐树为白铁树,便似戏笑耳。①

一味地近义避讳而不知变通,以至于避讳"云",就称纷纭叫纷烟,避讳"桐"就把梧桐树叫作白铁树,这岂不是拿避讳开玩笑。

南人宾至不迎,相见捧手而不揖,送客下席而已;北人迎送并至门,相见则揖,皆古之道也,吾善其迎揖。②

按照礼节,南方的人家有客人来时不去迎接,见面时只是拱手而不作揖,送客也只是离开坐席而已。这在北方人看来是很不热情的。北方人迎送客人都要到门口,相见时都要作揖,这些都是古代的遗风,颜之推认为,迎客作揖这才是符合情理的。

为了遵循孝道,将一些事情生硬地牵拉在一起,而违背人情,也是颜之推所反对的。他说:

吴郡陆襄,父闲被刑,襄终身布衣蔬饭,虽姜菜有切割,皆不忍食;居家惟以掐摘供厨。江宁姚子笃,母以烧死,终身不忍啖炙。豫章熊康父以醉而为奴所杀,终身不复尝酒。然礼缘人情,恩由义断,亲以噎死,亦当不可绝食也。③

又譬如丧葬之礼,颜之推《风操篇》中说:

阴阳说云:"辰为水墓,又为土墓,故不得哭。"王充《论衡》云:"辰日不哭,哭则重丧。"今无教者,辰日有丧,不问轻重,举家清谧,不敢发声,以辞吊客。道书又曰:"晦歌朔哭,皆当有罪,天夺其算。"丧家朔望,哀感弥深,宁

---

① 颜之推撰,王利器集解:《颜氏家训集解》,上海:上海古籍出版社,1980年版,第74—75页。
② 颜之推撰,王利器集解:《颜氏家训集解》,上海:上海古籍出版社,1980年版,第85页。
③ 颜之推撰,王利器集解:《颜氏家训集解》,上海:上海古籍出版社,1980年版,第109页。

当惜寿,又不哭也?亦不谕。①

  偏傍之书,死有归杀。子孙逃窜,莫肯在家;画瓦书符,作诸厌胜。丧出之日,门前然火,户外列灰,被送家鬼,章断注连:凡如此比,不近有情,乃儒雅之罪人,弹议所当加也。②

有的子孙遵照阴阳、道术的说教,因为惜寿而遵守晦不歌朔不哭,即便是办丧事,悲痛万分,也绝不违背;还有的长辈与子女亲情本来很好,一旦长者去世,子女却要画瓦书符,驱魔厌胜,似乎长者的灵魂突然间就被子女痛恨似的。颜之推认为,这实在不近人情。他告诫子女,"礼缘人情""不近有情,乃儒雅之罪人",所以做事要考虑人情,要根据具体情况灵活决定行为的取舍,而不能完全听信于既定的规范或者习俗。

由此可见,颜之推的家庭道德教育的内容是甚为丰富的,他不局限于一般学校教育中的儒教伦理道德的教育,而是更切合子女生活的现实社会本身,无论是为人品行的修养、为国为家的处事原则、家族门风的坚持、学术道德的尊奉,还是家庭、社交礼仪的遵循与变通以及家庭亲族社会关系的处理,颜之推都为子女提出了颇具实用性的建议与告诫。另外,其德行教育以孝为先的态度,强调示范教育、重视言传身教的教育方法以及对于树立爱与信任的教育环境的重视,对于我们当今学校教育、家庭教育的德育,也皆有重要的参考价值。

---

① 颜之推撰,王利器集解:《颜氏家训集解》,上海:上海古籍出版社,1980年版,第102页。
② 颜之推撰,王利器集解:《颜氏家训集解》,上海:上海古籍出版社,1980年版,第103—104页。

第二节 智 育

家庭教育中,相比较于德育对子女思想观点和道德规范以及善恶价值观的道德培养,智育则侧重于指家长或者家庭的其他人员以及所聘请的人员向家庭中子女传授相关文化知识,训练相关技能,以发展其智慧和能力的教育。按颜之推的教育理念和教育实践,其家庭教育之智育的内容相当广泛。其一,基础知识教育与文学教育,包括语言文字的学习,诸如文字的正俗、发音、书法、诠释、校勘;书籍的阅读、内容取舍、读书的方法、读书的目的、读书的态度;文章写作的基本理论、写作的功用、技巧方法、内容与用辞的关系,作者与读者的关系等等。其二,高层次的学术教育,诸如五经知识的教育,治学的态度与治学的方法指导,诸如励志、切磋、眼学、博闻、兼美、学古人等。其三,各种相关的杂艺技能的教育,包括琴棋书画、射箭博弈、算术医学、投壶游戏以及其他谋生技能的培养。

一、语文基础知识教育

(一)文字

文字作为语文知识学习最重要的辅助性工具,自古受到施教者的重视。颜之推亦是如此。他不仅重视文字的基础性作用,更重视对子女准确把握字音、字体、字义的基础性教育。他告诫子女,不可忽略对字形、字音、字义的正确把握。

1.字音的把握与正音

颜之推很重视子女语音基础知识的学习,他说:

> 吾家儿女,虽在孩稚,便渐督正之;一言讹替,以为己罪矣。云为品物,

> 未考书记者，不敢辄名，汝曹所知也。①

颜之推以为，由于地域的不同、时代的变迁、语言的差异、古今声韵的变异，我们现在所听到的语音错乱混杂，"各有土风，递相非笑，指马之谕，未知孰是"。这为后人的学习也带来弊端。"内染贱保傅，外无良师友"②，便是王侯外戚，也多少语音不正。为此，元帝曾经不得不手教诸子侍读，以此为戒；而颜之推也遂将纠正语音的家教推向新的极致。他说：我们家子女，即便是还是婴孩幼儿时期，应慢慢地矫正他们的发音。他们如果有一个字说得不对，我就认为这是自己的过错；我无论说什么事，品评什么东西，如果没有得到书牍考证的，我就不敢说。开始学习语音的时候，最好能有良师益友，如果错过了早期的语音学习，长大后再改正就比较难；如果那时没有纠正字音的决心，骄奢自足，不能自我约束砥砺，就只能堕入所谓"膏粱难整"的地步；"飓段""永州"之音变要引以为戒。

那么，正确的语音以何为准呢？《音辞篇》中，颜之推说：

> 九夫九州之人，言语不同，生民已来，固常然矣。自《春秋》标齐言之传，《离骚》目《楚辞》之经，此盖其较明之初也。后有扬雄著《方言》，其言大备。然皆考名物之同异，不显声读之是非也。③

身居九州不同地域的人，语音用辞不同，自有人类诞生，这就是常态了。自从《春秋》标注有齐地方言，《离骚》记载有了楚地的歌谣，这大概是我们看到各地语音用辞有差异的开始。后来杨雄著《方言》一书，他的论述很完备。但是《方言》只是考证事物名称的异同，不见对语音发音对错的考究。

逮郑玄注《六经》，高诱解《吕览》《淮南》，许慎造《说文》，刘熹制《释

---

① 颜之推撰，王利器集解：《颜氏家训集解》，上海：上海古籍出版社，1980年版，第474页。
② 颜之推撰，王利器集解：《颜氏家训集解》，上海：上海古籍出版社，1980年版，第504页。
③ 颜之推撰，王利器集解：《颜氏家训集解》，上海：上海古籍出版社，1980年版，第473页。

名》,始有譬况假借以证音字耳。而古语与今殊别,其间轻重清浊,犹未可晓;加以内言外言,急言徐言,读若之类,益使人疑。孙叔言创《尔雅音义》,是汉末人独知反语。至于魏世,此事大行。高贵乡公不解反语,以为怪异。自兹厥后,音韵锋出,各有土风,递相非笑,指马之谕,未知孰是。①

直到郑玄注解"六经",高诱注解《吕览》《淮南》,许慎写作《说文解字》,刘熙写作《释名》,才开始用譬况、假借来证字音。但是,古代的读音与现代的读音差别很大,其中的语音轻重、发音清浊,尚且不能清楚,何况又有内言外言、急言徐言、读若之类,不能真正明确的读音而只能求其仿佛,难免令人疑惑。而孙炎写《尔雅音义》,成了汉末唯一懂得反切的人。到了魏的时候,用反切注音的方法大行于世。曹髦因为不懂反切,被当时的人认为不可思议。自此以后,关于音韵的书纷纷出现,"各有土风,递相非笑,指马之谕,未知孰是"。没有人知道哪一本才是正确的。

颜之推曾举出这样的几个字例说明谨慎选用工具书正音的重要性,他说:

> 焉者鸟名,或云语词,皆音於愆反。自葛洪《要用字苑》分焉字音训:若训何训安,当音於愆反,"於焉逍遥"、"於焉嘉客"、"焉用佞"、"焉得仁"之类是也;若送句及助词,当音矣愆反,"故称龙焉"、"故称血焉"、"有民人焉"、"有社稷焉"、"托始焉尔"、"晋、郑焉依"之类是也。江南至今行此分别,昭然易晓;而河北混同一音,虽依古读,不可行於今也。②

> 元氏之世,在洛京时,有一才学重臣,新得《史记音》,而颇纰缪,误反"颛顼"字,项当为许录反,错作许缘反,遂谓朝士言:"从来谬音'专旭',当音'专翻'耳。"此人先有高名,翕然信行;期年之后,更有硕儒,苦相究讨,方知误焉。③

---

① 颜之推撰,王利器集解:《颜氏家训集解》,上海:上海古籍出版社,1980年版,第473页。
② 颜之推撰,王利器集解:《颜氏家训集解》,上海:上海古籍出版社,1980年版,第500页。
③ 颜之推撰,王利器集解:《颜氏家训集解》,上海:上海古籍出版社,1980年版,第195页。

为了便于后人对语音的正确把握与不误子弟,颜之推对南北各地方言的特点作出分析比较,并提出了"共以帝王都邑,参校方俗,考核古今,为之折衷"的正音方法。所谓都邑,在当时无非金陵地区的发音与洛阳地区的发音可成代表;参校方俗,也就是考虑各地的方言俗语;另外古音今音的考证也很必要。三者结合,最终折中最好的读音方案。

2.字形的把握与书写

在子女的语文基础知识教育上,颜之推不仅重视正音教育,重视文字字义的掌握,亦重视文字的书写。这主要表现在他对子女书法练习的重视,在书法练习上,他主张子女一定要留意:

> 真草书迹,微须留意。江南谚云:"尺牍书疏,千里面目也。"承晋、宋余俗,相与事之,故无顿狼狈者。吾幼承门业,加性爱重,所见法书亦多,而玩习功夫颇至,遂不能佳者,良由无分故也。[1]

颜之推说,书写是一个人与他人交往的门面,现在的人承续晋、宋的风气,都互相学习书法,所以在这个方面没有狼狈困窘的时候。他自己幼承门业,加上自己也很喜欢,见到的教导书法的书也多,而且玩味研习的功夫下得很深,虽不能达到很高的水平,那也只是缺少天分的缘故。

而既有文字的书写与学习,也难免有字体字形的风尚与正误的判断。颜之推曾说:

> 晋、宋以来,多能书者。故其时俗,递相染尚,所有部帙,楷正可观,不无俗字,非为大损。至梁天监之间,斯风未变;大同之末,讹替滋生。萧子云改易字体,邵陵王颇行伪字;朝野翕然,以为楷式,画虎不成,多所伤败。至为

---

[1] 颜之推撰,王利器集解:《颜氏家训集解》,上海:上海古籍出版社,1980年版,第507页。

一字,唯见数点,或妄斟酌,逐便转移。尔后坟籍,略不可看。北朝丧乱之余,书迹鄙陋,加以专辄造字,猥拙甚于江南。乃以百念为忧,言反为变,不用为罢,追来为归,更生为苏,先人为老,如此非一,遍满经传。唯有姚元标工于楷隶,留心小学,后生师之者众。①

颜之推对当时书法字形错讹百出的状况甚为不满。他说:"大同之末,讹替滋生。"大同末年,书写字形开始大量出现错讹异体字,萧子云常改变字体,而邵陵王常使用不规范的字,朝野上下,效之为典范。以至于有的字简化得只剩下几个点,有的字妄加更改,随便移动偏旁部首。那时候抄写的经典,几乎没什么可看的。而北朝经历丧乱,书法更是粗鄙难看,又加上擅自更造新字,比江南的情况更鄙陋拙劣。甚至出现将"百念"合写为"忧","言反"合写为"变","不用"合写为"罢","追来"合写为"归","更生"合写为"苏","先人"合写为"老",诸如此类并不是个别的情况,而是遍布于传抄的经籍之中。

紧接着,颜之推提到,这一时期只有一个叫作姚元标的擅长楷书、隶书,又留心文字训诂,他写的字才不会出现那么拙劣的错讹,所以跟他学习的年轻子弟很多。可见,颜之推认为,留心小学,专心于文字训诂,这是能准确把握字形字体的基本方法。但是,他又认识到,由于古今字形的变迁,俗字正字的差异,以及其他书写、误用等相关因素对字形书写的影响,仅仅依靠小学训诂把握字形,还是不够的。

那么,如何才能把握正确的文字书写呢?

其一,颜之推认为,要把握正确的字形,既需要通古,也需要知今。他说:"世间小学者,不通古今,必依小篆,是正书记;凡《尔雅》《三苍》《说文》,岂能悉得苍

---

① 颜之推撰,王利器集解:《颜氏家训集解》,上海:上海古籍出版社,1980年版,第514页。

颉本指哉？亦是随代损益，互有同异。"①

颜氏不赞成一些小学训诂学者以小篆正字的做法，他说"必依小篆，是正书记"，那是"不通古今"的缘故。事实上，晋、宋以来，"楷正可观，不无俗字"，文字楷体已通行，俗体字也出现了。《尔雅》《三苍》《说文》这些书是不能全部写尽仓颉造字体的本旨的，随着时代的发展，各个时代的字书也是有同存异。接着他举了一些实际的例子来说明，曰：

至如"仲尼居"，三字之中，两字非体，《三苍》"尼"旁益"丘"，《说文》"尸"下施"几"：如此之类，何由可从？古无二字，又多假借，以中为仲，以说为悦，以召为邵，以间为闲：如此之徒，亦不劳改。②

他说，譬如"仲尼居"三个字，就有两个字不用正体，《三苍》中"尼"字的旁边加了个"丘"，《说文》"尸"字下面加了个"几"字，像这样的情况如何能够盲目依从呢？古代不存在一个字两种写法，而且有很多假借，如以中为仲，以说为悦，以召为邵，以间为闲之类，都属于此类，像这样的情况，就不必更正了。

其次，颜之推认为，一味从古，固然很不明智，但是若一味取会流俗，亦不可取。

譬如俗写中的一些讹误错谬的，譬如"'乱'旁为'舌'，'揖'下无'耳'，'鼋''鼍'从'龟'，'奋''夺'从'萑'，'席'中加'带'，'恶'上安'西'，'鼓'外设'皮'，'凿'头生'毁'，'离'则配'禹'，'壑'乃施'豁'，'巫'混'经'旁，'皋'分'泽'片，'猎'化为'獦'，'宠'变成'竉'，'业'左益'片'，'灵'底著'器'"等等：像这样的情况，太随便了，不能不改。

又譬如一些为迎合社会流俗而出现的附会错讹：何法盛《中兴书》说"舟"字

---

① 颜之推撰，王利器集解：《颜氏家训集解》，上海：上海古籍出版社，1980年版，第462页。
② 颜之推撰，王利器集解：《颜氏家训集解》，上海：上海古籍出版社，1980年版，第462—463页。

在"二"的中间是"航"字,《春秋说》将"人十四心"作为"德",《诗说》将"二在天下"认为"酉",《汉书》将"货泉"称为"白水真人",《新论》将"金昆"二字暗指为"银",《国志》将"天上有口"解释为"吴",《晋书》用"黄头小人"暗指"恭"字,《宋书》用"召刀"暗指为"邵"字,《周易参同契》将"人负告"释为"造"字;这些都不过是数术谶纬附会的误谬之谈,假借别的字来附会某一含义,杂以游戏取笑罢了。就像把"贡"字上下转为左右"项"字,将"叱"作为"匕",这怎么能确定字的正确读音呢?至于潘岳陆机鲍昭这些人的《离合诗》《赋》《杙卜》《破字经》《谜字》等等,都是这样"取会流俗"的东西,不能够称他们为形声造字的理论作品。

其三,颜之推主张字体的规范应考虑"从正"与"随俗"相结合,以"博广"的基础、"通变"的态度去把握在不断演绎变化的字形。他说:

> 吾昔初看《说文》,蚩薄世字,从正则惧人不识,随俗则意嫌其非,略是不得下笔也。所见渐广,更知通变,救前之执,将欲半焉。若文章著述,犹择微相影响者行之,官曹文书,世间尺牍,幸不违俗也。①

颜之推在长期治学的实践中意识到,文字的规范并非简单的"从正""随俗"二选一的问题,只有"从正"和"随俗"结合起来,在实际中恰当运用,才能解决实际的问题。

毋庸置疑,颜之推的这种关于字体规范的"古今正俗通变"方法,不仅为其子女的文字教育提供了学习和把握的依据,也为我国文字学古今字、正俗字的取舍以及如何主动面对汉文字在历史的流传过程中与时俱进、优胜劣汰的状况提供了借鉴,可以说,相比今日的汉字字体规范的原则,颜之推的方法依然未过时。

3.字义的准确把握与训诂

在子女的文字字音、字体、字义的相关教育中,颜之推尤其重视文字训诂,他

---

① 颜之推撰,王利器集解:《颜氏家训集解》,上海:上海古籍出版社,1980年版,第463页。

认为那是学习经籍的"根本",他告诉子女说:

> 夫文字者,坟籍根本。世之学徒,多不晓字:读《五经》者,是徐邈而非许慎;习赋诵者,信褚诠而忽吕忱;明《史记》者,专徐、邹而废篆籀;学《汉书》者,悦应、苏而略《苍》《雅》。不知书音是其枝叶,小学乃其宗系。至见服虔、张揖音义则贵之,得《通俗》《广雅》而不屑。一手之中,向背如此,况异代各人乎?①

颜之推认为,"夫文字者,坟籍根本"。文字是学习经籍的"根本",理应受到重视,但是"世之学徒,多不晓字"。譬如:他们阅读学习"五经"、赋诵、《史记》《汉书》,却非议许慎、忽略吕忱②,废弃对篆籀字义的研究,不关注《仓颉》《尔雅》对于文字的阐释,却要赞同徐邈③、相信褚诠④,专心致力于徐、邹《史记音义》之类的书,喜欢应劭、苏林对《汉书》的注解。哪里知道语音只是文字的枝叶,而文字训诂才是根本。至于见到服虔、张揖的有关音义的书就十分珍视,而得到这两个人写的《通俗文》《广雅》却不屑一顾,对于同出一人之手的书尚且厚此薄彼,何况不同时代不同的人的著作呢!这种一味忽视文字的行为,往往会让人闹出很多笑话,譬如一些学者以博闻为贵,但是对于文字训诂却不放在心上,以至于连自家的姓名都出现错误,即便不错,也不知道它们的来由。他举例说:

> 近世有人为子制名:兄弟皆山傍立字,而有名峙者;兄弟皆手傍立字,而有名机者;兄弟皆水傍立字,而有名凝者。名儒硕学,此例甚多。若有知吾锺之不调,一何可笑。⑤

近来有人给子辈取名,兄弟几个都用"山"偏旁的字,但又有叫"峙"(峙的俗

---

① 颜之推撰,王利器集解:《颜氏家训集解》,上海:上海古籍出版社,1980年版,第207页。
② 吕忱撰有《字林》。
③ 徐邈撰有《五经音义》。
④ 褚诠撰有《百赋音》。
⑤ 颜之推撰,王利器集解:《颜氏家训集解》,上海:上海古籍出版社,1980年版,第209页。

字)的;兄弟几个都用"手"偏旁的字,但又有叫"搣"(撅的俗字)的;兄弟几个都用"水"偏旁的字,但又有叫"凝"(凝的俗字)的。便是名儒硕学之辈,这样的例子也很多,这就像晋平公与师旷讨论"锺"声不调一样,是多么可笑啊!

那么如何把握正确的字义呢?在颜之推看来,训诂知识的学习必不可少。在《颜氏家训》中,除了《书证》中大量有关文字训诂的实例阐释,在其他相关的篇目中,颜之推也是时常不忘训诂对于准确把握学习知识的重要意义,譬如《勉学》之"孟劳"的校释。至于文字训诂的方法,颜之推并未止于一般的理论说教,而是通过大量实例,循循善诱,指导子女治学应有的态度与方法。譬如他说:

> 《诗》云:"参差荇菜。"《尔雅》云:"荇,接余也。"字或为莕。先儒解释皆云:水草,圆叶细茎,随水浅深。今是水悉有之,黄花似莼,江南俗亦呼为猪莼,或呼为荇菜。刘芳具有注释。而河北俗人多不识之,博士皆以参差者是苋菜,呼人苋为人荇,亦可笑之甚。①

荇菜是一种水草,但是河北地区的人没有见过,都不认识它,一些学问广博的人都将"荇菜"认作是"苋菜",将"人苋"叫作"人荇",这也太可笑了。颜之推以此讽刺那些所谓博学之人却脱离现实生活而对先儒的评论妄加揣测。

颜之推还引用古礼、称谓、风俗等诸多相关知识予以考证字义,反驳今人误解古词语汇的荒谬可笑:

> 《古乐府》歌词,先述三子,次及三妇,妇是对舅姑之称。其末章云:"丈人且安坐,调弦未遽央。"古者,子妇供事舅姑,旦夕在侧,与儿女无异,故有此言。丈人亦长老之目,今世俗犹呼其祖考为先亡丈人。又疑"丈"当作"大",北间风俗,妇呼舅为大人公。"丈"之与"大",易为误耳。近代文士,颇作《三妇诗》,乃为匹嫡并耦己之群妻之意,又加郑、卫之辞,大雅君子,何其

---

① 颜之推撰,王利器集解:《颜氏家训集解》,上海:上海古籍出版社,1980年版,第375页。

谬乎？①

颜之推说，《古乐府·相逢行》中的歌辞，先叙述三个儿子，然后叙述三个儿媳妇，儿媳妇是相对于公公婆婆而言的称呼。这首歌辞的末章说："丈人且安坐，调弦未遽央。"古时候，儿媳妇供养侍奉公公婆婆，早上晚上都在二老的身边，与儿女没有两样，所以歌辞中才这么说。"丈人"也可以作为对长辈的称谓，譬如现在世俗间的人仍习惯将自己已经去世的祖父、父亲称为"先亡丈人"。其次，"丈"有可能应写作"大"，譬如北方民间的风俗，儿媳妇称呼公公为"大人公"，"丈"字与"大"字很容易发生误写。近代的文士，偏偏写《三妇诗》的时候，将"三妇"理解为婚配成双的多个妻妾的意思，再加上一些郑、卫淫逸之辞，这等被称为高雅出众的人竟做这样的事情，是多么的荒谬啊！

颜之推借用事理、古语的印证以驳斥世间抄写之误随版本因循流传，而一些学士不假思索，迷而不寤：

《后汉书》："酷吏樊晔为天水郡守，凉州为之歌曰：'宁见乳虎穴，不入冀府寺。'"而江南书本"穴"皆误作"六"。学士因循，迷而不寤。夫虎豹穴居，事之较者；所以班超云："不探虎穴，安得虎子？"宁当论其六七耶？②

颜之推举《后汉书》"乳虎穴"例说，江南版本的"穴"字，都误写作"六"字，学者们沿袭着这一错误而认识不到，其实虎豹穴居，这是很明显的实情；班超因此说，"不探虎穴，安得虎子？"难道要将他说的理解成"六"，去讨论一下是需要六只还是七只的问题吗？

另外，颜之推还采用常识、经书之证、先贤之传及史家假借的初始，广征博引，驳斥一些学士无根无据、无知妄言之误：

---

① 颜之推撰，王利器集解：《颜氏家训集解》，上海：上海古籍出版社，1980年版，第432页。
② 颜之推撰，王利器集解：《颜氏家训集解》，上海：上海古籍出版社，1980年版，第424页。

第二章 颜世家庭教育的主要内容

《后汉书·杨由传》云:"风吹削肺。"此是削札牍之柿耳。古者,书误则削之,故《左传》云"削而投之"是也。或即谓札为削,王褒《童约》曰:"书削代牍。"苏竟书云:"昔以摩研编削之才。"皆其证也。《诗》云:"伐木浒浒。"毛《传》云:"浒浒,柿貌也。"史家假借为肝肺字,俗本因是悉作脯腊之脯,或为反哺之哺。学士因解云:"削哺,是屏障之名。"既无证据,亦为妄矣!此是风角占候耳。《风角书》曰:"庶人风者,拂地扬尘转削。"若是屏障,何由可转也?①

在《后汉书·杨由传》中有"风吹削肺"。这里的"肺"是削札牍的"柿"。古时候,字写错了就把它削去,所以《左传》说"削而投之"就是这个意思。也有的人将"札"称为"削",譬如王褒《童约》说"书削代牍"。苏竟的书信说:"昔以摩研编削之才。"这里的"削"都是"札"的意思,可以作为证明。《诗经》说:"伐木浒浒。"毛《传》解释说:"浒浒,柿貌也。"史家就用"假借"的方法将"柿"写成肝肺的"肺"字,世间流行的版本因袭这一做法将"肺"全写成脯腊的"脯",或者写成反哺的"哺"。学者因此解释《后汉书》的"削肺",就成了注解"削哺",他们说,"削哺,是屏障之名。"这既无证据,那就是妄加猜测!"风吹削肺"讲的是"风角占候",《风角书》说"庶人风者,拂地扬尘转削"。如果"削"指的是屏障的话,有什么理由能够转动呢?所以,颜之推认为,论证实据甚为重要,无据则不必言:

云为品物,未考书记者,不敢辄名,汝曹所知也。②

颜之推运用诸如此类的实际的例子以明确训诂方法与原则的还有很多,这样的教育方法无疑有利于子女的学习借鉴和理解运用。

4.选择工具书,重视《说文解字》

正因为对于文字基础知识重要性的认识,所以颜之推对于工具书的选用也比较重视。他曾经说:

---

①颜之推撰,王利器集解:《颜氏家训集解》,上海:上海古籍出版社,1980年版,第425页。
②颜之推撰,王利器集解:《颜氏家训集解》,上海:上海古籍出版社,1980年版,第474页。

> 读《五经》者，是徐邈而非许慎；习赋诵者，信褚诠而忽吕忱；明《史记》者，专徐、邹而废篆籀；学《汉书》者，悦应、苏而略《苍》《雅》。①

颜之推认为，有些人阅读学习"五经"、赋诵、《史记》《汉书》，却非议许慎、忽略吕忱，废弃对篆籀字义的研究，不关注《仓颉》《尔雅》对文字的阐释，却要赞同徐邈、相信褚诠，专心致力于徐、邹《史记音义》之类的书，喜欢应劭、苏林对《汉书》的注解；这是不可取的。

颜氏这里所言的许慎，就是指《说文解字》。曾经有人因颜之推过于推崇《说文》一书而问他："今之经典，子皆谓非，《说文》所言，子皆云是，然则许慎胜孔子乎？"颜之推如何回答的呢？他说：

> 许慎检以六文，贯以部分，使不得误，误则觉之。孔子存其义而不论其文也。先儒尚得改文从意，何况书写流传耶？必如《左传》止戈为武，反正为乏，皿虫为蛊，亥有二首六身之类，后人自不得辄改也，安敢以《说文》校其是非哉？且余亦不专以《说文》为是也，其有援引经传，与今乖者，未之敢从。……大抵服其为书，隐括有条例，剖析穷根源，郑玄注书，往往引以为证；若不信其说，则冥冥不知一点一画，有何意焉。②

这也就是说，颜之推看到了《说文解字》解释字义有一个甚为统一而可信赖的标准，在这个标准下，文字意义的是非正误都可以得到衡量，而流传的经典则往往以表情达意为主，为了表达义的需要甚至会改动文字，所以说释义不如《说文解字》。但是颜之推明确，自己并不认为《说文解字》中的东西都是正确的，譬如书中援引经传典籍，如果与通行典籍有出入，他也不敢认同；而且他还曾说：

---

①颜之推撰，王利器集解：《颜氏家训集解》，上海：上海古籍出版社，1980年版，第207页。
②颜之推撰，王利器集解：《颜氏家训集解》，上海：上海古籍出版社，1980年版，第457—458页。

"凡《尔雅》《三苍》《说文解字》,岂能悉得苍颉本指哉?亦是随代损益,互有同异。"也就是说,颜氏并不迷信《说文解字》。但他强调《说文解字》的可信度,也很推崇这部书。他基本上信服《说文解字》,因为这本书对文字的分类有条例,剖析字形探求本义,郑玄注经的时候就往往引用以为证据;如果不相信许慎的《说文解字》,就不能理解字的一笔一画的含义,这样学习还有什么意思呢?

也许正是这样的缘故,我们可以看到,在《书证》《音辞篇》中,颜之推引用《说文解字》以明字音字形字义之处比比皆是,譬如河清末年,颜之推在赵州的时候,曾经见到一条小河,问当地的人也不知道河的名称。后来颜之推阅读徐整碑,上面说:"洦流东指。"问别人都不知道"洦流"是什么。于是,颜之推就查阅了《说文解字》,从《说文解字》了解到这个"洦"字就是古代的"魄"字,"洦"指的就是水浅;那条河水很浅,从汉代以来就没有名字,仅仅是把它看作一条浅浅的河,所以颜之推说,或许可以给它命名为"洦":

尝游赵州,见柏人城北有一小水,土人亦不知名。後读城西门徐整碑云:"洦流东指。"众皆不识。吾案《说文》,此字古魄字也,洦,浅水貌。此水汉来本无名矣,直以浅貌目之,或当即以洦为名乎?①

颜之推又说,世上人写信,常常用"匆匆"这个词,代代相沿袭,不知道是什么缘故;有人妄加揣测说这个"匆匆"就是"忽忽"的残笔。于是颜之推便查阅了《说文解字》,依据《说文解字》上说的,"勿"就是州里所树立的旗帜,这个字是象形字,字形就像旗帜的柄和旗帜末端漂游的三条飘带的样子。由于这个旗帜是用来催促民事的,所以就把匆忙称为"匆匆":

世中书翰,多称匆匆,相承如此,不知所由,或有妄言此忽忽之残缺耳。案:《说文》:"勿者,州里所建之旗也,象其柄及三斿之形,所以趣民事。故悤

---

① 颜之推撰,王利器集解:《颜氏家训集解》,上海:上海古籍出版社,1980年版,第213页。

遽者称为匆匆。"①

颜之推在益州的时候，曾经和几个人一起闲坐聊天，当时天刚刚放晴，阳光非常明亮，见地上有一些小东西在阳光下闪着光亮，不知是什么，就问左右的人："这是什么东西？"有一个蜀地的奴仆过去看了看说："这是豆逼。"大家听了都很惊愕，不知道"豆逼"是什么。于是就让下人取过来看，竟是小豆。当时颜之推曾问过很多蜀地的人，想知道为什么称"粒"为"逼"，没有人能够给予解释。于是颜之推便依据《三苍》《说文解字》，说"这个'逼'字就是'白'的下面写一个'匕'，《三苍》《说文解字》都将它皆训为'粒'，《通俗文》注音为'方力反'"。

吾在益州，与数人同坐，初晴日晃，见地上小光，问左右："此是何物？"有一蜀竖就视，答云："是豆逼耳。"相顾愕然，不知所谓。命取将来，乃小豆也。穷访蜀士，呼粒为逼，时莫之解。吾云："《三苍》、《说文》，此字白下为匕，皆训粒，《通俗文》音方力反。"众皆欢悟。②

另外又譬如颜之推依据《说文解字》对"鶌""杕"进行注解：

楚慤楚友墙窦如同从河州来，得一青鸟，驯养爱玩，举俗呼之为鶌。吾曰："鶌出上党，数曾见之，色并黄黑，无驳杂也。故陈思王《鶌赋》云：'扬玄黄之劲羽。'"试检《说文》："鴶雀似鶌而青，出羌中。"《韵集》音介。此疑顿释。③

《诗》云："有杕之杜。"江南本并木傍施大，《传》曰："杕，独皃也。"徐仙民音徒计反。《说文》曰："杕，树皃也。"在《木部》。《韵集》音次第之第，而河

---

① 颜之推撰，王利器集解：《颜氏家训集解》，上海：上海古籍出版社，1980年版，第214页。
② 颜之推撰，王利器集解：《颜氏家训集解》，上海：上海古籍出版社，1980年版，第215页。
③ 颜之推撰，王利器集解：《颜氏家训集解》，上海：上海古籍出版社，1980年版，第216页。

北本皆为夷狄之狄,读亦如字,此大误也。①

诸如此类,不烦更举,颜之推之所以要如此不厌其烦地引用《说文解字》,一则提醒子女《说文解字》可信,二则也为子女学习文字提供了一本可信的工具书以及运用这本书的方法与所持有的基本原则。

(二)阅读

阅读是一种主动地将视觉材料变成声音,"经目过耳",以获取资料信息的过程。由于人类对文字的清晰视觉是在注视时才能得到,而一般的视觉扫视也就是我们平时所谓的"动眼"。但眼动是一系列历时很短的跳动,并不能产生对文字的清晰视觉,所以我们的古人就运用"读"的方法,一则达到集中视觉注意力的效果,一则把视觉材料变成声音,实现一种听觉感应,从而更有效地达到理解视觉材料的目的。从阅读的意义看,阅读又是一个实现语言、文字、思想、情感、技能、经验等各个方面的知识积累的过程,也是我们梳理这些知识,进一步交流学习、去粗取精、传承文化、汲取经验、修养身心、完善自我价值并最终实现教育与学习目标的重要方式。阅读的重要意义不言而喻。

那么,颜之推又是如何指导子女去阅读呢?

1.阅读的目的

颜之推要求子女要明确读书的目的。

他以自己的著作《颜氏家训》为例说,著述中有他对往昔生活经历经验的"铭肌镂骨"的记忆,可以作为前车之鉴;后人如果掌握了《颜氏家训》,就可以为重蹈覆辙做基础了。他说:

追思平昔之指,铭肌镂骨,非徒古书之诫,经目过耳也。故留此二十篇,

---

①颜之推撰,王利器集解:《颜氏家训集解》,上海:上海古籍出版社,1980年版,第379页。

以为汝曹后车耳。①

毫无疑问,这就从阅读动机的层面明确了阅读的意义与目的。

与此同时,颜之推虽然说"古书之诫,经目过耳也"。但他并不否认,书是古代历史文化知识信息的载体,他告诉子女,通过阅读,向古人学习"守职无侵""不忘诚谏""恭俭节用""礼为教本""贵义轻财""小心黜己""尊贤容众""强毅正直""立言必信"等道德品行修养的方法,也是促进人修身、养亲、事君的素养修习,并实现"学之所知,施无不达"②理想的好办法。其一,通过阅读,可以向历史学习间接经验教训,开通心窍,使视野变得开阔,从而提高自身的观察力、理解力以及行为处事的能力;读书能使人更有教养,或者看起来更有教养,而如果不读书,那就连武夫也称不上,只能是酒囊饭袋,一无所用,他说:

夫所以读书学问,本欲开心明目,利于行耳。……学之所知,施无不达。③

今世士大夫,但不读书,即称武夫儿,乃饭囊酒甕也。④

其二,读书是为了增长见识,不至于书到用时方恨少。他说,求学的人以广泛涉猎、见闻广博为贵,只有阅读的范围广了,见识增长了,才能更好地灵活运用。但是,有的人希望认识的人多,见识的事情广,却不肯去读书,这无异于想吃饱饭但又懒于去做饭,想穿得暖和却又不愿去裁制衣服。曰:

故士大夫子弟,皆以博涉为贵,不肯专儒。⑤

夫学者贵能博闻也。⑥

---

①颜之推撰,王利器集解:《颜氏家训集解》,上海:上海古籍出版社,1980年版,第22页。
②颜之推撰,王利器集解:《颜氏家训集解》,上海:上海古籍出版社,1980年版,第161页。
③颜之推撰,王利器集解:《颜氏家训集解》,上海:上海古籍出版社,1980年版,第160—161页。
④颜之推撰,王利器集解:《颜氏家训集解》,上海:上海古籍出版社,1980年版,第326页。
⑤颜之推撰,王利器集解:《颜氏家训集解》,上海:上海古籍出版社,1980年版,第170页。
⑥颜之推撰,王利器集解:《颜氏家训集解》,上海:上海古籍出版社,1980年版,第209页。

所见渐广,更知通变,救前之执,将欲半焉。①

世人不问愚智,皆欲识人之多,见事之广,而不肯读书,是犹求饱而赖营馔,欲暖而惰裁衣也。②

其三,读书可以了解丧葬祭祀、避讳称谓的风俗,邻里亲族交往的礼节以及学习行为处事、待人接物的方法,譬如《礼经》之中颇备圣人之教,他说:

吾观《礼经》,圣人之教:箕帚匕箸,咳唾唯诺,执烛沃盥,皆有节文,亦为至矣。③

他还说自己"虽读《礼传》,微爱属文,颇为凡人之所陶染,肆欲轻言,不修边幅"。其实也是强调《礼传》对于人修身养性的重要性,只不过他出生于不太好的世俗环境,又没人严格要求他的缘故,没有真正学好《礼传》罢了。

其四,颜之推认为阅读可以增强人的判断能力,避免盲目迷信。颜之推依据自身治学的实例,来说明广泛阅读给自己的生活、治学带来的好处,他说:

吾尝学《六壬式》,亦值世间好匠,聚得《龙首》《金匮》《玉图变》《玉历》十许种书,讨求无验,寻亦悔罢。④

《诗》云:"将其来施施。"《毛传》云:"施施,难进之意。"郑《笺》云:"施施,舒行皃也。"《韩诗》亦重为施施。河北《毛诗》皆云施施。江南旧本,悉单为施,俗遂是之,恐为少误。⑤

《汉书》云:"中外禔福。"字当从示。禔,安也,音匙匕之匙,义见《苍雅》

---

① 颜之推撰,王利器集解:《颜氏家训集解》,上海:上海古籍出版社,1980 年版,第 463 页。
② 颜之推撰,王利器集解:《颜氏家训集解》,上海:上海古籍出版社,1980 年版,第 153 页。
③ 颜之推撰,王利器集解:《颜氏家训集解》,上海:上海古籍出版社,1980 年版,第 69 页。
④ 颜之推撰,王利器集解:《颜氏家训集解》,上海:上海古籍出版社,1980 年版,第 520—521 页。
⑤ 颜之推撰,王利器集解:《颜氏家训集解》,上海:上海古籍出版社,1980 年版,第 385 页。

《方言》。河北学士皆云如此。而江南书本,多误从手,属文者对耦,并为提挈之意,恐为误也。①

诸如此类的例子还有很多,颜之推就是要用这样的切身体会告知子女,阅读可以加强一个人的才能与判断力,如果不读《龙首》《金匮》《玉图变》《玉历》之书,他何以能批判当时的巫术庸作?如果不是广泛收集江南版本,那有何以能解决"施""褆"之训?所以,他劝告子女,学习中一定要重视泛读与精读,他认为"沛国刘显,博览经籍,偏精班《汉》,梁代谓之《汉》圣",是值得学习的榜样。

2.阅读的范围

关于阅读的范围,颜之推在《颜氏家训》中进行了阐述。

其一,阅读儒家经典。

颜之推认为他们颜氏家族自古就是以儒学为家业,故阅读"五经"、《论语》《孝经》等儒学经典成为颜氏一族传承家业必然的要求。

> 颜氏之先,本乎邹、鲁,或分入齐,世以儒雅为业,遍在书记。仲尼门徒,升堂者七十有二,颜氏居八人焉。②

所以他提醒子女,圣贤之书是一定要读的,他说:

> 夫圣贤之书,教人诚孝,慎言检迹,立身扬名,亦已备矣。③

> 吾每读圣人之书,未尝不肃敬对之。④

> 士大夫子弟,数岁已上,莫不被教,多者或至《礼》《传》,少者不失《诗》《论》。⑤

---

① 颜之推撰,王利器集解:《颜氏家训集解》,上海:古籍出版社,1980年版,第418—419页。
② 颜之推撰,王利器集解:《颜氏家训集解》,上海:上海古籍出版社,1980年版,第320页。
③ 颜之推撰,王利器集解:《颜氏家训集解》,上海:上海古籍出版社,1980年版,第19页。
④ 颜之推撰,王利器集解:《颜氏家训集解》,上海:上海古籍出版社,1980年版,第66页。
⑤ 颜之推撰,王利器集解:《颜氏家训集解》,上海:上海古籍出版社,1980年版,第141页。

第二章 颜世家庭教育的主要内容

颜之推说,圣贤之书对于修身、孝养、立身扬名的道理撰写得很完备周全;他自己就常读五经,而当时士大夫子弟几岁的时候,就没有不受教育的;多则学到《礼》《传》,少的起码也学了《诗》《论》。他以此间接地为子女的五经阅读提出了要求。

其二,颜之推不仅要求子女传承家业,学习儒经,同时他也希望子女能放宽眼界,广泛阅读百家之书,包括史书、文学书籍以及其他可以增长见识的典籍,阅读这些书籍,即便不能增加德行,醇化风俗,但也可以作为一技之长。他说:

> 夫明《六经》之指,涉百家之书,纵不能增益德行,敦厉风俗,犹为一艺,得以自资。①

但是,世俗间一些儒士,却认识不到广泛阅读的好处,而不能广泛涉猎,除了研读经书纬书,就是学学注疏而已,结果给学问造成了障碍:

> 俗间儒士,不涉群书,经纬之外,义疏而已。②

故他又举出"诸儒不知王粲""诸博士不知《汉书》"的两个例子来说明这个问题的不良后果。他说:

> 吾初入邺,与博陵崔文彦交游,尝说《王粲集》中难郑玄《尚书》事。崔转为诸儒道之,始将发口,悬见排蹙,云:"文集只有诗赋铭诔,岂当论经书事乎?且先儒之中,未闻有王粲也。"崔笑而退,竟不以《粲集》示之。魏收之在议曹,与诸博士议宗庙事,引据《汉书》,博士笑曰:"未闻《汉书》得证经术。"收便忿怒,都不复言,取《韦玄成传》,掷之而起。博士一夜共披寻之,达明,乃来谢曰:"不谓玄成如此学也。"③

---

① 颜之推撰,王丽器集解:《颜氏家训集解》,上海:古籍出版社,1980年版,第153页。
②③ 颜之推撰,王丽器集解:《颜氏家训集解》,上海:古籍出版社,1980年版,第176页。

颜之推以自己读《王粲》而发现《王粲集》中诘问郑玄注释《尚书》的事情,以及魏收引用《汉书》中与人论议有关宗庙的事情,来说明如果不能广泛涉猎,只能沦落到被耻笑、受难堪的境地。

其三,为了达到广泛阅读的目的,颜之推指导子女"博览机要""必能兼美",将博览与专精结合,精读与泛读兼美;要求子女不仅要阅读自家收藏的书籍,还应该要广泛搜求其他书籍。他说,自己就曾在广泛搜求的过程中,获得一些有价值的以及一些能为自己提供参考、借鉴并提高自己的判断力的书籍。其《书证》中多处出现的《诗经》江南旧本、《汉书》江北旧本、《汉书》江南书本是其一,《龙首》《金匮》《玉图变》《玉历》之类是其二,借人典籍是其三。为了实现书籍的广泛搜求,颜之推还特意告诉子女借人典籍的注意事项,他说:

> 借人典籍,皆须爱护,先有缺坏,就为补治,此亦士大夫百行之一也。济阳江禄,读书未竟,虽有急速,必待卷束整齐,然后得起,故无损败,人不厌其求假焉。或有狼籍几案,分散部帙,多为童幼婢妾之所点污,风雨虫鼠之所毁伤,实为累德。①

大概也就是好借好还再借不难之意了。

其四,颜之推还提醒子女要阅读佛教经典。他说:

> 汝曹若观俗计,树立门户,不弃妻子,未能出家;但当兼修戒行,留心诵读,以为来世津梁。②

之所以如此要求,一则与颜之推的宗教信仰有关系;二则,颜之推也认为,佛经里面记载着很多难以想象的奇闻怪事,有很多关于认识世界、为人处世的哲学

---

① 颜之推撰,王利器集解:《颜氏家训集解》,上海:上海古籍出版社,1980年版,第66页。
② 颜之推撰,王利器集解:《颜氏家训集解》,上海:上海古籍出版社,1980年版,第364页。

知识,也有有关行善、不杀生之类的德行的教育。在《归心篇》中,他还针对世人对佛教的诘难,专门引用佛教经典予以驳斥。譬如他以佛教经典比附儒学经典,将民间传说较之于佛教的宇宙观念,将传统善恶福报的思想比与佛经之因果,将士人《诗》《礼》的学习情况与俗僧佛经的学习作比较,儒家"修身齐家治国平天下"的理想与佛教经典讲究"免除身累,救度苍生"相比较,等等,来说明佛经里面自由天地的特点以及佛经的可读性。他告诉子女,佛教经典记载着很多精妙意旨,要了解佛教的内容,诵读佛经是重要的方式,他说:

> 三世之事,信而有徵,家世归心,勿轻慢也。其间妙旨,具诸经论。不复于此,少能赞述。①

佛教中所讲的过去、现在、未来三世,是可信而且可以得到验证的;我们家世代皈依佛教,不可以轻视侮慢;其中的精妙意旨,都记载在佛经里面,我就不在这里赞美称道了。

且不谈颜之推要求子女阅读这些书籍的出发点是否值得推敲,但他要求子女的广泛阅读——"博览机要""必能兼美""借人典籍,皆须爱护"等经验式的做法确实来自他自身治学经验教训的积累,是至今仍值得借鉴的行之有效的阅读方法与治学经验。

当然,并不是说所有的书都要读。比如一些粗制滥造、言辞鄙浅、无助于实际德行修为之类的书,读之反而会受到不良的影响,故选书的时候还是要甄别的,譬如颜之推曾讲到的占卜术书。

随着西学的引进、科举制度的废弃,现代教育内容与教育模式的建立、形成与发展,以及手机、电视与网络的普及与冲击,传统儒学以及百家经典与读书人的距离已经愈行愈远。这是令人十分惋惜的事情。虽然这些典籍并不能解决一个

---

①颜之推撰,王利器集解:《颜氏家训集解》,上海:上海古籍出版社,1980年版,第335页。

人或者一个国家的温饱问题,但毕竟这些传统经典是我们无数圣贤智慧的结晶,是我们民族文化的血脉与灵魂所凝铸。阅读这些经典的作品,甚至研习这些作品,不仅是我们获取知识、涵养情趣、滋养心灵的需要,也是我们凝聚民族自信、团结华夏民族、修养道德、传承华夏文明与炎黄文化、开启智慧的需要。尽管我们不必非要将五经学得如何精通,但是,如果能在现代教育中适当要求受教者阅读这些经典,其益处并不亚于阅读心仪的现代著作给我们带来的精神享受与实际价值。

3.阅读的方法

颜之推对子女的阅读方法也提出了很多有价值的观点。

其一,即所谓精读与泛读做到兼美,将博览与专精结合起来。

颜之推不仅主张子女要博览群书,也要求子女能将博览与专精相结合,在阅读的时候,不仅注意对"郡国山川,官位姓族,衣服饮食,器皿制度"[①]能做到"皆欲根寻,得其原本"[②],即便是基本的文字,也应该能做到准确把握。

其二,在精读的过程,要谨慎选用典籍与注疏的版本以及参考书、工具书。

颜之推通过实际的例子告诉子女阅读要慎重版本的选择,注意版本之间的差异。他说:

> 《诗》云:"将其来施施。"《毛传》云:"施施,难进之意。"郑笺云:"施施,舒行皃也。"《韩诗》亦重为施施。河北《毛诗》皆云施施。江南旧本,悉单为施,俗遂是之,恐为少误。[③]

[①][②]颜之推撰,王利器集解:《颜氏家训集解》,上海:上海古籍出版社,1980年版,第209页。
[③]颜之推撰,王利器集解:《颜氏家训集解》,上海:上海古籍出版社,1980年版,第385页。

《左传》曰:"齐侯痎,遂痁。"《说文》云:"痎,二日一发之疟。痁,有热疟也。"案:齐侯之病,本是间日一发,渐加重乎故,为诸侯忧也。今北方犹呼痎疟,音皆。而世间传本多以痎为疥,杜征南亦无解释,徐仙民音介,俗儒就为通云:"病疥,令人恶寒,变而成疟。"此臆说也。①

由于依据错误的版本,而出现失误,这是研读经典、治学过程中要警惕的事情,诸如此类的例子在《颜氏家训》中还有不少,足以说明颜之推对这一问题的重视。毕竟在当时,书的传播主要依靠手抄,即便是学识渊博又极为细心的人,书写、抄写过程中都难免出现失误,更何况还有一些其他的因素呢。

颜之推又依着实际的例子,告知子女参考书、工具书选择的不慎,会影响阅读理解的正误,影响一个学者治学的成就。他举例说:

文江南有一权贵,读误本《蜀都赋》注,解"蹲鸱,芋也",乃为"羊"字;人馈羊肉,答书云:"损惠蹲鸱。"举朝惊骇,不解事义,久后寻迹,方知如此。②

元氏之世,在洛京时,有一才学重臣,新得《史记音》,而颇纰缪,误反"颛顼"字,顼当为许录反,错作许缘反,遂谓朝士言:"从来谬音'专旭',当音'专翾'耳。"此人先有高名,翕然信行;期年之后,更有硕儒,苦相究讨,方知误焉。③

尽管颜之推并没有直接禁止子孙选用这样的书,但无疑提醒了子女,犹如《蜀都赋》《史记音》这样纰缪颇多的书最好不要去选择,闹出笑话实在不值得。在讲述文字训诂之重要的时候,颜之推也提到工具书的选择问题,他批评一些人阅读"五经"、赋诵、《史记》《汉书》,却非议许慎、忽略吕忱,废弃对篆籀字义的研究,不关注《仓颉》《尔雅》对于文字的阐释,却要赞同徐邈、相信褚诠,专心致力

---

① 颜之推撰,王利器集解:《颜氏家训集解》,上海:上海古籍出版社,1980年版,第391页。
②③ 颜之推撰,王利器集解:《颜氏家训集解》,上海:上海古籍出版社,1980年版,第195页。

于徐、邹《史记音义》之类的书,喜欢应劭、苏林对《汉书》的注解,这种选择弃了根本。

其三,颜之推主张在质疑求证中加强理解和把握。

读书不能全信,尤其是治学,更需要这样的质疑精神。譬如对于《尔雅》《三苍》《说文解字》这样的工具书,也不能全信:

> 世间小学者,不通古今,必依小篆,是正书记;凡《尔雅》《三苍》《说文》,岂能悉得苍颉本指哉?亦是随代损益,互有同异。①

又譬如在考校作品是否伪书、作者是否实有其人等问题上,颜之推则举出这样的例子:

> 《易》有蜀才注,江南学士,遂不知是何人。王俭《四部目录》,不言姓名,题云:"王弼后人。"谢炅、夏侯该,并读数千卷书,皆疑是谯周;而《李蜀书》一名《汉之书》,云:"姓范名长生,自称蜀才。"南方以晋家渡江后,北间传记,皆名为伪书,不贵省读,故不见也。②

这是颜之推运用书证考校作者以及书的真伪。

> 《通俗文》,世间题云"河南服虔字子慎造"。虔既是汉人,其《叙》乃引苏林、张揖;苏、张皆是魏人。且郑玄以前,全不解反语,《通俗》反音,甚会近俗。阮孝绪又云"李虔所造"。河北此书,家藏一本,遂无作李虔者。《晋中经簿》及《七志》,并无其目,竟不得知谁制。然其文义允惬,实是高才。殷仲堪《常用字训》,亦引服虔《俗说》,今复无此书,未知即是《通俗文》,为当有异?近代或更有服虔乎?不能明也。③

---

① 颜之推撰,王利器集解:《颜氏家训集解》,上海:上海古籍出版社,1980年版,第462页。
② 颜之推撰,王利器集解:《颜氏家训集解》,上海:上海古籍出版社,1980年版,第402页。
③ 颜之推撰,王利器集解:《颜氏家训集解》,上海:上海古籍出版社,1980年版,第436页。

此例虽然颜之推未能最终考定《通俗文》的作者,但借助《晋中经簿》及《七志》,对书的创作年代以及作者的真伪提出了颇有根据的质疑。

> 或问:"《山海经》,夏禹及益所记,而有长沙、零陵、桂阳、诸暨,如此郡县不少,以为何也?"答曰:"史之阙文,为日久矣;加复秦人灭学,董卓焚书,典籍错乱,非止于此。譬犹《本草》神农所述,而有豫章、朱崖、赵国、常山、奉高、真定、临淄、冯翊等郡县名,出诸药物;《尔雅》周公所作,而云'张仲孝友';仲尼修《春秋》,而《经》书孔丘卒;《世本》左丘明所书,而有燕王喜、汉高祖;《汲冢琐语》,乃载《秦望碑》;《苍颉篇》李斯所造,而云'汉兼天下,海内并厕,豨黥韩覆,畔讨灭残';《列仙传》刘向所造,而《赞》云七十四人出佛经;《列女传》亦向所造,其子歆又作《颂》,终于赵悼后,而传有更始韩夫人、明德马后及梁夫人嫕:皆由后人所羼,非本文也。"①

此例则是通过考校书中的内容与历史、文化、地理、郡县制度、历史人物等出现的矛盾错讹,举证书著者的真伪。

其四,阅读理解不能随意生发、穿凿附会。

颜之推在讲到人们对于《尔雅》于《诗》"黄鸟于飞,集于灌木"的解释时,说《诗经》"黄鸟于飞,集于灌木"。《毛诗传》解释说,"灌木,丛木也。"这是《尔雅》的解释文字,李巡解释说"树木丛生叫作灌"。《尔雅》末章又有"树木族生就是灌"。族也就是丛聚的意思。所以江南地区的《诗经》古本"灌"字都写作丛聚的"丛",而古代的"丛"形近于"冣",近代的一些儒生就将它写成"冣",解释"灌"说"木之冣高长者"。但是,各家研究《尔雅》和解释《诗经》的都没有这样说过,只有周续之的《毛诗注》,对这个字的注音注成"徂会反",刘昌宗的《诗注》,注为"在公反,又祖会反",这些都是穿凿附会,违背了《尔雅》的注解。

在讲到《左传》之"败"一字理解的时候,他又举出这样的例子,说:

---

① 颜之推撰,王利器集解:《颜氏家训集解》,上海:上海古籍出版社,1980年版,第438页。

> 江南学士读《左传》，口相传述，自为凡例，军自败曰败，打破人军曰败。诸记传未见补败反，徐仙民读《左传》，唯一处有此音，又不言自败、败人之别，此为穿凿耳。①

颜之推说，江南的学者读《左传》，口耳相传，将"败"字读成了两个音；自家军队失败就说"败（蒲败反）"，打败了其他的军队就说"败（补败反）"，各种传记中都没有记过"败"读作"补败反"的，徐邈读《左传》，只有一处注了这个音，但又没有说明是"自己败"还是"败他人"，这也是一个牵强附会的例子。

其五，须切磋相起明。

颜之推主张阅读要与交流切磋相结合，不能闭门读书，而要善于与其他人交流。他说：

> 《书》曰："好问则裕。"《礼》云："独学而无友，则孤陋而寡闻。"盖须切磋相起明也。见有闭门读书，师心自是，稠人广坐，谬误差失者多矣。②

三人行则必有我师，颜之推相信，相互交流有益于更好地把握知识的理解和运用。他自己就时常在学问上与他人交流。

其六，带着问题阅读。

带着问题阅读，在阅读中寻求答案，是一种有目的且有效的阅读方法。颜之推举例说：

> 尝游赵州，见柏人城北有一小水，土人亦不知名。后读城西门徐整碑云："泊流东指。"众皆不识。吾案《说文》，此字古魄字也，泊，浅水貌。此水汉来

---

① 颜之推撰，王利器集解：《颜氏家训集解》，上海：上海古籍出版社，1980年版，第503页。
② 颜之推撰，王利器集解：《颜氏家训集解》，上海：上海古籍出版社，1980年版，第195页。

第二章 颜世家庭教育的主要内容

本无名矣,直以浅貌目之,或当即以泊为名乎?①

> 吾初读《庄子》"螝二首",《韩非子》曰:"虫有螝者,一身两口,争食相龁,遂相杀也",茫然不识此字何音,逢人辄问,了无解者。案:《尔雅》诸书,蚕蛹名螝,又非二首两口贪害之物。后见《古今字诂》,此亦古之虺字,积年凝滞,豁然雾解。②

颜之推认为,有时候,一些问题并非要急于一时得到答案,发现问题,多留意,带着问题阅读,能获得更好的学习效果。

另外,颜之推还提到"抄书"阅读,加强理解的方法。他说:

> 东莞臧逢世,年二十余,欲读班固《汉书》,苦假借不久,乃就姊夫刘缓乞丐客刺书翰纸末,手写一本,军府服其志尚,卒以《汉书》闻。③

颜之推说,臧逢世曾经手抄《汉书》,后来因此受到别人的称赞,且以《汉书》闻名。

4.阅读的态度

关于阅读的态度,颜之推也有心得。他说,面对经典,首先要有"肃敬"之心:

> 吾每读圣人之书,未尝不肃敬对之;其故纸有《五经》词义,及贤达姓名,不敢秽用也。④

按照颜之推的理论,也就是读书要先从态度入手,态度不端正,就难以有收获。"肃敬"是一种态度,也是一种心理暗示,这样的态度使人从心理上不排斥经

---

① 颜之推撰,王利器集解:《颜氏家训集解》,上海:上海古籍出版社,1980年版,第213页。
② 颜之推撰,王利器集解:《颜氏家训集解》,上海:上海古籍出版社,1980年版,第212页。
③ 颜之推撰,王利器集解:《颜氏家训集解》,上海:上海古籍出版社,1980年版,第189页。
④ 颜之推撰,王利器集解:《颜氏家训集解》,上海:上海古籍出版社,1980年版,第66页。

典,喜欢经典,犹如面对圣贤一般尊敬经典,那么阅读的时候自然不会随意生出不屑一顾的心。颜之推这种对书的喜爱还体现在他对书的精心保存上。他说:

> 借人典籍,皆须爱护,先有缺坏,就为补治,此亦士大夫百行之一也。济阳江禄,读书未竟,虽有急速,必待卷束整齐,然后得起,故无损败,人不厌其求假焉。或有狼籍几案,分散部帙,多为童幼婢妾之所点污,风雨虫鼠之所毁伤,实为累德。①

对借的书如此,对自家的书也是一样,《颜氏家训》云:

> 《礼经》:父之遗书,母之杯圈,感其手口之泽,不忍读用。政为常所讲习,雠校缮写,及偏加服用,有迹可思者耳。若寻常坟典,为生什物,安可悉废之乎? 既不读用,无容散逸,惟当缄保,以留后世耳。②

颜之推引用《礼记》说,父母遗留下来的书籍与木制饮器,因为感受到已亡父母的口泽之气,而不忍心去阅读和使用,只因为这些东西是他们生前经常用来讲论研习、校对缮写,以及使用过的东西,上面有遗迹会引发哀思罢了;这些可以不再使用,但是如果是一般的典籍,不怎么经常使用的生活物品,哪里能全部废弃它们呢? 父母亲的遗物既然不忍心阅读和使用,但也不要让它们散失亡佚,而应当封起来保存,以便于流传给后代。颜之推对书籍的爱护可见一斑。

其次,阅读要有耐心,学习古人"握锥投斧,照雪聚萤,锄则带经,牧则编简"的勤学精神,"不知厌倦",持之以恒。他说:

> 梁元帝尝为吾说:"率意自读史书,一日二十卷,既未师受,或不识一字,或不解一语,要自重之,不知厌倦。"帝子之尊童稚之逸,尚能如此,况其

---

① 颜之推撰,王利器集解:《颜氏家训集解》,上海:上海古籍出版社,1980年版,第66页。
② 颜之推撰,王利器集解:《颜氏家训集解》,上海:上海古籍出版社,1980年版,第111页。

庶士,冀以自达者哉?①

另外,还要谦虚、不偏信。颜之推认为,"自古宏才博学,用事误者有矣"②。更何况一般的学者?他曾在《颜氏家训》中举出诸多名为硕儒的人在读书理解中出错的情况,以此再三告诫子女,做学问要谦虚,不能偏信:

> 观天下书未遍,不得妄下雌黄。或彼以为非,此以为是;或本同末异;或两文皆欠,不可偏信一隅也。③

他举了一个例子说,有一个有才华的人,自称精通史学,名声很高,但是他解释《汉书·王莽赞》"紫色蛙声"说:"王莽不但长得鹰眼虎嘴,而且有着紫色的皮肤,像青蛙一样的声音。"又认为《礼乐志》李奇注"捶挏乃成"的意思是要等到种桐树的时候,太官酿造的马酒才能熟,如此孤陋弄成笑话:

> 《汉书·王莽赞》云:"紫色蛙声,余分闰位。"谓以伪乱真耳。昔吾尝共人谈书,言及王莽形状,有一俊士,自许史学,名价甚高,乃云:"王莽非直鸱目虎吻,亦紫色蛙声。"又《礼乐志》云:"给太官挏马酒。"李奇注:"以马乳为酒也,捶挏乃成。"二字并从手。捶挏,此谓撞捣挺挏之,今为酪酒亦然。向学士又以为种桐时,太官酿马酒乃熟。其孤陋遂至于此。④

颜之推通过这样的实例,说明读书要有谦虚的态度,而不能学习某些人"读书不过二三百卷"⑤,却偏听偏信,递共吹嘘,实际又不能准确运用,遭人讥笑。

(三)文章写作

颜之推重视子女文章创作思想与技巧的教育,并在《颜氏家训》中专列《文

---

① 颜之推撰,王利器集解:《颜氏家训集解》,上海:上海古籍出版社,1980年版,第188页。
② 颜之推撰,王利器集解:《颜氏家训集解》,上海:上海古籍出版社,1980年版,第266页。
③ 颜之推撰,王利器集解:《颜氏家训集解》,上海:上海古籍出版社,1980年版,第219页。
④ 颜之推撰,王利器集解:《颜氏家训集解》,上海:上海古籍出版社,1980年版,第195—196页。
⑤ 颜之推撰,王利器集解:《颜氏家训集解》,上海:上海古籍出版社,1980年版,第285页。

章篇》。对文学作品的分类、功能、风格,内容与形式的关系,作品与文人德行的关系,创作的技巧等,结合作品进行了较为细致深入的分析。

1.文章写作的意义

在我国,文章写作的历史可追溯到殷商甲骨卜辞,甚至于更遥远的陶文;经历了先秦、两汉、魏晋南北朝等时代以至于今天,文章写作依然为众多文化学习者的必修课。文章写作关乎创作者传达自身情感、愿望、意志,满足各种社会交往、思想交流、经验借鉴、信息传播、文化传承的社会需求。文章写作的重要性,是不言而喻的。

颜之推作为一个学者,同样看到这一点。他以自身学问背景与写作经验,深深感受到文章写作对于个人发展以及群体发展所具有的重要意义,并将"文章无可传于集录"为耻辱。在《颜氏家训》中,颜之推对于文章写作的意义主要从三个方面予以阐述。

其一,文章写作具有实用价值和娱乐价值。

颜之推认为文章本源于儒家"五经",主要有诏命策檄、序述论议、歌咏赋颂、祭祀哀诔、书奏箴铭等类型。他说:

> 夫文章者,原出《五经》:诏命策檄,生于《书》者也;序述论议,生于《易》者也;歌咏赋颂,生于《诗》者也;祭祀哀诔,生于《礼》者也;书奏箴铭,生于《春秋》者也。①

按照魏晋南北朝"文笔"之分,颜氏亦将这些类型的文章创作分为两类,即实用类写作与文学创作。他说:"朝廷宪章,军旅誓诰,敷显仁义,发明功德,牧民建国,施用多途。"也就是说,文章有多种用途,譬如朝廷宪章的起草拟定,军旅中所用的誓诰,彰显仁义,颂扬功德,治理国家人民,等等。在这里,颜之推所讲的

---

① 颜之推撰,王利器集解:《颜氏家训集解》,上海:上海古籍出版社,1980年版,第221页。

"朝廷宪章,军旅誓诰"之类的实用文章,亦可称之为实用类应用文。这一类的文章写作指向"实用"价值的有无与大小,也成为评判判断作品存在意义的关键标准。故颜之推云:"《太玄》今竟何用乎?不啻覆酱瓿而已。"没有用的写作,犹如毫无价值的酱坛子一样。但还有一类文章,颜之推认为,虽然不着眼于实际生活中的应用,但存在陶冶性灵的娱乐休闲、修养身心、装饰实用类的价值和意义,也值得去实践写作。他说:

> 至于陶冶性灵,从容讽谏,入其滋味,亦乐事也。行有余力,则可习之。①

因此,颜之推在传承家学的同时,亦很重视文学作品的创作。他举出儒家的圣人虞舜歌《南风》、周公作《鸱鸮》等例,反对将文学创作视为雕虫小技的思想:

> 或问扬雄曰:"吾子少而好赋?"雄曰:"然。童子雕虫篆刻,壮夫不为也。"余窃非之曰:虞舜歌《南风》之诗,周公作《鸱鸮》之咏,吉甫、史克《雅》《颂》之美者,未闻皆在幼年累德也。②

但有些人嗤鄙文学,譬如席毗:

> 齐世有席毗者,清干之士,官至行台尚书,嗤鄙文学,嘲刘逖云:"君辈辞藻,譬若荣华,须臾之玩,非宏才也;岂比吾徒千丈松树,常有风霜,不可凋悴矣!"刘应之曰:"既有寒木,又发春华,何如也?"席笑曰:"可哉!"③

席毗嗤鄙文学,曾经嘲笑刘逖,说他们那些人摆弄辞藻,就好比"漂亮的花",认为只能供人赏玩片刻,算不得有杰出的才能;而自己那样用兵打仗则如千丈之松,历经风霜而不会枯萎败落。刘逖回答说:"不但有耐寒的树木,又能春季

---

① 颜之推撰,王利器集解:《颜氏家训集解》,上海:上海古籍出版社,1980年版,第221页。
② 颜之推撰,王利器集解:《颜氏家训集解》,上海:上海古籍出版社,1980年版,第241—242页。
③ 颜之推撰,王利器集解:《颜氏家训集解》,上海:古籍出版社1980年版,第247页。

里开花,这种人怎么样呢?"席毗笑着说:"当然好!"颜之推借用这一典故传达了自己对文学创作的重视,以及"既有寒木,又发春华"内美外美兼具的追求。

其二,不懂文章,影响阅读理解,影响学问的成就。

颜之推认为,文章写作知识的把握与实践有助于学问。他说:

> 相如《封禅书》曰:"导一茎六穗于庖,牺双觡共抵之兽。"此导训择,光武诏云:"非从有豫养导择之劳"是也。《说文》云:"薁是禾名。"引《封禅书》为证;无妨自当有禾名,非相如所用也。禾一茎六穗于庖,岂成文乎?纵使相如天才鄙拙,强为此语;则下句当云"麟双觡共抵之兽",不得云牺也。吾尝笑许纯儒,不达文章之体,如此之流,不足凭信。①

颜之推做学问很重视《说文解字》,但是,他"笑许纯儒",他认为许慎不通文章写作的体裁,所以,在《说文解字》中,他的一些引证,如果与通行的典籍有出入,不足以取信的就是《说文解字》。例如司马相如《封禅书》有"导一茎六穗于庖,牺双觡共抵之兽"。这里的"导"本来应该解释为"择",汉光武帝诏书"非从有豫养导择之劳",这里面"导"就是这个解释。但是《说文解字》释"薁"说:"薁"是一种禾的名称,却引用《封禅书》作为例证,或许真的有一种禾的名称叫作"薁",但那不是《封禅书》中的"导";如果按照许慎的解释《封禅书》中的那句话,就成了"禾一茎六穗于疱",这个句子还能讲得通吗?即使是司马相如天生文笔粗鄙,生硬地写出这样的句子,那么下一句也应该写成"麟双觡共抵之兽"了。

其三,文学创作能力的培养有益于修身与处世。

一个人的素质修养是内在的思想、学识与外在的行为、能力等因素融而为一的整体性体现;而写作的意义,亦关系到一个人的良好素质的形成,良好的素质

---

① 颜之推撰,王利器集解:《颜氏家训集解》,上海:上海古籍出版社,1980年版,第458页。

最终可以表现为优秀的行为和能力。既然如此,学好写作对于个人的发展与良好素质的形成来说,就显得十分重要,因为写作能力的培养也是颜之推家庭教育中一件十分重要的事情。颜之推说:

> 夫学者是犹种树也,春玩其华,秋登其实;讲论文章,春华也,修身利行,秋实也。①

颜之推将学者的学习比喻为种树,将文章的写作与评论作为春天之花,将修身处世喻为秋天的果实,将文章写作与修身相联系,一则以修身行事为学习的目的,分清主次关系;二则颜之推也看到写作虽不是目的,但却是达到目的的有效途径,没有花当然也就无所谓果实,文章创作能力的培养有益于一个人的修身和行为处事能力的培养。

2.文章写作与德行的关系

文人的德行与文章写作成就的关系是历代文论家经常讨论的问题;《论语》中孔子的"有德者必有言,有言者不必有德"便是历代评论中最具有影响力的一条;而因此指摘文人无德行的言论也不绝于耳。颜之推在家庭教育中,很重视德行教育,主张"德艺周厚"②;当然他所谓的德,与一般的政治性说教不同,很大成分上是一种世俗性的处世德行;在《文章篇》的开端,颜之推对文人德行的评论就极有典型性。他说:

> 然而自古文人,多陷轻薄。屈原露才扬己,显露君过;宋玉体貌容冶,见遇俳优;东方曼倩,滑稽不雅;司马长卿,窃赀无操;王褒过章《僮约》;扬雄德败《美新》;李陵降辱夷虏;刘歆反覆莽世;傅毅党附权门;班固盗窃父史;赵元叔抗竦过度;冯敬通浮华摈压;马季长佞媚获诮;蔡伯喈同恶受诛;吴质诋许乡里;曹植悖慢犯法;杜笃乞假无厌;路粹隘狭已甚;陈琳实号粗疏;繁钦性无检格;刘桢屈强输作;王粲率躁见嫌;孔融、祢衡,诞傲致殒;杨修、丁

---

① 颜之推撰,王利器集解:《颜氏家训集解》,上海:上海古籍出版社1980年版,第165页。
② 颜之推撰,王利器集解:《颜氏家训集解》,上海:上海古籍出版社1980年版,第280页。

> 虞扇动取毙;阮籍无礼败俗;嵇康凌物凶终;傅玄忿斗免官;孙楚矜夸凌上;陆机犯顺履险;潘岳乾没取危;颜延年负气摧黜;谢灵运空疏乱纪;王元长凶贼自诒;谢玄晖侮慢见及。凡此诸人,皆其翘秀者,不能悉记,大较如此。至于帝王,亦或未免。自昔天子而有才华者,唯汉武、魏太祖、文帝、明帝、宋孝武帝,皆负世议,非懿德之君也。自子游、子夏、荀况、孟轲、枚乘、贾谊、苏武、张衡、左思之俦,有盛名而免过患者,时复闻之,但其损败居多耳。①

颜之推以大量的文人为文不重德行而招致不同的祸殃为例,警示子女汲取前人为文的经验教训,认为文章写作不能不顾及世俗对文人德行的要求,否则会招来各种祸患甚至杀身之祸。且不谈颜之推所陈述的理由是否妥当,但毋庸置疑,这里被列举的大量文人病在颜之推的意识中,都应该是为了全身避祸而应当去避免的"不良品行":其一,颜之推认为,写文章不能"露才扬己,显露君过",不用文章批评君王的过错,这无疑是明哲保身的做法。其次,颜之推认为,文人如果追求外在的"体貌容冶",被人视为下等的"俳优",就有辱家族颜面,也是不堪忍受的,这种认识无关乎对错,而与当时的世俗认识有关。至于用语"滑稽"而丧失儒雅,偷窃贼材没有操守,错误地颂扬叛逆,抑或屈节背主,党附权门,剽窃他人之美,倨傲、轻浮、谄媚、结交恶人、横行霸道、悖慢、贪财、隘狭、粗枝大叶、不知检点、屈强、直率急躁、狂诞傲慢、煽风点火、不守礼法、凌辱他人、侮慢别人、忌恨好斗、骄傲自夸、悖逆叛乱、投机图利、空疏乱纪、凭恃意气、不肯屈居人下,等等,也皆在德行有亏而招致祸殃之列。可见,颜之推正是要用这样的方式,告知子孙一定要不要恃才傲物,以免遭受不必要的麻烦。

颜之推还分析了文章的本质与文人个性习惯之间的关系,他说:

> 每尝思之,原其所积,文章之体,标举兴会,发引性灵,使人矜伐,故忽于持操,果于进取。

颜之推说,对于文人因为德行问题招致祸患的事情,他经常会加以思考,推究其中的道理,大概是因为文章的写作,重在于"标举兴会,发引性灵",这就容

---

① 颜之推撰,王丽器集解:《颜氏家训集解》,上海:古籍出版社,1980年版,第221—222页。

第二章 颜世家庭教育的主要内容

易使人恃才自夸,忽视操守,坚决地求取声名利益;过去的文人常因此陷祸,而当今文人的这种毛病更严重,一个典故用得恰当,一个句子写得清巧,就会骄傲得旁如无人。而这都是会招致祸殃的。曰:

> 今世文士,此患弥切,一事惬当,一句清巧,神厉九霄,志凌千载,自吟自赏,不觉更有傍人。加以砂砾所伤,惨于矛戟。①

写文章、做人要谨慎,评论他人、批评他人的文章也是一样。颜之推劝诫子女,不要轻率地议论别人的文章,免得得罪别人。他说:

> 讽刺之祸,速乎风尘,深宜防虑,以保元吉。②

> 吾初入邺,遂尝以此忤人,至今为悔;汝曹必无轻议也。③

由此可见,颜之推虽然重视文章写作,但是更担心子女因文章而获罪,所以在"文德"中以自己所闻所见为实例,列举了大量的令人惊心怵目的事件,教育子女如何在文章世界明哲保身。

当然,颜之推也并非一味地为了保身而放弃一些为人的准则。他曾说:

> 自春秋已来,家有奔亡,国有吞灭,君臣固无常分矣。然而君子之交绝无恶声,一旦屈膝而事人,岂以存亡而改虑?陈孔章居袁裁书,则呼操为豺狼;在魏制檄,则目绍为蛇虺。在时君所命,不得自专,然亦文之巨患也,当务从容消息之。④

也就是说,自春秋以来,世家就有奔袭流亡之事,国家有被吞并灭亡的历史,君臣之间本来就没有固定不变的名位职责,但是,有一点还是要注意的,那就是

---

①②颜之推撰,王利器集解:《颜氏家训集解》,上海:上海古籍出版社,1980年版,第222页。
③颜之推撰,王利器集解:《颜氏家训集解》,上海:上海古籍出版社,1980年版,第259页。
④颜之推撰,王利器集解:《颜氏家训集解》,上海:上海古籍出版社,1980年版,第240—241页。

"君子之交绝无恶声",君子之间即使绝交也不会口出恶言;一旦屈节侍奉别的君主,岂能因为故主的存亡而改变自己对他的看法?陈琳在袁绍的手下时檄文骂曹操为豺狼,在魏国制作檄文,又视袁绍为蛇虺,这虽然是因为当时必须听从君主的命令而不能自己做主,但是这种做法也是文人的大祸患,私下里一定要斟酌斟酌。

3."理致为心肾,气调为筋骨,事义为皮肤,华丽为冠冕"的创作观

写作,是一个将作者对生活的经历、感受及审美体验等,通过大脑的加工与改造,以语言材料的形式,撰写出可供读者欣赏的作品,这样一种特殊的复杂的精神生产活动也被我们称为创作。与文学创作相关的理论,在批评论著及作品诸如《典论论文》《文心雕龙》《诗品》中便甚为丰富;《颜氏家训》虽为家训,但对于文学创作的相关问题亦颇有论述,主要涉及"理致为心肾"的创作观、"典正"的文风追求、"必乏天才,勿强操笔"的天赋论、"是非优劣"的文学接受理论以及各种写作技巧等。

义理情致、气韵格调、用典修饰、华丽的辞藻,在创作的实践中,什么才是最为重要的,持有不同文学观的人时常会有不尽相同甚至完全相反的主张。颜之推在《颜氏家训》中亦不能回避这一众口难调的问题。他说:

> 文章当以理致为心肾,气调为筋骨,事义为皮肤,华丽为冠冕。①

很明显,颜之推将文章的情理内容作为创作的重心,作为一篇文章的命脉;将气韵格调作为文章的筋骨,成为文章感染力得以流溢的支撑,颜之推认为,这比用典修辞、华丽言辞都重要;相比较于"理致为心肾,气调为筋骨",用典仅是文章的皮肤,也就是文章外在的视觉展现,华丽的文辞则为"冠冕",也就是一个游离于身体之外的装饰品;"以思想性为第一,艺术性为第二"②,这与南北朝"率

---

①②颜之推撰,王利器集解:《颜氏家训集解》,上海:上海古籍出版社,1980年版,第249页。

多浮艳"的文风以及一味追求辞藻华美而忽略内容的文学观念正好相左。颜之推之所以会有这样的观点,首先在于他看到了南北朝文章之弊,他说:

> 今世相承,趋本弃末,率多浮艳。辞与理竞,辞胜而理伏;事与才争,事繁而才损。放逸者流宕而忘归,穿凿者补缀而不足。①

现如今世代传承的文章,都是追求末节而放弃根本,大多文风浮艳;辞藻与情理相比,文辞优美而情理却被遮隐,用典与才气相争,用典烦琐而才气受损;豪放而有逸气的,行文不知拘束而常常跑得太远不知返回主题,而一味穿凿于规范的,即便是补辑缀合出一篇文章,也常常是文采不足。因此,颜之推反对文章时弊,并对子女写文章提出相应的要求:

> 时俗如此,安能独违?但务去泰去甚耳。必有盛才重誉,改革体裁者,实吾所希。②

颜之推很客观地说,时下的习俗就是如此,我们怎么能够独立异俗? 只不过是要求子女即便是不能违俗,也一定不能做得太过分罢了。其次,他告诉子女,如果能有富有才华、崇高声誉、能改变当前这种文风辞藻的习俗的文风,那正是他所盼望的;而这也正是颜之推真正要传达给子女的文学观。

4."典正"的文风追求

颜之推不仅重视对子女的文学观教育,"典正"的风格的自觉追求,亦成为其文章写作学教育的一部分。颜之推对南朝盛行的浮艳主义文风甚为不满,他主张文章写作要摒弃世俗所追求的浮艳文风而自觉追求典范端正。他以自己父亲的创作为例,说:

> 今世相承,趋末弃本,率多浮艳。③

---

①②③颜之推撰,王利器集解:《颜氏家训集解》,上海:上海古籍出版社,1980年版,第249页。

> 吾家世文章,甚为典正,不从流俗。梁孝元在蕃邸时,撰《西府新文》,讫无一篇见录者,亦以不偶于世,无郑、卫之音故也。①

颜之推推崇自己父亲的文风,他说,父亲的文章典雅庄重,不同于流俗盛行的浮艳。但是《西府新文》中没有收录他一篇文章,就是因为他的作品没有迎合世人的口味,没有郑、卫靡靡之音的缘故。

其次,颜之推行文推崇古体的"宏材逸气"。他说:

> 古人之文,宏材逸气,体度风格,去今实远;但缉缀疏朴,未为密致耳。今世音律谐靡,章句偶对,讳避精详,贤于往昔多矣。宜以古之制裁为本,今之辞调为末,并须两存,不可偏弃也。②

古人的文章,气势宏大,有逸气,体度风格与现在的相差很大,只是古人词句编辑缀合粗略,不够细密。现今的文章音律和谐美妙,章句对偶工整,避讳精细周详,这方面比古人做得好,所以应该以古人的体制格调为根本,今人的文辞声韵为枝末,而且要将古体"宏材逸气"与今之"谐靡偶对"相结合,不能偏废。如果能在此基础上达到"芙蓉露下落,杨柳月中疏"那样的萧散空远、宛然在目③的行文效果就更好了。

不过,颜之推还认为,"逸气"固然重要,但不能让这种"逸气"脱离一定的法度的限制,而使得行走的车辙出现混乱,"放逸者流宕而忘归"的不良习俗如果能改掉是很好的。他说:

> 凡为文章,犹人乘骐骥,虽有逸气,当以衔勒制之,勿使流乱轨躅,放意

---

① 颜之推撰,王利器集解:《颜氏家训集解》,上海:上海古籍出版社,1980年版,第251页。
② 颜之推撰,王利器集解:《颜氏家训集解》,上海:上海古籍出版社,1980年版,第250页。
③ 《颜氏家训集解》,第275页云:兰陵萧悫,梁室上黄侯之子,工于篇什。尝有《秋诗》云:"芙蓉露下落,杨柳月中疏。"时人未之赏也。吾爱其萧散,宛然在目。

填坑岸也。①

无疑,"有逸气",而又能"以衔勒制之",这就是对行文典正的追求了。

颜之推不仅要求子女追求典正的文风,他自己亦是身体力行。我们所见到的《颜氏家训》,便是这样一部文风典正平实的著作,正像范文澜所言,"《颜氏家训》20篇,就是这些见解的记录。《颜氏家训》的佳处,在于立论平实。平而不流于凡庸,实而多异于世俗。在南方浮华、北方粗野的气氛中,《颜氏家训》保持平实的作风,自成一家言。"②黄叔琳《颜氏家训节钞序》亦云:"其谊正,其意备。其为言也,近而不俚,切而不激。自比于傅婢寡妻,而心苦言甘,足令顽秀并遵,贤愚共晓。"③颜之推恪守典正平实之风,不从流俗,这在当时及以后文学史上都是有进步意义的。

5.写作能力的培养与写作技巧的把握

写作能力是指一个人对自身的情感体验、知识经验的积累进行选择、提取、加工、改造的能力。如何借助家庭教育中培养子女的写作能力,促进子女对写作技巧的有效把握呢?颜之推亦提出颇多切实可行的方法,诸如用典、引用、相关知识运用、修改等。

其一,用事用典,追求三易。

颜之推将"用典"与"理致"看作是皮肤与心肾的关系,"用典"虽无关生之命脉,但却是人们的视觉所能观赏到的外在的展现,故亦足以引起重视。

颜之推在《颜氏家训》中引用沈约"三易说",向其子女阐明用典要"三易"的主张:

沈隐侯曰:"文章当从三易:易见事,一也;易识字,二也;易读诵,三

---

① 颜之推撰,王利器集解:《颜氏家训集解》,上海:上海古籍出版社,1980年版,第248页。
② 范文澜:《中国通史简编》,北京:人民出版社,1949年版,第525页。
③ 黄叔琳:《颜氏家训节钞序》,颜之推撰,王利器集解:《颜氏家训集解》,上海:上海古籍出版社,1980年版,第560—561页。

也。"邢子才常曰:"沈侯文章,用事不使人觉,若胸臆语也。"深以此服之。祖孝徵亦尝谓吾曰:"沈诗云:'崖倾护石髓。'此岂似用事邪?"①

这里所谓"三易",即"易见事""易识字""易读诵"。"易见事",指用典要通俗易懂,也即不用生僻晦涩的典故;"易识字"指写文章用常字,也即不用生僻难认的怪字;"易读诵",指写的文章要讲究遣词造句、抑扬顿挫,不用拗口难懂的句子。由于用典故常会涉及对古代人物、事迹的取用,故要求不用古怪字,句子适合读诵,是很重要的。颜之推欣赏沈约的文章"用事不使人觉",使读他文章的人感觉不到他用典故,而是一切都像他在抒发胸臆一样,这是用典的高妙之处。

其次,颜之推又举出若干实例,告诫子女,"自古宏才博学,用事误者有矣"②。即便是多学博才的人,尚且会错误地使用典故而贻笑大方,最糟糕的典故错用莫过于知识的误用。譬如潘岳赋"雉鷕鷕以朝雊"混杂了雉的雌雄;陆机"痛心拔脑,有如孔怀",将孔怀误以为人名;何逊"跃鱼如拥剑",是分不清鱼与蟹等等,皆是如此③。所以,写作用典一定要谨慎。

《颜氏家训》的撰写便运用"易见事""易识字""易读诵"的原则选择了大量的古代事迹,来表达颜之推的见解与主张。譬如《勉学篇》关于"勤学"的事迹引用有:

古人勤学,有握锥投斧,照雪聚萤,锄则带经,牧则编简,亦为勤笃。梁世彭城刘绮,交州刺史勃之孙,早孤家贫,灯烛难办,常买荻尺寸折之,然明夜读。孝元初出会稽,精选寮寀,绮以才华,为国常侍兼记室,殊蒙礼遇,终于金紫光禄。义阳朱詹,世居江陵,后出扬都,好学,家贫无资,累日不爨,乃时吞纸以实腹。寒无毡被,抱犬而卧。犬亦饥虚,起行盗食,呼之不至,哀声动邻,犹不废业,卒成学士,官至镇南录事参军,为孝元所礼。此乃不可为之

---

① 颜之推撰,王利器集解:《颜氏家训集解》,上海:上海古籍出版社,1980年版,第253页。
② 颜之推撰,王利器集解:《颜氏家训集解》,上海:上海古籍出版社,1980年版,第266页。
③ 颜之推撰,王利器集解:《颜氏家训集解》,上海:上海古籍出版社,1980年版,第266—267页。

事,亦是勤学之一人。①

颜之推这里用到的典故"握锥投斧,照雪聚萤,锄则带经,牧则编简"符合他的"易见事"的标准;"刘绮然荻夜读""朱詹吞纸实腹犹不废业"虽不属于历史经典,但就发生在身边,加之颜之推稍加注解,故也很易于明白理解。

其二,命题遣词,触涂宜慎。

颜之推曾举出一些例子,来说明写文章题目的拟定、遣词造句、引用修辞等都要处处留心谨慎——"触涂宜慎"②。

譬如遣词要避开恶名、考虑忌讳,以及会使人产生不美联想的词句。《吴均集》之《破镜赋》,破镜是暴逆的凶兽,其事《汉书》里面有记载,做文章要避开这样的名称。又譬如,有的人与别人唱和诗作的时候在题目中写上"敬同",《孝经》里面说,"资于事父以事君而敬同。"因此,这两个字也不能乱用。梁朝费旭的诗中有:"不知是耶非。"殷云的诗中有:"飘飏云母舟。"简文帝说:费旭已经不认识自己的父亲,殷云又叫他的母亲随风摇动。这些虽然都是古时之典,但也不能拿来作为修辞用。有的人在书中引用《诗经》里的"伐鼓渊渊",《宋书》里面已经讥刺他不懂反语,如此之类的错误,写作的时候都要避开。③还有一类经常被错用得离谱而又不易察觉的,引用的时候更要注意。譬如母亲还活着,送别舅舅却要用《渭阳》;二老还在堂送别兄长的时候却要赋桓山之悲,这些都是严重的过失。

还要防止误用词汇,将有特定内涵的词语用错了地方。譬如:

陈思王《武帝诔》,遂深永蛰之思;潘岳《悼亡赋》,乃怆手泽之遗:是方父于虫,匹妇于考也。蔡邕《杨秉碑》云:"统大麓之重。"潘尼《赠卢景宣诗》

---

① 颜之推撰,王利器集解:《颜氏家训集解》,上海:上海古籍出版社,1980年版,第189页。
② 颜之推撰,王利器集解:《颜氏家训集解》,上海:上海古籍出版社,1980年版,第256页。
③ 颜之推撰,王利器集解:《颜氏家训集解》,上海:上海古籍出版社,1980年版,第255—256页。

云:"九五思龙飞。"孙楚《王骠骑诔》云:"奄忽登遐。"陆机《父诔》云:"亿兆宅心,敦叙百揆。"《姊诔》云:"倪天之和(妹)。"今为此言,则朝廷之罪人也。王粲《赠杨德祖诗》云:"我君饯之,其乐洩洩。"不可妄施人子,况储君乎?①

曹植用"永蛰"比拟父亲的死亡,但是蛰指的是昆虫冬眠,很容易让人误解;《文心雕龙》云:"陈思之文,群才之俊也,而《武帝诔》云'尊灵永蛰',《明帝颂》云'圣体浮轻',浮轻有似于蝴蝶,永蛰颇疑于昆虫,施之尊极,岂其当乎?""手泽"典出《礼记注疏》"父没而不能读父之书,手泽存焉尔"。手泽指手汗,后来多用于指代前辈或先人的遗物等,而潘岳《悼亡赋》却将它用在追悼亡妻。"大麓"指天子之事,《书舜典》"纳于大麓,烈风骤雨弗迷"讲的是尧准备将帝位传给舜而考验舜的能力;《孔传》云:"麓,录也。纳舜使大录万机之政,阴阳和,风雨时,各以其节,不有迷错愆伏。""九五"也代指我国古代的皇帝之位。"登遐"本指死者升天;后特指帝王之死。"亿兆宅心,敦叙百揆。""宅心"指的是使归心,陆机《汉高祖功臣颂》云:"万邦宅心,骏民效足。""百揆",《书·舜典》云:"纳于百揆,百揆时叙。"蔡沉集传:"百揆者,揆度庶政之官,惟唐虞有之,犹周之冢宰也。"后来多引喻丞相之类的官员、百官或者各种政务。《诗经大明》有"大邦有子,倪天之妹",一般认为,大邦为大商,指代商王。颜之推说,用词出现这样的错误,那就是朝廷的罪人了。至于王粲《赠杨德祖诗》,引用郑庄公与母亲姜氏的诗,胡乱地用到别人的儿子甚至太子身上,更是用错了地方。

其三,文章地理,必须惬当。

颜之推认为,一篇文章的优劣,固然决定于理致格调的高下,受限于用典是否恰当、言辞是否华美、遣词是否恰当等,但其他一些看似无关大局的知识性的瑕疵,也应当谨慎。他说:

文章地理,必须惬当。梁简文《雁门太守行》乃云:"鹅军攻日逐,燕骑荡康居,大宛归善马,小月送降书。"萧子晖《陇头水》云:"天寒陇水急,散漫俱

---

① 颜之推撰,王利器集解:《颜氏家训集解》,上海:上海古籍出版社,1980年版,第261页。

分泻,北注徂黄龙,东流会白马。"此亦明珠之类,美玉之瑕,宜慎之。①

也就是说,文章的整体犹如美玉,但是一些地理知识之类的小的失误,也要谨慎,以求更加完美。尽管颜之推举出的例子从文学修辞的意义上去理解稍有不妥,但他既重全局又不忽略细微之处的观点还是很有价值的。

其四,学为文章,慎勿师心自任。

颜之推认为,要写好文章,就不能怕别人的指摘与批评,一定要先征求亲友们的意见:

> 学为文章,先谋亲友,得其评裁,知可施行,然后出手;慎勿师心自任,取笑旁人也。自古执笔为文者,何可胜言。然至于宏丽精华,不过数十篇耳。但使不失体裁,辞意可观,便称才士;要须动俗盖世,亦俟河之清乎!②

颜之推认为,写文章要先征求亲友的意见和批评,只有经过亲友们的批评鉴别,认为可以在社会上传播了,文章才可以脱稿;如果由着自己的性子自作主张,就有被别人耻笑的可能。从古至今,提笔写文章的人可以说很多很多,但是能够达到宏丽精美地步的文章,就非常少了,只要写出的文章不脱离应有的结构规范,辞意可观,就可以称之为才士了。颜之推认为,不一定非得使自己的文章做到惊动众人、气盖当世。

其五,"精励"求精,不断修改。

颜之推还指出了由子女自己对文章加工修改的重要性。他认为,子女不断地修改文章本身就是一个学习进步的过程,家长如果不去督促反而替代,就会好心办坏事,妨碍子女的良好习惯的养成。他说:

> 治点子弟文章,以为声价,大弊事也。一则不可常继,终露其情;二则学

---

① 颜之推撰,王利器集解:《颜氏家训集解》,上海:上海古籍出版社,1980年版,第271页。
② 颜之推撰,王利器集解:《颜氏家训集解》,上海:上海古籍出版社,1980年版,第239页。

者有凭,益不精励。①

也就是说,有的家长为了给自家子弟寻求名声,提高他们的身价,便替代子弟修饰文章,这是很糟糕的坏事情。一则作为家长,不可能永远为子女作文润色修改,终究有一天他会露出真相;二则学习写作的子女也会因此变得有所依赖,会更加懒惰不努力。古往今来一些文章大家往往就有良好的修改文章的习惯,譬如曹植。颜之推说:

江南文制,欲人弹射,知有病累,随即改之,陈王得之于丁廙也。②

颜之推说,江南一地的人写作文章,希望别人进行批评,知道作品中有不恰当的地方就立即改正,丁廙就有这样的好习惯,而曹植就是从丁廙那里学到了这样的习惯。

写作是一个不断修改的过程,文章写作需要修改,这一点即使到了今天也是一样。

其六,必乏天才,勿强操笔。

虽然写作能力可以靠后天的努力得以培养,作品的缺陷不足也可以靠不断的修改得以弥补,但天赋对于写作的成功与否仍是一个重要的问题。颜之推认为,并不是任何一个人都能写出好文章的,就像做学问的人对问题的感受有敏捷与迟钝的差异,写文章的人也有能力的巧与拙的问题。对学问迟钝的人,经过不断的主观努力,可以做到对某一学问的精通熟练;但文思拙劣的人,即便是对做文章的方法反复思考,他的行文也最终难免粗野拙劣,缺少才气。所以颜之推提出:

但成学士,自足为人。必乏天才,勿强操笔。③

---

①颜之推撰,王利器集解:《颜氏家训集解》,上海:上海古籍出版社,1980年版,第286页。
②颜之推撰,王利器集解:《颜氏家训集解》,上海:上海古籍出版社,1980年版,第259页。
③颜之推撰,王利器集解:《颜氏家训集解》,上海:上海古籍出版社,1980年版,第237页。

颜之推告诉子女,写文章要有自知之明。如果能成为有学问的人,也足以在世上做人了。如果真的缺乏写作的天分,就不要硬去写文章。否则没有一点才思,却写了大量丑陋拙劣的文章到处流布,只能遭人嘲笑。这种人有很多,江南称这样的人叫作"诊痴符",他举出一个例子,说:

> 近在并州,有一士族,好为可笑诗赋,诮擎邢、魏诸公,众共嘲弄,虚相赞说,便击牛酾酒,招延声誉。其妻,明鉴妇人也,泣而谏之。此人叹曰:"才华不为妻子所容,何况行路!"至死不觉。①

并州男子自己没有写文章的才华,偏喜欢有才华的美誉,结果被人捉弄,岂不可叹!当然,缺少文章的天赋而不以文章名时,这并没有过错。人生天地间,各自有禀赋,一个人确实应当尽量依据自己的天赋选择自己的人生道路,而不应当不切实际地追随俗尚,去博取虚假的声名。但是,我们也应当认识到,天赋的缺乏自然会造成追求之路上遇到一定的困难,但如果确实喜欢,也不一定非要放弃;事实上,人在某一件事情上的成功需要天赋,但更需要兴趣的驱动、信心的树立和方法技能的努力把握。就像有人所讲的,我们虽然学不到李白的"飞流直下三千尺"的才气,但是我们还是可以学到杜甫的"为人性僻耽佳句,语不惊人死不休"的方法,这大概也是今天的学习者值得借鉴的。

除此之外,颜之推也提到一些具体的写作技巧和写作的注意事项。其一,作诗要追求"有情致"。他认为写文章就是为了传达自身情愫,而要传达特定的情愫,就需要一定的技巧,如王籍的"蝉噪林逾静,鸟鸣山更幽",以蝉噪、鸟鸣动衬山林之静,就是如此。②其次,颜之推提醒子女作文需要注意具体的文体有具体的体制要求,是不能将情感内容随意混杂的,对某人某事某物的情愫也不能善恶同

---

① 颜之推撰,王利器集解:《颜氏家训集解》,上海:上海古籍出版社,1980年版,第237页。
② 《颜氏家训集解》第273页:王籍《入若耶溪》诗云:"蝉噪林逾静,鸟鸣山更幽。"江南以为文外断绝,物无异议。简文吟咏,不能忘之,孝元讽味,以为不可复得,至《怀旧志》载于《籍传》。范阳卢询祖,邺下才俊,乃言:"此不成语,何事于能?"魏收亦然其论。《诗》云:"萧萧马鸣,悠悠旆旌。"毛《传》曰:"言不喧哗也。"吾每叹此解有情致,籍诗生于此耳。

篇。①譬如挽歌辞都是活着的人用来追悼死者表达哀痛之意的,但陆机的《挽歌诗》大多是死者自叹,不仅诗歌中没有这样的体例,而且也违背了作诗送葬的本意②;又譬如陆机的《齐讴篇》,前面写山川、物产、风教之盛,后面忽然又鄙视山川之情,这就又有违抒情的大体了。③其三,就是代替他人写文章的问题。颜之推并不反对代人写作,他说,代人写作,要注意"作彼语",也就是用被替代者的语言、情感说话,按道理讲这也是可以的;但并不是什么文章都可以代写,譬如"哀伤凶祸之辞,不可辄代"④。为什么说不可替代?颜之推说:

蔡邕为胡金盈作《母灵表颂》曰:"悲母氏之不永,然委我而凤丧。"又为胡颢作其父铭曰:"葬我考议郎君。"《袁三公颂》曰:"猗歑我祖,出自有妫。"王粲为潘文则《思亲诗》云:"躬此劳悴,鞠予小人;庶我显妣,克保遐年。"而并载乎邕、粲之集,此例甚众。古人之所行,今世以为讳。⑤

蔡邕替胡金盈写了《母灵表颂》,其中有:"悲母氏之不永,然委我而凤丧。"又替胡颢写了他父亲的铭文,有:"葬我考议郎君。"还有《袁三公颂》,其中有:"猗歑我祖,出自有妫。"王粲替潘文则写了《思亲诗》,其中有:"躬此劳悴,鞠予小人;庶我显妣,克保遐年。"这些文章后来都收进蔡邕、王粲的文集里面。这个时候再去读这些东西,也就犯了讳了。

时至今日,颜之推对文章写作意义的探讨、文章写作与德行的关系的总结、对"理致为心肾,气调为筋骨,事义为皮肤,华丽为冠冕"的写作观以及对"典正"文风的追求和各种写作能力、技巧的指导,对于今天的汉语写作教育仍有其珍贵

---

①《颜氏家训集解》第265页云:凡诗人之作,刺箴美颂,各有源流,未尝混杂,善恶同篇也。

②《颜氏家训集解》第264页云:"挽歌辞者,或云古者《虞殡》之歌,或云出自田横之客,皆为生者悼往告哀之意。陆平原多为死人自叹之言,诗格既无此例,又乖制作本意。"

③《颜氏家训集解》第265页云:陆机为《齐讴篇》,前叙山川物产风教之盛,后章忽鄙山川之情,殊失厥体。

④颜之推撰,王利器集解:《颜氏家训集解》,上海:上海古籍出版社,1980年版,第260页。

⑤颜之推撰,王利器集解:《颜氏家训集解》,上海:上海古籍出版社,1980年版,第260—261页。

的价值。如今,随着电子科技的发展与升级,网络写作交流变得日益重要:网络文学、博客、日志、电子邮件、短信写作等等,使得写作以另一种面貌变得无处不在。但是,有很多的学生却并不喜欢写作,或者说,他们并不能真正留心掌握写作的技巧,不能意识到提升写作能力的重要性。他们的双手点触着平板电脑的屏幕,脑袋里装着网络游戏、网聊、微信、网购的图标,却对写作基本技能的训练、基本知识的积累毫无兴趣,换句话说,毫无耐心。这样的后果就是本来方便大众的科技反而使得一些学生逐渐丧失语言文字的素养:遇到要写作,不会就去百度。依靠网上现有的资料,也许是很方便,但是我们人类在语言上具有的创造性与价值该从哪里去体现? 其实,颜之推用他的家训告诉了我们,文章写作也许不是我们的专业,但是却有助于我们学习传统文化、传承民族经典,具有实际运用和陶冶心灵等多种意义和用途,如果在学习之余有过剩的精力,那就可以学一学。

二、治学

颜之推将人的智慧分为上智、下愚和中庸,说:"上智不教而成,下愚虽教无益,中庸之人,不教不知也。"[①]他认为,诸如那些天生就具有孙武、吴起那样的军事才能的人和管仲、子产那样的管理才能的人,当然属于"上智之人";而一般的士大夫子弟譬如自家的子孙则基本属于"中庸之人",他们生下来就是平常人,虽然具有接受教育成为贤能的天赋条件,但是如果不能给予适当的教育,他们就会和"下愚之人"一样,一无所知。所以颜之推对子女各个方面的教育都甚为注意,尤其是家学。为了更好地教育子女传承家学,颜之推不仅重视语文基础知识教育,而且最终将基础知识的学习引向对治学目标的设定以及对治学态度、治学方法的指导。

(一)治学目标的设定

1.有志尚

志尚,也就是志向。理想,它是一个人人生的关键起点,无志则不立,有志乘

[①] 颜之推撰,王利器集解:《颜氏家训集解》,上海:上海古籍出版社,1980年版,第25页。

风云;远大的志向能激人奋进,使人面对顺境不骄不躁,面对逆境而不气馁,最终有所成就。故朱熹云:"百学须先立志。"

颜之推在家庭教育思想中,对"志尚"亦是十分重视。他认为,子女还在幼小的时候便要观察他们的志尚。有志于学的,对其加以磨砺,就能成就其先世所遗之业;而那些无志尚的人,就会懒散懈怠,成为平庸的人。他说:

有志尚者,遂能磨砺,以就素业;无履立者,自兹堕慢,便为凡人。①

这在当时大概已是公认的成才前提了,故曰:

梁朝皇孙以下,总丱之年,必先入学,观其志尚。②

不过,颜之推提醒子女,立志要切合自身的实际,不能不立志,但也不能立志过高。他引用《礼》中的"欲不可纵,志不可满"讲到,关于为官、婚姻的理想,要适可而止;至于盛名,也不能不留余地。

宇宙可臻其极,情性不知其穷,唯在少欲知足,为立涯限尔。先祖靖侯戒子侄曰:"汝家书生门户,世无富贵;自今仕宦不可过二千石,婚姻勿贪势家。"吾终身服膺,以为名言也。③

有一礼官,耻为此让,苦欲留连,强加考核。机杼既薄,无以测量,还复采访讼人,窥望长短,朝夕聚议,寒暑烦劳,背春涉冬,竟无予夺,怨诮滋生,赧然而退,终为内史所迫:此好名之辱也。④

至于学问,颜之推则要求"以传业扬名为务",以此为根本,在现实中树立正

---

① 颜之推撰,王利器集解:《颜氏家训集解》,上海:上海古籍出版社,1980年版,第141页。
② 颜之推撰,王利器集解:《颜氏家训集解》,上海:上海古籍出版社,1980年版,第170页。
③ 颜之推撰,王利器集解:《颜氏家训集解》,上海:上海古籍出版社,1980年版,第316页。
④ 颜之推撰,王利器集解:《颜氏家训集解》,上海:上海古籍出版社,1980年版,第313页。

确的人生态度与志向,为人处世,"有益于物耳"①,而不能"徒高谈虚论,左琴右书,以费人君禄位也"。在颜之推看来,士族子弟高谈阔论,弹弹琴练练字,不过是白白耗费俸禄;而一个人为人处世与生存的根本,至贵之处则在于对别人有益处,他说:"父兄不可常依,乡国不可常保,一旦流离,无人庇荫,当自求诸身耳。谚曰:'积财千万,不如薄技在身。'"②

2.以传业扬名为务

立志"能有益于物",即在这个社会上立足而不被弃置于沟壑,这当然是颜之推对子孙所期望的,但这还不是他督促子女学习的最终目的。那么,按照颜之推的思想,立志"能有益于物",勤奋学习,坚持不懈,其最为重要的世俗目标又是什么呢?其实是保持和提高家族的名声和地位。更确切地说,就是为了扬名显亲。

颜之推在《颜氏家训》之《序致》篇中,充分表达了扬名显亲这种观念。他指出,立身扬名是其毕生所追求的,并希望子女们也要立身扬名,但晚辈必须要读圣贤书,待人诚孝,慎言检迹。他说:

> 夫圣贤之书,教人诚孝,慎言检迹,立身扬名,亦已备矣。③

颜之推对子孙所寄托的"传业扬名"的殷切期望,在《终制》篇中表现得更为淋漓尽致。他说:

> 吾今羁旅,身若浮云,竟未知何乡是吾葬地,唯当气绝便埋之耳。汝曹宜以传业扬名为务,不可顾恋朽壤,以取埋没也。④

颜之推晚年在遗嘱中一再嘱咐后辈儿孙们不要一味顾恋他而忘了传业扬名,耽搁了一生的前程。在《名实》篇中,颜之推则通过名与实关系的表达,进一

---

① 颜之推撰,王利器集解:《颜氏家训集解》,上海:上海古籍出版社,1980年版,第290页。
② 颜之推撰,王利器集解:《颜氏家训集解》,上海:上海古籍出版社,1980年版,第153页。
③ 颜之推撰,王利器集解:《颜氏家训集解》,上海:上海古籍出版社,1980年版,第19页。
④ 颜之推撰,王利器集解:《颜氏家训集解》,上海:上海古籍出版社,1980年版,第541页。

步明确其修身立名的思想宗旨。他说：

> 名之与实，犹形之与影也。德艺周厚，则名必善焉；容色姝丽，则影必美焉。今不修身而求令名于世者，犹貌甚恶而责妍影于镜也。上士忘名，中士立名，下士窃名。忘名者，体道合德，享鬼神之福祐，非所以求名也；立名者，修身慎行，惧荣观之不显，非所以让名也；窃名者，厚貌深奸，於浮华之虚称，非所以得名也。①

在颜之推看来，一个人只要德行才干全面深厚，其名声就必然美好。他谈到了士对于名声的不同境界：上士能够体察事物发展的规律，言行符合道德的规范，享受鬼神的福佑，故而这样的人忘名，用不着去求取名声；中士修养身心，谨慎行事，担心自己的荣誉不能显扬，所以对于该得的名声绝不放弃；下士貌似忠厚，却心怀大奸，猎取浮华的虚名，干起窃名的勾当。字里行间无不流露出颜之推期望子孙能够"中士立名"，为传业扬名做好准备。所以，他进一步阐述了修身立名的重要意义，具体如下：

> 或问曰："夫神灭形消，遗声余价，亦犹蝉壳蛇皮，兽远鸟迹耳，何预于死者，而圣人以为名教乎？"对曰："劝也，劝其立名，则获其实。且劝一伯夷，而千万人立清风矣；劝一季札，而千万人立仁风矣；劝一柳下惠，而千万人立贞风矣；劝一史鱼，而千万人立直风矣。故圣人欲其鱼鳞凤翼，杂沓参差，不绝于世，岂不弘哉？四海悠悠，皆慕名者，盖因其情而致其善耳。抑又论之，祖考之嘉名美誉，亦子孙之冕服墙宇也，自古及今，获其庇荫者亦众矣。夫修善立名者，亦犹筑室树果，生则获其利，死则遗其泽。世之汲汲者，不达此意，若其与魂爽俱升，松柏偕茂者，惑矣哉！"②

颜之推认为，人都有慕名向善之心，以圣人的言行、声名作号召，可以勉励众人，树立良好的社会风气。

---

① 颜之推撰，王利器集解：《颜氏家训集解》，上海：上海古籍出版社，1980年版，第280页。
② 颜之推撰，王利器集解：《颜氏家训集解》，上海：上海古籍出版社，1980年版，第288页。

当然,颜之推要求子孙传业扬名的同时,又引用《尚书》"欲不可纵,志不可满"给子女注入"少欲知足"思想,认为"谦虚冲损,可以免害"[①]。故说做官有"度"或底线,适可而止,做到中等品级就可以了,千万不要做大官,"仕宦称泰,不过处在中品……高此者,便当罢谢,偃仰私庭"[②]。甚至该退隐的时候也不要眷恋官位,一定要退隐。颜之推认为,择安去危,自保家门,以免耻辱倾危,这才是确保生命安全和家道长远的好办法。

颜之推生活的时代,不学无术的士大夫子弟在乱离生活之中逐渐失去了原有的地位与优势,而"百世小人"在饱读诗书之后,也可以获得文化上的优势,跻身于"劳心者"阶层。在朝市更迁、人命不保的社会背景下,一方面,颜之推立足于个人的生存实际,抛开门第、官阶等外在因素,上承儒家思想,提出通过学习"以就素业"和"以济功业",能够"中士立名",将学习作为维持颜氏家族生存发展的资本;另一方面,为了自保家门,他又强调"少欲知足",将出仕与隐的截然对立面很好地统一起来,使两者互为补充。这种生存策略充分显示了他应付动乱时世的谨慎和明智。

(二)治学态度与方法的引导

有了志向、目标,还需要具备实现理想的良好家庭教育条件和自身的"数年勤学",甚至终身的不懈努力,以及具体方法的把握与运用。譬如,勤学的态度,重广博、求兼美的追求,重视好问、眼学,重视向他人尤其是不要忘记向古人学习间接知识的方法等。

1.勤学

颜之推认为,勤学是一个人获得各种能力,成为有用人才的基本途径。他说:

> 国之用材,大较不过六事:一则朝廷之臣,取其鉴达治体,经纶博雅;二则文史之臣,取其著述宪章,不忘前古;三则军旅之臣,取其断决有谋,强干

[①] 颜之推撰,王利器集解:《颜氏家训集解》,上海:上海古籍出版社,1980年版,第317页。
[②] 颜之推撰,王利器集解:《颜氏家训集解》,上海:上海古籍出版社,1980年版,第319页。

习事;四则藩屏之臣,取其明练风俗,清白爱民;五则使命之臣,取其识变从宜,不辱君命;六则兴造之臣,取其程功节费,开略有术,此则皆勤学守行者所能辨也。①

颜之推还举出颇多勤学的古例,一则明确勤学的特征,二则暗含勤学的意义,他说:

> 古人勤学,有握锥投斧,照雪聚萤,锄则带经,牧则编简,亦为勤笃。

古代勤学的人,苏秦读书困乏要睡着了就拿锥子刺自己的腿,他终于能游说诸侯,而挂六国之印;文党将斧子投向高树,下决心到长安学习经文,他后来任蜀郡太守,兴教育、修水利、选贤能,功绩卓著;孙康家里贫穷,常常趁着白雪的反光读书,如此砥砺求进,学习终有大成,成为很有名望的御史大夫;车武子家里穷得没灯油,每到夏季就用布囊收集几十个萤火虫来照光夜读,故学识与日俱增,官至吏部尚书;兒宽家里贫穷,向孔安国学习"五经"时缺少费用,所以做短工下地干活,在劳作的闲档,也不忘记带着经书诵读,终有所成,官拜御史大夫;路温舒家境贫寒,给人家牧羊的时候,就用草泽中的蒲草截成短简编在一起写字,最后成为西汉著名的司法官。他们都是勤奋学习的人。

另外,颜氏也谈到近世的一些勤学故事,因这些故事不像"握锥投斧,照雪聚萤,锄则带经,牧则编简"之类的那么为人所熟知,所以,颜之推对故事中的人物刘绮、朱詹、臧逢世及其家庭背景、勤学的表现、最终的成就等都稍微增加了一些交代。

> 梁世彭城刘绮,交州刺史勃之孙,早孤家贫,灯烛难办,常买荻尺寸折之,然明夜读。孝元初出会稽,精选寮案,绮以才华,为国常侍兼记室,殊蒙礼遇,终于金紫光禄。义阳朱詹,世居江陵,后出扬都,好学,家贫无资,累日不爨,乃时吞纸以实腹。寒无毡被,抱犬而卧。犬亦饥虚,起行盗食,呼之不

---

①颜之推撰,王利器集解:《颜氏家训集解》,上海:上海古籍出版社,1980年版,第290—291页。

至,哀声动邻,犹不废业,卒成学士,官至镇南录事参军,为孝元所礼。此乃不可为之事,亦是勤学之一人。东莞臧逢世,年二十余,欲读班固《汉书》,苦假借不久,乃就姊夫刘缓乞丐客刺书翰纸末,手写一本,军府服其志尚,卒以《汉书》闻。①

颜之推通过这样的事例向子女阐明了这样一个道理,即勤学是一般家庭的子弟追求出人头地的跳板。那么对于世家贵族子弟,勤学是否就不必了呢?颜之推说:

自古明王圣帝,犹须勤学,况凡庶乎!②

孝为百行之首,犹须学以修饰之,况余事乎!③

帝子之尊童稚之逸,尚能如此,况其庶士,冀以自达者哉?

梁朝全盛之时,贵游子弟,多无学术,……及离乱之后,朝市迁革,铨衡选举,非复曩者之亲;当路秉权,不见昔时之党。求诸身而无所得,施之世而无所用。被褐而丧珠,失皮而露质,兀若枯木,泊若穷流,鹿独戎马之间,转死沟壑之际。当尔之时,诚驽材也。有学艺者,触地而安。④

或因家世余绪,得一阶半级,便自为足,全忘修学;及有吉凶大事,议论得失,蒙然张口,如坐云雾;公私宴集,谈古赋诗,塞默低头,欠伸而已。有识旁观,代其入地。何惜数年勤学,长受一生愧辱哉!⑤

颜之推认为,国之栋梁,绝非养尊处优能够炼就,即便是明王圣帝,也需要勤学,才能有所成就,何况一般的庶人;即便是很孝顺的人,也要学习才能知道怎么

---

① 颜之推撰,王利器集解:《颜氏家训集解》,上海:上海古籍出版社,1980年版,第189页。
②⑤ 颜之推撰,王利器集解:《颜氏家训集解》,上海:上海古籍出版社,1980年版,第141页。
③ 颜之推撰,王利器集解:《颜氏家训集解》,上海:上海古籍出版社,1980年版,第187页。
④ 颜之推撰,王利器集解:《颜氏家训集解》,上海:上海古籍出版社,1980年版,第145页。

孝,否则就会出现"(齐孝昭帝)遗诏恨不见太后山陵之事",何况其他的事情?即便是帝王的子女、不懂事的小孩,都能做到好学而不知厌倦,何况那些希望通过学问成就自身的人呢?那些"肤脆骨柔,不堪行步,体羸气弱,不耐寒暑"的温室之花——养尊处优、饱食终日的士族子弟,难以成为有用的人才;出现乱离、惨死沟壑的现象,更不是什么罕事,而有学问技艺的人,到何时何地都能生存。故他告诫子女,不要像这些子弟一样受人耻笑,一定要勤学,以免受一生之愧辱。

颜之推这种发自内心的劝告,即便到了今天,仍不免振聋发聩。

2.重广博,求兼美

具有了志向,明白了勤学的意义,还需要确定学习的范围与重心。颜之推认为,学习的范围以博为贵。他说:

夫学者贵能博闻也。①

观天下书未遍,不得妄下雌黄。②

颜之推所谓"博",不仅指要明"六经"之指,涉百家之书,"郡国山川,官位姓族,衣服饮食,器皿制度,皆欲根寻,得其原本"③,即便是农夫、商贾、工匠、童仆、奴隶、渔民、屠夫、喂牛者、牧羊人,颜氏认为,他们中间也都有在德行学问上堪称先达的人,可以作为学习的对象,向他们学习,"博学而求之,无不利于事也"。当然,不仅要广博,还要求兼美可用,"学之所知,施无不达"④,"博览机要,以济功业。必能兼美,吾无间焉"。他期望子孙们博闻强识,触类旁通,学以致用,能够仕途上有所作为,而不能像博士买驴,徒写空言。颜之推说:

---

①③颜之推撰,王利器集解:《颜氏家训集解》,上海:上海古籍出版社1980年版,第209页。
②颜之推撰,王利器集解:《颜氏家训集解》,上海:上海古籍出版社,1980年版,第219页。
④颜之推撰,王利器集解:《颜氏家训集解》,上海:上海古籍出版社,1980年版,第161页。

第二章 颜世家庭教育的主要内容

> 冠冕为此者,则有何胤、刘瓛、明山宾、周舍、朱异、周弘正、贺琛、贺革、萧子政、刘绰等,兼通文史,不徒讲说也。洛阳亦闻崔浩、张伟、刘芳,邺下又见邢子才:此四儒者,虽好经术,亦以才博擅名。如此诸贤,故为上品,以外率多田野间人,音辞鄙陋,风操蚩拙,相与专固,无所堪能,问一言辄酬数百,责其指归,或无要会。邺下谚云:"博士买驴,书券三纸,未有驴字。"使汝以此为师,令人气塞。孔子曰:"学也禄在其中矣。"今勤无益之事,恐非业也。夫圣人之书,所以设教,但明练经文,粗通注义,常使言行有得,亦足为人;何必"仲尼居"即须两纸疏义,燕寝讲堂,亦复何在?以此得胜,宁有益乎?光阴可惜,譬诸逝水。当博览机要,以济功业;必能兼美,吾无间焉。①

也就是说,在这个世界上,学习风气之兴衰时常随着世道的变化而变化。譬如有的时候某些俊才靠着精通圣人之道,上晓天命,下通人事,而成为一代卿相;但有的时候,读书只是空守章句,不求实际,这当然对处理实际的事务毫无用处;有时人们读书以广为贵,不肯专攻一经……所以,一个人要坚定自己的志向,坚持自己的学业,但不能迷失于世俗,在毫无益处的事情上下功夫,成为村夫庸人。"博士买驴,书券三纸,未有驴字。"假如拜这样的人为师,岂不令人丧气。人生的光阴珍贵,譬如东流之水一去不返;如果能广泛阅读那些精要之处,以补益自己的事业,将博览与专精结合起来,那就令人满意了。

同样,颜之推并不否认有些人学备古今、才兼文武,但又身无禄位。颜之推看到这样的现实,即"学备古今,才兼文武,身无禄位,妻子饥寒者,不可胜数"②的社会现象以及由此造成的"安足贵学"的疑惑,故他以主客问答的形式向后世子孙传达了自己不能因之废学的见解。

> 夫命之穷达,犹金玉木石也;修以学艺,犹磨莹雕刻也。金玉之磨莹,自美其矿璞,木石之段块,自丑其雕刻,安可言木石之雕刻,乃胜金玉之矿璞

---

① 颜之推撰,王利器集解:《颜氏家训集解》,上海:上海古籍出版社,1980年版,第170页。
② 颜之推撰,王利器集解:《颜氏家训集解》,上海:上海古籍出版社,1980年版,第154页。

哉？不得以有学之贫贱，比于无学之富贵也。……且又闻之：生而知之者上，学而知之者次。所以学者，欲其多知明达耳。必有天才，拔群出类，为将则暗与孙武、吴起同术，执政则悬得管仲、子产之教，虽未读书，吾亦谓之学矣。今子即不能然，不师古之踪迹，犹蒙被而卧耳。①

颜之推相信，一个人的命运是困厄还是显达，就好比金玉与木石。金玉经过琢磨，要美于未经琢磨的矿璞；木石截成段、敲成块，就比经过雕琢的木石显得丑陋。但这并不能说雕刻的木石能胜过金玉的矿璞，这是不能放到一起比较的。所以，不能因为有学问的人贫贱你就觉得有学问不好，也不能因为无学问的人富贵，就觉得无学问就是好的。在这里，颜之推借用了有关"先知""后知"的儒家孔孟传统思想，认为人命之穷达，犹如金玉与木石，但这并非否认雕琢木石的价值。颜之推认为，虽然"生而知之者上，学而知之者次"，但是，人之所以要学习，就是要使得自己知识丰富，明白通达，"所以学者，欲其多知明达耳"。如果说一定有天才出类拔萃的话，那么作为将军，他们具备与孙武、吴起相同的天赋；作为执政者，他们先天具有管仲、子产的能力，虽然他们没有读书，但是他们是有学问的；一般的人做不到这一点，所以只能靠后天的努力。如果不去努力，那就好比蒙着头睡觉，什么都看不到了，这就是颜之推所讲的"中庸之人"。

3.好问

有了一定的学习规划、目标以及勤学的意志，还有一些不可忽略的事情，那就是学习的方法。颜之推引用《尚书·商书·仲虺之诰》中的"好问则裕"②，并用《礼记·学记》中的"独学而无友，则孤陋寡闻"③给子女以指导，告诫后学者，学习需要相互切磋，"盖须切磋相起明也"④。他举出"孟劳"⑤"京兆田郎"⑥"蹲鸱"⑦"颛顼"⑧

---

①颜之推撰，王利器集解：《颜氏家训集解》，上海：上海古籍出版社，1980年版，第154页。
②③颜之推撰，王利器集解：《颜氏家训集解》，上海：上海古籍出版社，1980年版，第195页。
④⑤⑥⑦⑧颜之推撰，王利器集解：《颜氏家训集解》，上海：上海古籍出版社，1980年版，第195页。

"紫色蛙声"①"马酒"②"弱枝"③"造历"④诸例,为子孙详细讲述了闭门读书、师心自是所造成的谬误差失。譬如:

> 元氏之世,在洛京时,有一才学重臣,新得《史记音》,而颇纰缪,误反"颛顼"字,顼当为许录反,错作许缘反,遂谓朝士言:"从来谬音'专旭',当音'专翾'耳。"此人先有高名,翕然信行;期年之后,更有硕儒,苦相究讨,方知误焉。⑤

这里颜之推所提到的北魏洛京大臣"专翾"之误,若非其他大儒的苦苦研究探讨,谁能发现他的错误呢?

4.眼学

所谓眼学,就是主张亲自阅读研习,注重亲眼所见;耳受,就是听别人讲述,而自己不去阅读获得。颜之推说:

> 谈说制文,援引古昔,必须眼学,勿信耳受。⑥

就是说,谈论事情写作文章,援引古代的事例,一定要注意"眼学",而不能相信道听途说得来的东西。为什么不能相信"耳受"呢?颜之推举例说江南百姓聚居处,常有一些士大夫,没什么学问,又羞于以粗俗示人,就把道听途说的东西拿来勉强装饰门面。他说:

> 江南闾里间,士大夫或不学问,羞为鄙朴,道听涂说,强事饰辞:呼徵质为周、郑,谓霍乱为博陆,上荆州必称陕西,下扬都言去海郡,言食则糊口,道钱则孔方,问移则楚丘,论婚则宴尔,及王则无不仲宣,语刘则无不公干。⑦

---

①②③④⑤颜之推撰,王利器集解:《颜氏家训集解》,上海:上海古籍出版社,1980年版,第195页。
⑥颜之推撰,王利器集解:《颜氏家训集解》,上海:上海古籍出版社,1980年版,第202页。
⑦颜之推撰,王利器集解:《颜氏家训集解》,上海:上海古籍出版社,1980年版,第202页。

诸如此类的说法不下一二百件,他们互相转述,如果问起因由,没有人能说出那些"事典"的出处,平时使用也总是用得不恰当。比如:

> 庄生有乘时鹊起之说,故谢朓诗曰:"鹊起登吴台。"吾有一亲表,作《七夕》诗云:"今夜吴台鹊,亦共往填河。"《罗浮山记》云:"望平地树如荠。"故戴暠诗云:"长安树如荠。"又邺下有一人《咏树》诗云:"遥望长安荠。"又尝见谓矜诞为夸毗,呼高年为富有春秋,皆耳学之过也。①

《书证》篇中,颜之推也谈到这样一个不重视原典阅读的例子:

> 《易》有蜀才注,江南学士,遂不知是何人。王俭《四部目录》,不言姓名,题云:"王弼后人。"谢炅、夏侯该,并读数千卷书,皆疑是谯周;而《李蜀书》一名《汉之书》,云:"姓范名长生,自称蜀才。"南方以晋家渡江后,北间传记,皆名为伪书,不贵省读,故不见也。②

由此可见,不重视亲自阅读,正是做学问的大忌。结合现代学校教育的现状,我们也会发现不重视阅读的现象。譬如普及知识的现状,学校教育往往以课堂讲授为主,而学生只求迅速获取间接知识经验,而不求寻根究底,所以很容易养成只注重"耳学"而忽视"眼学"的"道听途说"的学风。他们不喜欢读经典原著,而喜欢背诵老师的讲义,以致他们的知识最多也就是老师的讲义。不只是这些学生,甚至一些研究者有时也是如此,他们或者引用"十三经"的知识却从不读《十三经注疏》;或者引用《红楼梦》的言辞却只看过电视剧《红楼梦》;或者研究古代文献却根本不认识繁体字,等等。这种为学治学的弊端,在如今这个信息数字时代尤其值得警醒。颜之推千余年前所提到的"眼学",对于今天学习治学的人而言毫无疑问存在着值得去认真思索的价值。

---

① 颜之推撰,王利器集解:《颜氏家训集解》,上海:上海古籍出版社,1980年版,第202页。
② 颜之推撰,王利器集解:《颜氏家训集解》,上海:上海古籍出版社,1980年版,第402页。

第二章 颜世家庭教育的主要内容

5.慕贤

主动向贤能的人学习,向古人学习间接经验,也是颜之推《家训》留给我们的治学方法。颜之推说:

> 古人云:"千载一圣,犹旦暮也;五百年一贤,犹比髆也。"言圣贤之难得,疏阔如此。傥遭不世明达君子,安可不攀附景仰之乎?吾生于乱世,长于戎马,流离播越,闻见已多;所值名贤,未尝不心醉魂迷向慕之也。①

> 人见邻里亲戚有佳快者,使子弟慕而学之,不知使学古人,何其蔽也哉?②

如果能遇到优秀的人,遇到当时的明贤,当然是一种机缘,要向他学习;而古代的明贤,我们也可以通过间接的方式向他们请教交流。那么,向古人学习什么呢?

> 世人但见跨马被甲,长矟强弓,便云我能为将;不知明乎天道,辨乎地利,比量逆顺,鉴达兴亡之妙也。但知承上接下,积财聚谷,便云我能为相;不知敬鬼事神,移风易俗,调节阴阳,荐举贤圣之至也。但知私财不入,公事夙办,便云我能治民;不知诚己刑物,执辔如组,反风灭火,化鸱为凤之术也。但知抱令守律,早刑晚舍,便云我能平狱;不知同辕观罪,分剑追财,假言而奸露,不问而情得之察也。③

向古人学习明天道、辨地利的智慧,移风易俗、调节阴阳的举措,等等。当然古人勤学的态度,古人的节义节操,古人修身、齐家、事君的方法,古人对行文风格、体度的追求,古人的礼制,古人的处世哲学,古人不窃人之美的精神,等等,皆可以列为学习的范畴。

---

① 颜之推撰,王利器集解:《颜氏家训集解》,上海:上海古籍出版社,1980年版,第128页。
②③ 颜之推撰,王利器集解:《颜氏家训集解》,上海:上海古籍出版社,1980年版,第157页。

三、职业教育

颜之推继承经世致用思想的影响,对"治官""营家"以及其他各种"世间余务"亦颇为重视。他认为,古人亲自耕种,是为了体验务农的艰辛,这是世人珍惜粮食、重视劳动的有效方法。但是,南朝出现了这样一种状况,那就是很多官员从来没有从事过农业劳动,连几月播种几月收获都不清楚,怎么能知道其他的事务呢?他说:

> 江南朝士,因晋中兴,南渡江,卒为羁旅,至今八九世,未有力田,悉资俸禄而食耳。假令有者,皆信僮仆为之,未尝目观起一墢土,耘一株苗;不知几月当下,几月当收,安识世间余务乎?故治官则不了,营家则不办,皆优闲之过也。①

> 居承平之世,不知有丧乱之祸;处庙堂之下,不知有战阵之急;保俸禄之资,不知有耕稼之苦;肆吏民之上,不知有劳役之勤,故难可以应世经务也。②

这些人过于悠闲,不学无术,不懂农业,也不知道怎么做官,不知道怎么治家,也不知道如何救国,很难"应世经务",一旦遇到丧乱之祸患、朝市迁革,他们只能在戎马之间颠沛流离,辗转生死于沟壑之间。因此,《颜氏家训》中,颜之推曾多次劝告子女学习技能的重要,譬如"为一艺得以自资""积财千万,不如薄技在身"③"能守一职,便无愧耳"④"博学而求之,无不利于事也",等等,皆为此类。结合现代职业教育的背景,我们可以将颜氏的这些思想大致分为三个层面。

(一)"积财千万,不如薄技在身"的职业技能观

颜之推目睹梁朝士族子弟不学无术、养尊处优、饱食终日,深知一旦乱离便

---

①颜之推撰,王利器集解:《颜氏家训集解》,上海:上海古籍出版社,1980年版,第297页。
②颜之推撰,王利器集解:《颜氏家训集解》,上海:上海古籍出版社,1980年版,第292页。
③颜之推撰,王利器集解:《颜氏家训集解》,上海:上海古籍出版社,1980年版,第153页。
④颜之推撰,王利器集解:《颜氏家训集解》,上海:上海古籍出版社,1980年版,第291页。

惨死沟壑的教训,从求取生存的视角,引用谚语"积财千万,不如薄技在身",告诫自己的子女,身怀技艺重于万千家财。他说:

> 夫明《六经》之指,涉百家之书,纵不能增益德行,敦厉风俗,犹为一艺得以自资。父兄不可常依,乡国不可常保,一旦流离,无人庇荫,当自求诸身耳。谚曰:"积财千万,不如薄技在身。"技之易习而可贵者,无过读书也。①

颜之推对培养子女生存之"技"的重视由此可见一斑。尽管如此,颜之推看重的依然是读书、家学,认为这是最容易习得传承的,而且也有社会地位,值得尊重。换句话说,他并没有脱离当时世家大族往往重视家学而轻视其他形式的职业技能的大环境,这也是《杂艺》篇中,他之所以说各种杂艺"可以兼明,不可专业"的重要原因。但是,他仍然提出了学习六经百家之书,"犹为一艺得以自资",将儒学学问与其他杂艺并为生存自资的"艺",可见,他亦清醒地看到各种技能的重要性。也正因为此,他在《涉务》篇中又提出"六事"人才观。他说:

> 国之用材,大较不过六事:一则朝廷之臣,取其鉴达治体,经纶博雅;二则文史之臣,取其著述宪章,不忘前古;三则军旅之臣,取其断决有谋,强干习事;四则藩屏之臣,取其明练风俗,清白爱民;五则使命之臣,取其识变从宜,不辱君命;六则兴造之臣,取其程功节费,开略有术,此则皆勤学守行者所能辨也。②

这也就是说,国家需要各种人才,包括通晓政治法度、学问广博、德行高尚的朝廷之臣,撰述典章、明兴革之因由、不忘前古之鉴的文史之臣,多谋善断、熟悉战阵、能带兵打仗的军旅之臣,通晓民风习俗、为政清廉的藩屏之臣,能审时度

---

① 颜之推撰,王利器集解:《颜氏家训集解》,上海:上海古籍出版社,1980年版,第153页。
② 颜之推撰,王利器集解:《颜氏家训集解》,上海:上海古籍出版社,1980年版,第290—291页。

势、随机应变、不辱君命的使命之臣,以及能够计量功效、节约费用、开略有术的兴造之臣等。这些人都可以称得上国之栋梁。只不过,颜之推并非要求子女将这些全都精通。他说:

> 人性有长短,岂责具美,于六涂哉?但当皆晓指趣,能守一职,便无愧耳。①

颜之推认为,人的秉性不同,各有长处也有短处,怎么能够强求子女把这六个方面都做得很好呢?只要通晓大致的意旨,并做好其中的一个方面,那就没有什么可惭愧的了。

在《杂艺》篇中,颜之推再次重申了自己的这种观念。他说:

> 古人云:"多为少善,不如执一;鼯鼠五能,不成伎术。"近世有两人,朗悟士也,性多营综,略无成名,经不足以待问,史不足以讨论,文章无可传于集录,书迹未堪以留爱玩,卜筮射六得三,医药治十差五,音乐在数十人下,弓矢在千百人中,天文、画绘、棋博、鲜卑语、胡书,煎胡桃油,炼锡为银,如此之类,略得梗概,皆不通熟。惜乎,以彼神明,若省其异端,当精妙也。②

颜之推认为,人才的培养需博闻与执一相结合,如果样样都去摸一下,但没有一样精通的,那就失去了立身的根本,只不过,他认为自家子女最好还是选择学习家学作为生存之计。他认为这是一个只需要数年勤学,容易获得又有值得尊重的社会地位的"艺"。《勉学》篇中说:

> 古之学者为人,行道以利世也;今之学者为己,修身以求进也。③

古代的人为学是为了推行自己的主张造福世界,如今的学习者是为了自己

---

① 颜之推撰,王利器集解:《颜氏家训集解》,上海:上海古籍出版社,1980年版,第291页。
② 颜之推撰,王利器集解:《颜氏家训集解》,上海:上海古籍出版社,1980年版,第301页。
③ 颜之推撰,王利器集解:《颜氏家训集解》,上海:上海古籍出版社,1980年版,第165页。

修养身心,谋取从政的资本。换句话就是说,学问已经化为一种谋生的技能。

(二)"人生在世,会当有业"的劳动教育观

颜之推不仅将国之"六事"作为才干,一向被轻视的农商工贾、厮役奴隶、钓鱼屠肉、饭牛牧羊,亦将其归入技能人才之列。颜之推说:

> 人生在世,会当有业:农民则计量耕稼,商贾则讨论货贿,工巧则致精器用,伎艺则沉思法术,武夫则惯习弓马,文士则讲议经书。多见士大夫耻涉农商,羞务工伎,射则不能穿札,笔则才记姓名,饱食醉酒,忽忽无事,以此销日,以此终年。①

颜之推认为,人生在世,应该有自己的专业:农民通过对农时田亩的计量种庄稼,商贾讨价还价商谈买卖,能工巧匠就制作细腻精致的器皿用具,有技艺的就要深入思考各种方法与技术,学武艺的人习惯于骑马射箭,文人就要讲论经书。农民、商贾、工匠、艺人、武夫、文士等,这些都是靠自己的一技之长得以生存的人,但是在魏晋南北朝时期,士大夫阶层以务农经商为羞耻,手工技能方面也不擅长,射箭连一层铠甲都射不穿,写字也仅能写出自己的名字,吃饱喝足,无所事事,消耗终日,以此浑浑噩噩度过一生。颜之推对此现象甚为不满,称这些人是不学无术的"驽材",有的因袭祖上之荫,获得个一官半职,但什么也不学,等到碰到有吉凶大事,什么也说不出来,连旁观的人都为他羞耻,至于遇到了乱世,朝市迁革,他们也只能在戎马之间颠沛流离,辗转生死于沟壑之间。他说:

> 或因家世余绪,得一阶半级,便自为足,全忘修学;及有吉凶大事,议论得失,蒙然张口,如坐云雾;公私宴集,谈古赋诗,塞默低头,欠伸而已。有识旁观,代其入地。何惜数年勤学,长受一生愧辱哉!②

---

① ② 颜之推撰,王利器集解:《颜氏家训集解》,上海:上海古籍出版社,1980年版,第141页。

及离乱之后,朝市迁革,铨衡选举,非复曩者之亲;当路秉权,不见昔时之党。求诸身而无所得,施之世而无所用。被褐而丧珠,失皮而露质,兀若枯木,泊若穷流,鹿独戎马之间,转死沟壑之际。当尔之时,诚驽材也。有学艺者,触地而安。自荒乱以来,诸见俘虏。虽百世小人,知读《论语》《孝经》者,尚为人师。①

颜之推经历丧乱,三为亡国之人,对此感触甚深,故颜之推能在服膺儒学的基础上,看到个人掌握一技之长对于生存的必要性——那些不学无术,于世百无一用的"驽材"最终是要被社会抛弃的;而身怀技艺的人,无论身处何朝何代,都能够依赖自身的技能得以生存;即便是地位低下的人,能读《论语》《孝经》,有此一技,也可以为人之师。所以他又告诉子女说:

爰及农商工贾,厮役奴隶,钓鱼屠肉,饭牛牧羊,皆有先达,可为师表,博学求之,无不利于事也。②

也就是说,尽管颜之推认为传承家学才不失颜氏门面,但他并不认为其他的谋生技能不值得学习。在颜氏的视野里,即便是农夫、商贾、工匠、童仆、奴隶、渔民、屠夫、喂牛者、牧羊人,他们中间都有在德行、学问上堪称先达的人,也都可以作为学习的对象,向他们学习,"博学而求之,无不利于事也"。

(三)"德艺周厚"的人才观与"慎勿以杂艺自命"的才艺观

颜之推不仅重视要学有专长、广泛求师,更重视"德艺周厚"的德行与技能双修,他认为"德艺周厚,则名必善焉"③。如果德艺双修,则善名不求而自来。颜之推这里所谓"德",主要是传统的儒家道德教育,譬如孝悌、仁义礼信等,所谓"艺",则大致包括儒学修为、百家之术以及其他各种杂艺技能。

但是,颜之推反对以杂艺自命,他对杂艺的总体看法可以归结为一点,那就

---

① 颜之推撰,王利器集解:《颜氏家训集解》,上海:上海古籍出版社,1980年版,第145页。
② 颜之推撰,王利器集解:《颜氏家训集解》,上海:上海古籍出版社,1980年版,第157页。
③ 颜之推撰,王利器集解:《颜氏家训集解》,上海:上海古籍出版社,1980年版,第280页。

是"慎勿以杂艺自命",杂艺可以兼学但不能专精,以免受其累。

譬如书法。颜之推认为,书法犹如人的脸面,一般人都会注重书法、爱好书法,研习书法成为人人都乐于做的事情,特别是对有上进心或者素有如此家风的年轻人而言更是如此。他说:

> 真草书迹,微须留意。江南谚云:"尺牍书疏,千里面目也。"承晋、宋余俗,相与事之,故无顿狼狈者。吾幼承门业,加性爱重,所见法书亦多,而玩习功夫颇至,遂不能佳者,良由无分故也。①

颜之推认为,楷书、草书的书法,需要稍加用心,并引用江南谚语来说明掌握书法艺术的好处。他认为,江南人上承晋、宋流传下来的风气,人人都信奉"尺牍书疏,千里面目也",所以没有把字写得很糟糕。他的父亲颜协"博涉群书,工于草隶",而他从小便继承该家传的学业,对书法也是甚为看重,看了很多书法字帖,练习书法的功夫下得很深。他谦虚地说,虽然自己书法水平还是不高,但是那只是没有天分的缘故。以此,颜之推通过自己的切身经验,教育子女应当对书法艺术稍加留心,是很有说服力的。但紧接着,颜之推又说:

> 然而此艺不须过精。夫巧者劳而智者忧,常为人所役使,更觉为累。韦仲将遗戒,深有以也。②

颜之推认为,书法这门技艺不需要过于精湛,因为巧者多劳,智者多忧,如果书法精湛,就会被别人呼来唤去,反而影响了自己的学业。魏明帝时的光禄大夫韦仲将善书法,魏明帝修建殿堂,命其登梯题字,韦仲将写完字后下来,头发都白了,于是就告诫子孙不要再学书法。颜之推借用这个故事向子女说明,书法可以作为一种技艺,但不需要精湛,以免使自己受累。

---

①②颜之推撰,王利器集解:《颜氏家训集解》,上海:上海古籍出版社,1980年版,第507页。

> 王逸少风流才士,萧散名人,举世惟知其书,翻以能自蔽也。萧子云每叹曰:"吾著《齐书》,勒成一典,文章弘义,自谓可观;唯以笔迹得名,亦异事也。"王褒地胄清华,才学优敏,后虽入关,亦被礼遇。犹以书工,崎岖碑碣之间,辛苦笔砚之役,尝悔恨曰:"假使吾不知书,可不至今日邪?"以此观之,慎勿以书自命。①

颜之推还认为,如果书法过于为人所称道,难免影响自己的家学前途。譬如世人只知道王羲之的书法,却将他的儒雅学问之才气遗忘了;撰写《齐书》,作者意在编纂一部史籍典策,自认为达到了较高的水平,而读者欣赏的却是书法,将原本可观的文采大义遗忘了;王褒门第高贵,学识渊博,才思敏捷,后被迫入关,虽然受到礼遇,但是因其工于书法,只能奔波于碑碣之间,辛辛苦苦地挥毫写字,王褒自己悔恨地说,假如他不懂得书法,自己不会弄到现在这个样子。总结工于书法的几位名人的苦恼与不幸,颜之推告诫子女:"慎勿以书自命。"他的这一看法,在今天看来,虽有其保守之处,但是,在劳心劳力观念颇为盛行的时代,基于颜之推要求子女精通儒业而兼学其他的一贯的教育主张,"慎勿以书自命"不仅与"多为少善,不如执一"②的认识一脉相通,也与他重视传承家学和家族前途的以学问为上的意识前后相续。

事实上,颜之推并不否认借助高超的书法艺术也可以实现出人头地的理想。他说:

> 虽然,厮猥之人,以能书拔擢者多矣。故道不同不相为谋也。③

颜之推认为,那些地位低下的人,因书法得到提拔,这没什么可说的,但颜氏家族是以家学为重的,所以"道不同不相为谋"。从此可见,颜之推所提出的"慎勿以书自命"以及《杂艺》篇提及的其他相关杂艺"不可以专业""劝汝曹以自命也""不愿汝辈为之""不可令有称誉""令人耽愦,废丧实多,不可常也""时可为

---

① 颜之推撰,王利器集解:《颜氏家训集解》,上海:上海古籍出版社,1980年版,第509—510页。
② 颜之推撰,王利器集解:《颜氏家训集解》,上海:上海古籍出版社,1980年版,第301页。
③ 颜之推撰,王利器集解:《颜氏家训集解》,上海:上海古籍出版社,1980年版,第510页。

之"①等,都是基于已经确定了儒业为根本这一前提之下而提出的。因此,我们在借鉴颜之推家教思想的同时,对他的才艺观念一定要做理智的思考,而不能轻易得出应当给予批判抑或是赞同的结论。

(四)"蓄价待时"的就业观与"尽规有方"的从业观

颜之推还信奉孔子待价而沽的就业观,提出自己先"守道崇德",锻造自身,然后"蓄价待时"。他说:

> 君子当守道崇德,蓄价待时,爵禄不登,信由天命。须求趋竞,不顾羞惭,比较材能,斟量功伐,厉色扬声,东怨西怒;或有劫持宰相瑕疵,而获酬谢,或有喧聒时人视听,求见发遣。以此得官,谓为才力,何异盗食致饱,窃衣取温哉!②

也就是说,要求取某个职位,首先应当具备该职位所要求的能力,然后遇到时机,成就自己的事业。颜之推忽略了毛遂自荐、主动争取,而相信天命,一则在于当时的选官制度使然,二则在于他主要是从"崇德"这个角度来说的,他之所以反对竞争求取,是因为他反对求取的过程中道德价值的沦丧。而且,颜之推相信,学有专长是有益于求取职位的,譬如地位低下的人,"以能书拔擢者多矣"。至于自身一无所长,"求诸身而无所得,施之世而无所用"③,即便求取得到职位也是要依靠亲戚朋党抑或财货贿赂,而这是被颜氏所鄙夷的,他说这么做往往会造成破家噬脐的恶果。他说:

> 齐之季世,多以财货讬附外家,諠动女谒。拜守宰者,印组光华,车骑辉赫,荣兼九族,取贵一时。而为执政所患,随而伺察,既以利得,必以利殆。微染风尘,便乖肃正,坑阱殊深,疮痏未复,纵得免死,莫不破家,然后噬脐,亦复何及。④

---

① 颜之推撰,王利器集解:《颜氏家训集解》,上海:上海古籍出版社,1980年版,第530页。
② 颜之推撰,王利器集解:《颜氏家训集解》,上海:上海古籍出版社,1980年版,第307页。
③ 颜之推撰,王利器集解:《颜氏家训集解》,上海:上海古籍出版社,1980年版,第145页。
④ 颜之推撰,王利器集解:《颜氏家训集解》,上海:上海古籍出版社,1980年版,第309页。

正因为此,颜之推才不主张子女用各种不道德的手段求取功名。他说:

> 吾自南及北,未尝一言与时人论身分也,不能通达,亦无尤焉。①

关于任职应具备的道德,颜之推亦有自己的见解。他认为,作为在某一职位任职的人,一则考虑问题不要超出自己的职责范围;二则在其位谋其政,要尽职尽责;三则做不到的不能沽名钓誉、伪造业绩。他说:

> 谏诤之徒,以正人君之失尔,必在得言之地,当尽匡赞之规,不容苟免偷安,垂头塞耳;至于就养有方,思不出位,干非其任,斯则罪人。②

> 邺下有一少年,出为襄国令,颇自勉笃。公事经怀,每加抚恤,以求声誉。凡遣兵役,握手送离,或赍梨枣饼饵,人人赠别,云:"上命相烦,情所不忍;道路饥渴,以此见思。"民庶称之,不容于口。及迁为泗州别驾,此费日广,不可常周,一有伪情,触涂难继,功绩遂损败矣。③

处于谏诤职位的人,是用来纠正君主的过失的,一定要在该说话的地方,尽到匡正辅佐的责任,而不容许苟且偷安,垂头塞耳,装作不知道;至于为官的方法,也讲究为官的责任原则,如果越俎代庖,干涉自己职位以外的事情,那也是朝廷的罪人。另外,有多大的能力使多大的力量,不能沽名钓誉,伪造业绩,否则"一有伪情,触涂难继,功绩遂损败"。

(五)颜之推杂艺教育思想对现代职业教育的启示

颜之推德艺同修的人才观、"慎勿以杂艺自命"的才艺观、"蓄价待时"的就业观与"尽规有方"的从业观,对当今职业教育的启发意义是显而易见的。

---

① 颜之推撰,王利器集解:《颜氏家训集解》,上海:上海古籍出版社,1980年版,第309页。
② 颜之推撰,王利器集解:《颜氏家训集解》,上海:上海古籍出版社,1980年版,第306页。
③ 颜之推撰,王利器集解:《颜氏家训集解》,上海:上海古籍出版社,1980年版,第287页。

其一,职业教育,通常指向对受教者施以从事某种职业所必需的知识、技能的教育与培训,亦称职业技术教育。与普通教育相比较,职业教育侧重于实践技能和实际职业技能的培养。一些乘教育改革之风发展起来的职业技能培训与教育机构,就经常片面地理解这样的"职业教育",他们针对就业,主抓专业学习与职业技能的培养,而削减了对学生思想道德、人文素养方面的课程和教育投入,换句话说,他们将职业教育等同于技能培训;在教育学生的过程中,重视"教"而忽略"育"。这不仅使得教育者的形象受到各种人为因素、经济因素的挑战,而且教育过程中的情感原则也出现一定程度的迎合和麻木的误区。这种不虑后果的轻视"德艺双修"的行为对学生的影响,已经在部分在校以及已经毕业的学生信仰迷失、理想混乱、难以处理好人际关系甚至职业道德失范等方面逐渐凸显。这不能不引起人们的警醒。

颜之推"德艺周厚"[1]的思想,通过"家训"的形式,传达了作为长辈对子孙"德艺"双修才能真正获得美誉的谆谆教导。而在我们当今的教育中,教育机构、教育工作者能否做到把德育渗透于教育教学的各个环节,去培养德才兼备的职业人才,不仅是时代教育发展的要求,也是作为教育者应当具备的重要职业道德。

其二,我国如今面临的就业压力,是一件令人头疼的事情。为了就业,各种各样的应聘、考试、创业、获取再深造的文凭、技能的培训等,可谓招数施尽,但仍有大量未能成功就业的人在"漂"。而在一些部门的招聘中,各种人脉关系、潜规则之类的事情也早已不是什么怪事。如何既保得一个人的尊严又能获得自己理想的职业,颜之推的"待价而沽"无疑是值得深思的。时至今日,提高教育质量,推动职业教育更深入地发展,已经逐渐成为我国教育事业改革发展的重心。其实也正是要求求职者能有具体的技能而去适应具体的岗位要求,提高竞争力是在这个社会中获取理想职位的重要途径,打铁还需自身硬,要在竞争中脱颖而出,自己首先要具备这个职位要求的"技能",这是获得机会的根本;如果百无一能,

---

[1] 颜之推撰,王利器集解:《颜氏家训集解》,上海:上海古籍出版社,1980年版,第280页。

却用一些不道德的方式,即便一时得逞,也必然为人所不齿。

其三,敬业精神也是职业教育的主要内容。在工作岗位上无所事事、得过且过,沽名钓誉、伪造业绩,急功近利。行贿受贿、缺失道德良心等,终究难有真正的事业与成就。虚假的名声终究会在事实面前败落,敬业精神的破坏也终究害人害己,甚至毁灭自己的前程。颜之推要求在其位要"尽规"、尽其能的教导可谓警犹在耳。

第三节 信仰的引导

颜之推所处的时代是一个大变革、大变动的年代,是秦汉以后我国分裂持续时间最久的时期。这一时期是民族大交融、思想大辩争、文化大碰撞的时代。魏晋南北朝时期的民族大交融所波及的深度和广度远远超过了春秋时期。这一次交融,持续时间长,波及面广,而且又是汉族文化和少数民族文化的撞击与交融。这一时期思想领域的辩争主要体现在儒、佛、道三家的统治地位问题,颜之推生于佛教盛行、儒佛道三家融合已成为时代的普遍思潮的梁代,从本质上来说,他是一个世代业儒的儒家学者。但他同时又接受了佛、道的熏陶,实际上儒、佛、道三家的思想在他身上均有不同程度的体现。

一、儒家思想

颜之推的思想主要表现为儒家,这是毋庸置疑的。尽管颜之推身仕四朝,但其骨子里却流动着儒家思想的洪流,即便受到佛教思想影响,但亦不脱"崇佛的儒者"这一称谓。之所以这么说,原因甚多,其中有两点最能说明这一问题。

(一)"世以儒雅为业"——颜氏家族素有儒学传统

颜之推一直以家学自豪,以传承家业自励而励人。颜氏是一个怎样的家族呢?据《韩非子》记载:"世之显学,儒墨也。儒之所至,孔丘也。……自孔子之死也,有子张之儒,有子思之儒,有颜氏之儒,有孟氏之儒,有漆雕氏之儒,有仲良氏之儒,有孙氏之儒,有乐正氏之儒。"①这里的"颜氏之儒"即是孔门后学正统八

---

① [清]王先慎著,钟哲点校:《韩非子集解·显学第五十》,北京:中华书局,1998年版,第456页。

学派之一。据《颜氏家训》亦可知,颜氏家族出自邹、鲁,"世以儒雅为业,遍在书记""仲尼门徒,升堂者七十有二,颜氏居八人焉",这八位颜氏贤能,尤其是复圣颜回,更可谓是颜氏家族的骄傲了。颜之推当然也对此津津乐道,所以在家训中他一再告知子女不能为兵、商等放弃家学。魏晋南北朝时期,迫于战乱、避祸生存的需要,颜氏家族曾多次迁徙,随晋南下之后,亦颇受优待。这一时期颜氏家族人才辈出,延续不绝,维系着颜氏家族门第传承。这期间名人硕士,垂声实载籍者,不可胜数。譬如曹魏时颜盛以儒学教育子弟;其子颜钦精通五经,"多所通说,学者宗之";颜钦之子颜含,以儒为行,"少有操行,以孝闻"①;颜见远,"博学有志行"②,他因反对篡位绝食而死的忠烈,亦是践行着儒家的忠义道德;颜协博涉群书,亦以儒家思想教育子弟。颜之推的弟弟颜之仪三岁能读《孝经》③,而颜之推就是出生在这样一个世代书香,以儒传家的士族家庭。他早传家业,"虚谈非其所好,还习《礼》《传》,博览群书,无不该洽"④,学优才赡,不负家门之望。

(二)《颜氏家训》带着明显的儒学文化传承色彩

"世以儒雅为业"的家族文化传承,无疑对颜之推的思想产生了最为直接的影响。其一,颜之推具有传统儒者的修身齐家心怀。譬如《颜氏家训》的创作目的"整齐门内,提撕子孙"⑤,体现了他意识中对儒学在家族生存、延续中的地位的重视。其二,颜氏的家庭教育所涉及的伦理教育、五经教育、文章写作以及为人处世等多个方面皆体现出颜氏注重儒家伦理道德观念,自觉信守父慈子孝、兄弟相顾的儒家孝悌观念以及仁义礼信的规范。其三,《颜氏家训》中,每提及家业,颜之推明显以家族对儒学传承为荣。他要求子女追求"务先王之道,绍家世之业"⑥的儒学信念,即便是《终制》篇中,仍不忘告诫子孙"传业扬名",将先辈重视儒学、践行儒家之义的良好家风发扬光大。只不过,出于对乱世生存的必要和对颜氏家族长久传承的关切,《颜氏家训》并不怎么关注儒家所注重的"治国平天下"

---

① [唐]房玄龄等撰:《晋书·颜含传》,北京:中华书局,1974年版,第2285页。
② [唐]姚思廉撰:《梁书·文学下》卷五十,北京:中华书局,1973年版,第727页。
③ [唐]令狐德棻等撰:《周书·颜之仪传》,北京:中华书局,1971年版,第719页。
④ [唐]李白药撰:《北齐书·文苑传》,北京:中华书局,1972年版,第618—626页。
⑤ 颜之推撰,王利器集解:《颜氏家训集解》,上海:上海古籍出版社,1980年版,第19页。
⑥ 颜之推撰,王利器集解:《颜氏家训集解》,上海:上海古籍出版社,1980年版,第194页。

的道理,甚有变了味的"达者兼济天下,穷则独善其身"之意。故也有人说:"具体地说,在修身齐家方面,颜之推的心态与传统儒家思想相一致;在治国平天下方面,颜之推的心态与传统儒家思想又不可同日而语。"①

(三)颜之推佛教信仰中"以佛匡儒"的倾向

其一,颜之推认为"内外两教,本为一体",并将佛教"五种禁"比附儒家"仁义礼智信",以此告诉子孙,归心佛教并不违背传承家学的理想。他说:

> 内外两教,本为一体,渐积为异,深浅不同。内典初门,设五种禁;外典仁义礼智信,皆与之符。仁者,不杀之禁也;义者,不盗之禁也;礼者,不邪之禁也;智者,不酒之禁也;信者,不妄之禁也。至如畋狩军旅,燕享刑罚,因民之性,不可卒除,就为之节,使不淫滥尔。归周、孔而背释宗,何其迷也!②

可见,颜之推对佛经的关注着重于其中对世俗道德伦理的说教,他给予"五种禁"注解的注重并非佛教义理的阐释,而更倾向于对儒家道德伦理意识的扩展。他希望后人尊奉儒、佛两家的规范,而不是要抛弃哪一个而选择另外一个。

其二,他看重传业扬名,关注稼穑赋算,却不要求子女出家修佛,而是说:

> 内教多途,出家自是其一法耳。若能诚孝在心,仁惠为本,须达、流水,不必剃落须发;岂令罄井田而起塔庙,穷编户以为僧尼也?皆由为政不能节之,遂使非法之寺,妨民稼穑,无业之僧,空国赋算,非大觉之本旨也。②

很明显,颜之推将儒家的忠孝、仁惠作为心、本,改变了佛教宣传剃度出家的宗旨。颜之推不仅觉得不必将所有的田地用来建造佛塔,也不必让所有的百姓都

---

① 李宗长撰:《由〈颜氏家训〉看颜之推的心态》,《东岳论丛》1999年第01期。
② 颜之推撰,王利器集解:《颜氏家训集解》,上海:上海古籍出版社,1980年版,第339页。
③ 颜之推撰,王利器集解:《颜氏家训集解》,上海:上海古籍出版社,1980年版,第360页。

做僧尼,至于统治者不加节制地大兴佛教,也在他的反对之列。颜之推所理解的佛教"大觉之本旨"与佛教追求六度布施度人的观念有很大的出入。

其三,颜之推甚为重视现实世界人生,他要求子女以一种积极进取的心态对待人生,并提出儒道"兼修"的方法。他说:

> 又君子处世,贵能克己复礼,济时益物。治家者欲一家之庆,治国者欲一国之良,仆妾臣民,与身竟何亲也,而为勤苦修德乎? 亦是尧、舜、周、孔虚失愉乐耳。一人修道,济度几许苍生? 免脱几身罪累? 幸熟思之! 汝曹若观俗计,树立门户,不弃妻子,未能出家;但当兼修戒行,留心诵读,以为来世津梁。①

在这里,颜之推提出的"兼修"与他要求子女学问要涉及百家但要专心儒学的想法甚为相似。兼修戒行的方式,主要是为了回答儒家要求"君子处世,贵能克己复礼,济时益物"的命题。颜之推认为,与其勤苦修德治家治国而失去了自身的欢愉,不如兼修戒行,一则为超度来世,免除身累,二则救度苍生,以救天下为己任。故兼修已成为颜之推为以佛匡儒提供的可供采用的手段。

其四,颜之推反对杀生。他说:

> 儒家君子,尚离庖厨,见其生不忍其死,闻其声不食其肉。高柴、折像,未知内教,皆能不杀,此乃仁者自然用心。含生之徒,莫不爱命;去杀之事,必勉行之。好杀之人,临死报验,子孙殃祸,其数甚多。②

颜之推认为,儒家的君子,习惯于远离厨房,因为他们看见活的生物就不忍心看到它们被杀死,听到它们被宰杀的声音就不忍心吃它们的肉;高柴、折像,虽不懂佛教的教义,但都能不杀生,这是仁者天生的恻隐之心;一切生灵,没有不爱

---

① 颜之推撰,王利器集解:《颜氏家训集解》,上海:上海古籍出版社,1980年版,第363—364页。
② 颜之推撰,王利器集解:《颜氏家训集解》,上海:上海古籍出版社,1980年版,第366页。

惜自己的生命的,所以一定要尽力免去杀生之事。好杀生的人,死前会得到报应验证,并且会殃及子孙。《易经》有:"积善之家,必有余庆,积不善之家,必有余殃。"而颜之推也认为:"祖考之嘉名美誉,亦子孙之冕服墙宇也,自古及今,获其庇荫者亦众矣。夫修善立名者,亦犹筑室树果,生则获其利,死则遗其泽。"① 相比较而言,佛经所言的"报应",常常是自种因、自得果,而不会殃及家族、无辜。

由此可见,颜之推虽然赞同佛教诸如不杀生之类的教义,相信三世之说、因果报应,但很大程度上却将佛家的教义与传统儒家学说融合在一起,加之他对儒家伦理、生死德行、学问名实、重视礼节至孝等问题,也一直保持着其儒家本色而未加真正意义的更改,故我们可以这么认为,颜之推的主要思想依然是儒家思想。

二、道家思想

(一)全真养性、长生修仙

颜之推最为擅长的是儒学,但他绝非纯儒,他倾心佛学,且一定程度上也接受了道教的影响。道教的神仙说在很大程度上是从道家的养生理论发展而来,魏晋道教创设之后,对神仙的寻求便成为道士的专门事业。据《皎然集》记载,颜之推的父亲就曾著有《晋仙传》《赋颜氏古今一事的〈晋仙传〉送颜逸》曰:"曾看颜氏传,多记晋时仙。"这里所谓的"晋时仙"也就是晋代那些修道修仙的道士。颜之推幼承家训,加之受社会玄学思潮、道教传播的影响,受染修仙思想也是可以想见的。譬如,颜之推年轻的时候就曾作一首《神仙诗》,反映的正是他企慕长生、全真游仙的思想。

> 红颜恃容色,青春矜盛年。自言晓书剑,不得学神仙。风云落时后,岁月度人前。镜中不相识,扪心徒自怜。愿得金楼要,思逢玉钤篇。九龙游弱水,八凤出飞烟。朝游采琼宝,夕宴酌膏泉。峥嵘下无地,列缺上陵天。举世聊一息,

---

① 颜之推撰,王利器集解:《颜氏家训集解》,上海:上海古籍出版社,1980年版,第288页。

中州安足旋。①

颜之推对道家养生炼形之术也曾以为然。在《养生》篇中,他说:

> 神仙之事,未可全诬;但性命在天,或难钟值。人生居世,触途牵絷:幼少之日,既有供养之勤,成立之年,便增妻孥之累。衣食资须,公私驱役;而望遁迹山林,超然尘滓,千万不遇一尔。加以金玉之费,炉器所须,益非贫士所办。②

颜之推以为,神仙并非全是虚妄无稽之谈;只不过修养性命得道在天,人很难恰好赶上罢了。而且人生在世处处有牵累羁绊,而不能去修仙:小的时候,要勤苦地供养亲人,长大了又增加了妻孥拖累,既要解决吃饭穿衣的问题,还要应对公事、私事的驱役操劳;而这些羁绊使得希望遁迹山林、超脱尘世繁杂的人,少之又少,千万个人中也没有一个。何况炼丹要耗费金玉之财,置办炉器,这更不是一般的穷人能做到的。但他并不主张自己的子孙将修仙看得过于重要。他说:

> 学如牛毛,成如麟角。华山之下,白骨如莽,何有可遂之理?考之内教,纵使得仙,终当有死,不能出世,不愿汝曹专精于此。③

学道的人多如牛毛,而成仙的人凤毛麟角;华山的下面累累白骨多如草莽,哪里有什么心想事成的事理呢?与佛教的生死轮回考校,修仙即便能成仙,但是最终还是要死的。不能真正摆脱人世间的牵累羁绊,所以我并不愿意你们再把修道成仙作为主要的事情专一地去做。尽管如此,他还是告诉子孙:

---

① 颜之推撰,王利器集解:《颜氏家训集解》,上海:上海古籍出版社,1980年版,第636页。
② 颜之推撰,王利器集解:《颜氏家训集解》,上海:上海古籍出版社,1980年版,第327页。
③ 颜之推撰,王利器集解:《颜氏家训集解》,上海:上海古籍出版社,1980年版,第327页。

> 若其爱养神明,调护气息,慎节起卧,均适寒暄,禁忌食饮,将饵药物,遂其所禀,不为夭折者,吾无间然。①

颜之推认为,子女如果能在养生方面用修仙的方法养护神明,调护气息,节制起居,穿衣寒暄均适,饮食有所禁忌,吃些保养的药物,能活到应有的年龄而不至于中途夭折,他是没有什么意见的,也是支持的。

另外,颜之推对老庄"全真养性,不肯以物累己"的全身避祸的生命态度也很欣赏。他说:

> 夫老、庄之书,盖全真养性,不肯以物累己也。故藏名柱史,终蹈流沙;匿迹漆园,卒辞楚相,此任纵之徒耳。②

老子、庄子的书讲的都是如何保持本真修养品性的,他们不肯以身外之物使自身受损。所以,老子隐名埋姓于柱下史这样的小官,最后隐遁于关外沙漠之中,人们不知道他去了哪里;庄子则藏身于漆园吏这样的小官,最后拒绝了楚王找他为相的邀请,以求弋尾泥中,得以活命。他们都是不拘小节、任纵自在、不受约束的人啊。至于有的人学习老庄而惨遭毒祸,那只是因为他们名义上学老庄,但事实上不过是"直取其清谈雅论,剖玄析微,宾主往复,娱心悦耳"而已,根本没有做到"不肯以物累己"这一点,甚至还屡屡触犯老庄的告诫而过于贪图权势、地位、财富、名声、情愫等世俗的繁累。所以,颜氏劝诫子孙不要求过好的声誉,礼官为内史所迫,那就是好名致辱的典故;不要贪于富贵,荣及九族,富贵一时,更易招来灭顶之灾;不要做大官,做到中品以下,不辱门庭、免受倾危之灾也就够了。这无疑正是生活在现实祸乱世界中的颜之推对道家思想的由衷借鉴和推崇。

---

① 颜之推撰,王利器集解:《颜氏家训集解》,上海:上海古籍出版社,1980年版,第327页。
② 颜之推撰,王利器集解:《颜氏家训集解》,上海:上海古籍出版社,1980年版,第178页。

（二）反对清谈

魏晋时期，社会上一度盛行"清谈"之风。所谓"清谈"，是相对于俗谈而言，也被称为"清言"，是指被视为上层人物的高雅之谈、风流之举。当时的士族名流相遇，不谈如何治理国家，也不言如何强兵富民等"俗事"，而是专谈三玄，就玄学问题析理辩难，空谈玄理，一时风靡。据说连元帝都曾经"召置学生，亲为教授，废寝忘食，以夜继朝，至乃倦剧愁愤，辄以讲自释"①。当然，也更有很多人因为善于清谈而获得一时名利。但反对清谈，认为清谈误国的议论也从未停息。譬如关于王弼、何晏之清谈，《晋书》云："时以浮虚相扇，儒雅日替，宁（范宁）以为其源始于王弼、何晏，二人之罪深于桀纣。"②范宁说，"王何蔑弃典文，不遵礼度，游辞浮说，波荡后生，饰华言以翳实，骋繁文以惑世。搢绅之徒，翻然改辙，洙泗之风，缅焉将堕。遂令仁义幽沦，儒雅蒙尘，礼坏乐崩，中原倾覆。古之所谓言伪而辩、行僻而坚者，其斯人之徒欤！"③又譬如针对王衍清谈，恒温也说："遂使神州陆沈，百年丘墟，王夷甫诸人不得不任其责！"④颜之推同样反对"清谈"，他对元帝"亲为教授"颇不以为意，说：

> 吾时颇预末筵，亲承音旨，性既顽鲁，亦所不好云。⑤

颜之推反对"清谈"，更主要的原因在于他认为清谈不过是一些人片面地取用老庄的清谈雅论，剖析其中的玄妙精微，宾主之间应对酬答，以达到娱心悦耳的效果，而事实上并不务实，而且不能免于祸患。在《勉学》篇中，他列举一系列清谈之人招致祸患的例子。诸如何晏贪图权力而被诛杀，王弼争辩好胜而被忌恨，夏侯玄缘于才能与名望被杀戮，荀粲心神沮丧而死，王衍丧子之痛不能达观，嵇康斥俗而招致杀身，郭象专擅权势，阮籍纵酒荒迷，谢鲲贪赃受贿而免官。颜之推认为，这些人都是玄学中众心所归向的领袖，他们尚且如此，至于其他那些生活在桎梏尘滓之中，在名利的追求中跌落的人，就更多了。所以，颜之推反对清谈不务实的做法，他希望自己的子女能够将何晏、王弼诸人之事引以为戒。

三、佛家信仰

南北朝时期,儒学独尊的地位已经受到严重冲击,佛、玄勃兴。同时佛教逐渐与玄学、儒学相融合,佛教所宣扬的精神不灭、轮回报应之说迎合了混乱时代的需求,而得以迅速传播,并得到了统治阶层的大力支持与弘扬。譬如宋文帝、齐竟陵王都崇信佛教,梁武帝萧衍还自称"三宝之奴"。在此社会大背景中渴望求生的颜之推,亦受到佛教思想的影响。

(一)三世之事,信而有征

颜之推推崇佛教,关键在于他相信佛家所说的过去、未来、现在"三世"轮回说,而且希望子女高度重视佛教,颜氏子孙世世代代归心佛教,而不能冷漠对待。所以他不仅要求子女诵读佛经,而且因为担心子孙信心不牢,在《颜氏家训》中专列《归心》篇,希望通过具体的说教达到坚定子女佛教信仰的作用。他说:

> 三世之事,信而有征,家世归心,勿轻慢也。其间妙旨,具诸经论,不复于此,少能讃述。但惧汝曹犹未牢固,略重劝诱尔。①

> 若有天眼,鉴其念念随灭,生生不断,岂可不怖畏邪?②

> 汝曹若观俗计,树立门户,不弃妻子,未能出家。但当兼修戒行,留心诵读,以为来世津梁。人生难得,无虚过也。③

颜之推相信,佛教的精妙意旨都在佛教的经、论中,所以让子女"留心诵读,以为来世津梁"。但他仍担心子孙信心不牢固,所以以《归心》篇加以劝勉。而在他日感不久于人世的时候,他仍不忘记警戒子孙不可杀生、有时斋供。他说:

> 今年老疾侵,傥然奄忽,岂求备礼乎?一日放臂,沐浴而已,不劳复魄,

---

① 颜之推撰,王利器集解:《颜氏家训集解》,上海:上海古籍出版社,1980年版,第335页。
② 颜之推撰,王利器集解:《颜氏家训集解》,上海:上海古籍出版社,1980年版,第363页。
③ 颜之推撰,王利器集解:《颜氏家训集解》,上海:上海古籍出版社,1980年版,第364页。

> 殓以常衣。……汝曹若违吾心,有加先妣,则陷父不孝,在汝安乎?其内典功德,随力所至,勿刳竭生资,使冻馁也。四时祭祀,周、孔所教,欲人勿死其亲,不忘孝道也。求诸内典,则无益焉。杀生为之,翻增罪累。若报罔极之德,霜露之悲,有时斋供,及七月半盂兰盆,望于汝也。①

首先可以看到,颜之推不在乎完备的葬礼,而只求简葬:沐浴之后殓以平日穿的衣服,也不必举行复魄的仪式;棺内只放个七星板,超度一下灵魂,其他的东西诸如蜡弩牙、玉豚、锡人之累的就不必了;便是朔日、望日及丧后十三月、十五月的祭祀,也希望用些白粥清水干枣,而不要用酒肉饼果;亲友的祭奠也要回绝;诵经施舍的功德,量力而行,四季的祭祀,也是没有用的,要是宰杀生灵进行祭祀,反而增加我的罪孽。你们要是想报答你们父亲的抚养之恩,表达你们的霜露之悲,不定时地做些斋供,等到了七月半盂兰盆会时,我期望你们作些供养,济度六道苦难,来报答父母的养育之恩。

(二)辩才智惠,非儒教可及

颜之推认为,佛教博大精深,蕴含着辩才和智慧,佛教之境界,非尧、舜、周公、孔子之道所能比肩的。其曰:

> 原夫四尘五荫,剖析形有;六舟三驾,运载群生:万行归空,千门入善,辩才智惠,岂徒《七经》、百氏之博哉?明非尧、舜、周、孔所及也。②

颜之推在《归心》篇中说,推究色、香、味、触四尘和色、受、想、行、识五荫的道理,剖析世间万物的奥秘,借助布施、持戒、忍辱、精进、静虑、智慧六舟和声闻、缘觉、菩萨三驾,去普度众生:让众生通过种种戒行,皈依于"空";通过种种法门,渐臻于善。其中的辩才和智慧,难道只能与儒家的"七经"及诸子百家的广博相提并论吗?佛教的境界,显然不是尧、舜、周公、孔子之道所能赶得上的。

---

① 颜之推撰,王利器集解:《颜氏家训集解》,上海:上海古籍出版社,1980年版,第536—537页。

② 颜之推撰,王利器集解:《颜氏家训集解》,上海:上海古籍出版社,1980年版,第339页。

第二章 颜世家庭教育的主要内容

(三)内外两教,本为一体

在颜之推看来,佛学作为内教,儒学作为外教,本来同位一体,两者的区别是教义不同,理论深浅层次不一样。其曰:

> 内外两教,本为一体,渐积为异,深浅不同。内典初门,设五种禁,外典仁、义、礼、智、信,皆与之符。仁者,不杀之禁也;义者,不盗之禁也;礼者,不邪之禁也;智者,不酒之禁也;信者,不妄之禁也。①

这也就是说,佛教经典的初级阶段的五种禁戒与儒家经典所讲的仁、义、礼、智、信相合。具体而言,仁就是不杀生的禁忌,义就是不偷盗的禁忌,礼就是不淫乱的禁忌,智就是不酗酒的禁忌,信就是不虚妄的禁忌。由此看来,人们不应该"归周、孔而背释宗",如果真是这样做了,只能说他"何其迷也"②。

正因为内外两教、本为一体的认识,所以颜氏的佛教观念也就有了以佛匡儒的特征。

其一,针对诽谤佛教为"以糜费金宝减耗课役为损国也",颜之推认为,佛教修持的方法很多,不可拘泥于某种形式,只要把忠、孝放在心上,以仁、惠为本就可以。他说:

> 内教多途,出家自是其一法耳。若能诚孝在心,仁惠为本,须达、流水,不必剃落须发。③

颜之推认为,以须达、流水两位长者为示范,明确出家为僧只是佛教修持的一种方式,信佛不必剃度出家,更不必要"令罄井田而起塔庙,穷编户以为僧尼"。如果非得这样做,就会背离佛教的本旨。

---

①②颜之推撰,王利器集解:《颜氏家训集解》,上海:上海古籍出版社,1980年版,第339页。
③颜之推撰,王利器集解:《颜氏家训集解》,上海:上海古籍出版社,1980年版,第360页。

皆由为政不能节之,遂使非法之寺,妨民稼穑,无业之僧,空国赋算,非大觉之本旨也。①

　　颜之推对反佛者进行了强烈的批驳,认为把所有的田地拿去盖宝塔、寺庙,让人去当和尚、尼姑,是执政者不能够节制佛事的表现,而不是佛教耗费国库财宝,妨碍百姓稼穑。

　　其二,颜之推将修佛和俗僧之学经律与士人之学《诗》《礼》相比较,指出:自从天地开辟,不善人多而善人少,俗僧之学经律,与士人之学《诗》《礼》修养身心是一样的,按照《诗》《礼》的标准去看朝廷之人,没有全行者;以经律之禁,格出家之辈,而独责无犯哉? 故他将毁禁之侣与阙行之臣同列,讽刺世人只知道僧人的是非,而忘了看一看缺失德行的大臣。他说:

　　阙行之臣,犹求禄位;毁禁之侣,何惭供养乎?②

　　那些缺乏道德的臣子,尚可以追求高官厚禄,那些违反了禁律的僧人,又何必因为自己接受供养而感到羞愧呢? 他们做了僧人,对于戒律难免有触犯的时候,但一年到头他们干的事情,无非是吃斋念佛、讲经修行,比起那些缺德的大臣,其修养的不同又何止是山高水深可以比拟呢? 由此可见,颜氏对缺德之臣的痛恨和对佛教有助于人的道德修养的观念的认同。

　　其三,颜之推还推介佛教的社会感化功能,他说:

　　若能偕化黔首,悉入道场,如妙乐之世,禳佉之国,则有自然稻米,无尽宝藏,安求田蚕之利乎?③

　　很显然,颜之推夸大了佛教的社会教化作用,认为只要感化了天下所有老百

---

①③ 颜之推撰,王利器集解:《颜氏家训集解》,上海:上海古籍出版社,1980年版,第360页。
② 颜之推撰,王利器集解:《颜氏家训集解》,上海:上海古籍出版社,1980年版,第358页。

姓,使他们都能够皈依佛教,达到佛经所说的妙乐、儴佉等过度的情况,就不用苦苦再去追求种田、养蚕所得到的微利。但是由此也可以看出,颜之推对佛教的尊奉以及以佛匡儒的特征。

(四)求道者,身计也

魏晋南北朝是一个儒学的信念危机深重的时代,这时候的儒学,仁义不足以平天下,礼信不足以修全身,已经渐渐失去教化世人、征服人心的重要功能。儒学自身的滞固、九品中正诠选制度的施行,加之战乱之祸与篡位频繁、禅代相继的政局,使得世家大族以自己家族门第利益为转移的观念成为时尚,而儒家极为看重的忠君思想却难免过时。

也正是在这样的背景下,颜之推对儒家忠君报国甚至不惜为国舍身、为主殉难的思想并不推崇,他更在意的是教育子女如何为自身打算,他在《归心》篇中强调,信佛求道是为了自身的打算,节省费用是为了国家谋划,二者不能两全的时候选择为自身打算并没有错。譬如作为忠臣,就要以身殉主,不惜放弃孝养双亲;作为孝子,就要为了家庭的安乐而忘掉忠心的职责。两者各有各的标准,不能说这个就是对的而那个就是错的。他指出:

> 求道者,身计也;惜费者,国谋也。身计国谋,不可两遂。诚臣徇主而弃亲,孝子安家而忘国,各有行也。①

颜之推不仅将身计与国谋两立,而且教导子孙不仅要为他人着想,更要为"身计"做打算。

> 夫有子孙,自是天地间一苍生耳,何预身事?而乃爱护,遗其基址,况于己之神爽,顿欲弃之哉?②

这也就是说,我们的子孙后代各自都是天地之间的生灵,与我们自身本没有

---

① 颜之推撰,王利器集解:《颜氏家训集解》,上海:上海古籍出版社,1980年版,第360页。
② 颜之推撰,王利器集解:《颜氏家训集解》,上海:上海古籍出版社,1980年版,第363页。

什么关系；即便如此，我们还知道爱护他们，并把自己的产业遗留给他们，所以对自己的灵魂，我们更不能弃之不顾。他又说：

> 君子处世，贵能克己复礼，济时益物。治家者欲一家之庆，治国者欲一国之良，仆妾臣民，与身竟何亲也，而为勤苦修德乎？亦是尧、舜、周、孔虚失愉乐耳。①

君子生活在这个世界上，贵在能够克制私欲，使自己的言行符合礼的规范；济世救时，有益于他人；治家的人想让一家人得到福祉，治理国家的人，想让一个国家的人得到吉祥，但是仆妾臣民与这些人自身有什么亲密关系而要让这些人辛辛苦苦地修养德行呢？这不过是让人像帝尧、帝舜、周公、孔子那样，为了别人而白白丧失了自身的欢愉罢了。所以该做什么不该做什么一定要仔细思考一下。

> 一人修道，济度几许苍生？免脱几身罪累？幸熟思之！②

今天看来，颜之推对子女的佛教思想教育或许具有荒谬的色彩，他为佛教所受的诋毁、所做的辩解也经不起历史意义和哲学意义的推敲，但是透过颜之推的信仰说教，我们可以窥见魏晋南北朝时期佛教传播的处境及其影响，也能感受到颜之推信仰佛教的背后是一位长者对受教者深厚无私的关切。从这方面来说，颜之推对子女的归心教育具有一定的认识价值和研究价值。另外，颜之推敢于突破儒家思想的藩篱，以佛匡儒，且勇于探索"宇宙外"的精神也是值得肯定的。

---

① 颜之推撰，王利器集解：《颜氏家训集解》，上海：上海古籍出版社，1980年版，第363—364页。

② 颜之推撰，王利器集解：《颜氏家训集解》，上海：上海古籍出版社，1980年版，第364页。

第三章

颜之推的家庭教育思想及其现代价值

第一节 颜之推的家庭教育理想

正如前文所言,《颜氏家训》创作的更为直接的动机,就是为了"整齐门内,提撕子孙"①,实现其期望的家庭教育理想,希望子孙能够做到:兄弟和睦,骨肉扶持;父慈子孝,家庭和谐;自立于世,免于厮役;全身避祸,去辱避害;以学为贵,不堕门风;传业扬名,不辱先世。具体而言,颜之推的家庭教育理想主要呈现出如下几个特点。

一、兄弟和睦,骨肉扶持;父慈子孝,家庭和谐

《大学·礼记》中"修身、齐家、治国、平天下"的古训曾影响了无数志士仁人。颜之推自幼受到儒学熏陶并终生服膺儒学,将这一思想引用到其家教之中,故是必然。只是颜之推遭逢乱世,流离辗转,历经磨难,深知门户不幸之凄怆,"但以门衰,骨肉单弱,五服之内,傍无一人,播越他乡,无复资廕"②。为不辱先人之名,不陷子孙于厮役之苦,含羞忍耻,"一生而三化,备荼苦而蓼辛"③。故他对子女如何修身治家,处理父子、兄弟、夫妻、婆媳、翁婿等亲戚关系的劝诫更是发自肺腑。他希望颜氏子孙能"兄弟相顾""兄弟和睦""骨肉相扶""稀斗阋之耻",更希望不要出现颜氏儿孙骄慢无教、群从关系疏薄、僮仆相为仇敌、娣姒亲戚相争、惨虐离间骨肉,"播扬先人辞迹,暴露祖考长短"④,以及落索阿姑⑤、傲妇擅室⑥之

---

① 颜之推撰,王利器集解:《颜氏家训集解》,上海:上海古籍出版社,1980年版,第19页。
② 颜之推撰,王利器集解:《颜氏家训集解》,上海:上海古籍出版社,1980年版,534页。
③ [唐]李百药撰:《北齐书·颜之推传·观我生赋》,北京:中华书局,1972年版,第626页。
④ 颜之推撰,王利器集解:《颜氏家训集解》,上海:上海古籍出版社,1980年版,第47—48页。
⑤ 颜之推撰,王利器集解:《颜氏家训集解》,上海:上海古籍出版社,1980年版,第63页。
⑥ 颜之推撰,王利器集解:《颜氏家训集解》,上海:上海古籍出版社,1980年版,第64页。

类的家门不幸,说:"治家之宽猛,亦犹国焉。"①

(一)父慈子孝,家庭和睦

颜之推将家庭中夫妇、父子、兄弟关系称为"三伦",他告诫子女要想治好这个家,首先就要做到父慈子孝、兄友弟恭、夫义妇顺。他说:

> 夫风化者,自上而行于下者也,自先而施于后者也。是以父不慈则子不孝,兄不友则弟不恭,夫不义则妇不顺矣。父慈而子逆,兄友而弟傲,夫义而妇陵,则天之凶民,乃刑戮之所摄,非训导之所移也。②

所谓"风化",在这里也就是指施教者以身示教,潜移默化,由上而下、由前向后对他人施加影响。颜之推认为,作为父母、长兄、丈夫,就是子女、弟妹、妻子的情感感受对象,也是家庭情感建立与巩固的基石。如果做父亲的做不到慈爱,就难以培养孝顺的子女;如果做哥哥的不爱护弟弟,弟弟也不会恭敬自己的兄长;如果做丈夫的不顾及情义,妻子也不会和顺。家庭关系的和谐,上行下效,这是很有道理的。同时,颜之推认为,仅仅靠这些是不足够的,他说,有些人即便生活在父慈、兄友、夫义的环境中依然不孝、不恭、不顺,那是天生的坏人,只能依靠刑罚杀戮来使他们畏惧,而不是靠家长的训导能改变的。

(二)兄弟相顾,骨肉相扶

颜之推九岁丧父,其兄苦辛备至,将他抚养长大,故他对兄弟之间的感情感受至深。他说一家之亲有三:夫妇、父子、兄弟;九族至亲,本于三亲,所以兄弟之情,不可不重视。他说:

> 兄弟者,分形连气之人也,方其幼也,父母左提右挈,前襟后裾,食则同案,衣则传服,学则连业,游则共方,虽有悖乱之人,不能不相爱也。③

---

① 颜之推撰,王利器集解:《颜氏家训集解》,上海:上海古籍出版社,1980年版,第54页。
② 颜之推撰,王利器集解:《颜氏家训集解》,上海:上海古籍出版社,1980年版,第53页。
③ 颜之推撰,王利器集解:《颜氏家训集解》,上海:上海古籍出版社,1980年版,第37—38页。

二亲既殁,兄弟相顾,当如形之与影,声之与响;爱先人之遗体,惜己身之分气,非兄弟何念哉?①

　　兄弟,形体虽别,但气息相连。在他们幼小的时候,有父母"左提右挈,前襟后裾,食则同案,衣则传服,学则连业,游则共方",做什么都在一起不分开,所以即便是悖乱无礼的人,兄弟之间也是相互爱护的。如果父母过世,兄弟之间应该相互照顾;兄弟的关系应该像身体与它的影子、声音与它的回声一样;兄弟都是父母的骨肉,兄弟之间身不同而气相连;爱先人留下的骨肉,怜惜与自己相连的分气,不是兄弟谁会这么想呢?但是,能做到兄弟情深而一以贯之,毕竟不是容易的事情,除却父母的偏宠、继母虐孤等导致的骨肉离散,便是一般家庭也时常存在这样的情况:其一,兄弟关系毕竟不比父子;其二,搁在兄弟间的继母、仆妾、妻子等,也很容易损伤兄弟的情分。他说:

　　人之事兄,不可同于事父,何怨爱弟不及爱子乎?②

　　兄弟之亲本不如父子,人们不能用侍奉父亲那样的心去对待兄长,又何必埋怨哥哥对弟弟的关爱不及对其子女的关爱呢?

　　及其壮也,各妻其妻,各子其子,虽有笃厚之人,不能不少衰也。娣姒之比兄弟,则疏薄矣;今使疏薄之人,而节量亲厚之恩,犹方底而圆盖,必不合矣。惟友悌深至,不为旁人之所移者,免夫!③

　　兄弟长大之后,各自娶了妻子,有了各自的儿女,都与各自的妻子儿女相亲相爱。这个时候,即便是忠实厚道的兄弟之间,感情也会渐渐减弱。妯娌之间的感情比起兄弟就更加疏远。要是想用感情让疏远的妯娌去节制兄弟之间的亲厚,那兄弟之间的感情就会像给方形的底盖配上圆形的盖子,一定会因此合不到一起。只有兄弟情深,才能不会因为旁人的影响而改变兄弟之间原有的感情。

---

①颜之推撰,王利器集解:《颜氏家训集解》,上海:上海古籍出版社,1980年版,第40—41页。
②颜之推撰,王利器集解:《颜氏家训集解》,上海:上海古籍出版社,1980年版,第43页。
③颜之推撰,王利器集解:《颜氏家训集解》,上海:上海古籍出版社,1980年版,第38页。

> 兄弟之际,异于他人,望深则易怨,地亲则易弭。譬犹居室,一穴则塞之,一隙则涂之,则无颓毁之虑;如雀鼠之不恤,风雨之不防,壁陷楹沦,无可救矣。仆妾之为雀鼠,妻子之为风雨,甚哉。①

兄弟之间的关系是与别人不一样的,埋怨的多了就容易产生怨恨,亲情就容易泯灭,就像我们住的房子,有个破洞就用东西塞住,有个缝隙就用东西涂上,那就不会有房屋倒塌的忧虑。而如果不顾及鼠雀穿屋,不防备风雨侵蚀,屋墙倒塌,楹梁沦落,就没有办法补救了。仆妾就像雀鼠,妻子就像风雨,她们对于兄弟关系的危害一定要谨慎。

颜之推对兄弟不和睦对家族关系的危害,甚是忧心忡忡,他说:

> 兄弟不睦,则子侄不爱。子侄不爱,则群从疏薄。群从疏薄,则僮仆为仇敌矣。如此,则行路皆踏其面而蹈其心。谁救之哉。②

颜之推认为,兄弟之间不和睦,侄儿之间就不会有什么情感;侄儿之间没情感,则家族子弟关系疏远,感情淡薄;家族中的子弟关系感情淡薄,关系疏远,则僮仆之间也会互相仇视了。这样下去,就是过往的陌生人都可以随意践踏欺负他们,谁还会来救他们呢?

(三)治家有度,慎重续娶

颜之推认为,治家要遵循一定的法度,把握"度",不能过于苛刻,也不能过于宽仁,他举例说:

> 梁孝元世,有中书舍人,治家失度,而过严刻,妻妾遂共货刺客,伺醉而杀之。③

> 世间名士,但务宽仁,至于饮食饟馈,僮仆减损,施惠然诺,妻子节量,狎侮宾客,侵耗乡党:此亦为家之巨蠹矣。④

---

①颜之推撰,王利器集解:《颜氏家训集解》,上海:上海古籍出版社,1980年版,第41页。
②颜之推撰,王利器集解:《颜氏家训集解》,上海:上海古籍出版社,1980年版,第42页。
③④颜之推撰,王利器集解:《颜氏家训集解》,上海:上海古籍出版社,1980年版,第56页。

这是说,作为家长治家没有法度,过于苛刻,连妻妾都会恨之入骨,杀之而后快;而如果一味宽仁,连妻妾也会做出过分的事情。毋庸置疑,颜之推是一个地地道道的"女祸论"者,在他的眼里,似乎许多兄弟阋墙、家族争斗、家门祸殃都是因由女性的参与造成的。

另外,他提醒儿孙,续娶也要慎重。他说,在这个时代,继母虐子的现象,俗以为常。

> 江左不讳庶孽,丧室之后,多以妾媵终家事。疥癣蚊虻,或未能免,限以大分,故稀斗阋之耻。河北鄙于侧出,不预人流,是以必须重娶,至于三四,母年有少于子者。后母之弟,与前妇之兄,衣服饮食,爱及婚宦,至于士庶贵贱之隔,俗以为常。①

当时的江南,"不讳庶孽",妻子死后,常常让妾媵管理家事,虽疥癣蚊虻之类的小事不能避免,但限于妾媵的地位名分,兄弟阋于墙这样令人羞耻的事情还不多。但北方人鄙视侧庶,不允许庶妾进入嫡系的行列,所以他们如果死了妻子,就一定要续娶,有的甚至续娶三四次,以至于后妻的年龄有时比前妻的儿子还要小;而后妻的儿子与前妻的儿子,在衣服、饮食甚至婚姻、做官方面,都存在士庶贵贱的差别,而且这已经成了正常的事情了。等到父亲去世,"辞讼盈公门,谤辱彰道路,子诬母为妾,弟黜兄为佣,播扬先人之辞迹,暴露祖考之长短,以求直己者,往往而有"②。所以,颜之推告诫子孙,续弦一定要慎重。

(四)亲友相济,患难相顾

在门第社会与皇权社会关系并立以及九品中正制选士的社会背景中,一个人能否在社会上一帆风顺,往往与他的家族背景有着密切的关系;而一个家族能

---

① 颜之推撰,王利器集解:《颜氏家训集解》,上海:上海古籍出版社,1980年版,第47页。
② 颜之推撰,王利器集解:《颜氏家训集解》,上海:上海古籍出版社,1980年版,第47—48页。

否维持其高贵的地位和特权,也离不开家族每个成员的努力。个人的生存与出仕和家族的声誉及地位犹如一个不能拆卸的整体。而生活在乱世的颜之推,对于朝市迁革、家业凋零、亲族单弱、傍无一人的现实充满了感触。他说:

> 就狄俘于旧壤,陷戎俗于来旋。慨黍离于清庙,怆麦秀于空廛,簨虡卧而不考,景钟毁而莫悬,野萧条以横骨,邑阒寂而无烟。畴百家之或在,覆五宗而剪焉。①

> 但以门衰,骨肉单弱,五服之内,傍无一人,播越他乡,无复资荫。使汝等沉沦厮役,以为先世之耻。故靦冒人间,不敢坠失。②

颜之推深深感触于颜氏家族在乱世中流离衰败,骨肉至亲都孤单弱小,五服之内的亲戚没有一个可以依托的,加上流落他乡,失去了原有的家族庇护,自己才不得不为了生存而煞费心思、忍辱负重,含羞耻于世间。在《勉学》篇中,颜之推在痛斥士族子弟"熏衣剃面,傅粉施朱,驾长檐车,跟高齿屐,坐棋子方褥,凭斑丝隐囊,列器玩于左右,从容出入,望若神仙。明经求第,则顾人答策;三九公䜩,则假手赋诗"③的不学无术,但字里行间,也流露出这样的观念,那就是离乱之后,朝市迁革,倘若朝中还有这些士族子弟"曩者之亲""昔时之党",纵使他们百无一用,也不至于转死沟壑。他说:

> 及离乱之后,朝市迁革,铨衡选举,非复曩者之亲。当路秉权,不见昔时之党。求诸身而无所得,施之世而无所用。被褐而丧珠,失皮而露质,兀若枯木,泊若穷流,鹿独戎马之间,转死沟壑之际。④

失去亲朋庇护,自身又百无一用,这正是那些不学无术的世家子弟面临丧

---

① [唐]李百药撰:《北齐书》,北京:中华书局,1972年版,第621页。
② 颜之推撰,王利器集解:《颜氏家训集解》,上海:上海古籍出版社,1980年版,第534页。
③ 颜之推撰,王利器集解:《颜氏家训集解》,上海:上海古籍出版社,1980年版,第145页。
④ 颜之推撰,王利器集解:《颜氏家训集解》,上海:上海古籍出版社,1980年版,第145页。

珠、露质,颠沛流离,甚至抛尸荒野的重要原因。

所以,无论何时,能否处理好家族内部亲戚、朋友之间的关系,是能否建立一个良好的生存环境的关键因素。颜之推对此有充分的认识。他认为,亲戚、朋友之间应当在日常生活中多沟通,言谈举止有礼仪,不仅要祛除不良的陋习,也要尊重他人的习俗,从而建立良好的交游环境。譬如江东的妇女,几乎没有什么交游;他们娘家与婆家,有的十几年未碰面,即便如此,他们也仍会遣人送信问候一下、互相赠送礼品等,来表达一下情谊。颜之推认为这样既避免了妇唱夫随的局面,也加强了婚姻之家的情谊:

> 江东妇女,略无交游,其婚姻之家,或十数年间,未相识者,惟以信命赠遗,致殷勤焉。①

婚姻之家不能失礼,而客人登门,更应该热情相待,有理有情。譬如南方的人有客人来时不亲自去迎接,相见的时候也就是拱手而已,连身子都不动一下;而北方的人迎客、送客都一直走到门口,相见的时候以伏身作揖为礼。颜之推认为这是古代的遗风,他甚为赞许这样的亲迎之礼。

> 南人宾至不迎,相见捧手而不揖,送客下席而已;北人迎送并至门,相见则揖,皆古之道也,吾善其迎揖。②

又譬如在丧葬之类的大事情上:

> 江南凡遭重丧,若相知者,同在城邑,三日不吊则绝之;除丧,虽相遇则避之,怨其不己悯也。有故及道遥者,致书可也;无书亦如之。③

---

① 颜之推撰,王利器集解:《颜氏家训集解》,上海:上海古籍出版社,1980年版,第60页。
② 颜之推撰,王利器集解:《颜氏家训集解》,上海:上海古籍出版社,1980年版,第85页。
③ 颜之推撰,王利器集解:《颜氏家训集解》,上海:上海古籍出版社,1980年版,第101页。

江南地区,凡是遇到重丧的人家,如果同住在一个城邑的亲朋相知,三天之内不去丧家吊唁,丧家就会与他绝交;之后,丧家即便是除了丧服,在路上与他相遇,也会避开他,这是怨恨他不怜悯丧家的缘故。如果另有原因或者道路遥远不能前来吊丧,可以用书信的方式表达自己的感情;如果不写,那丧家就会像对待同城而不吊唁的人一样对他了。所以,颜之推是要求子女不仅要在礼节上能权宜情谊,也要考虑民俗。

另外,颜之推还主张亲戚、朋友之间应当相济相亲,当亲友迫于危难之时,我们不应当悭吝。他说:

> 亲友之迫危难也,家财己力,当无所吝。①

在《治家》篇中,颜氏还讲到这样的故事:

> 南阳有人,为生奥博,性殊俭吝,冬至后女婿谒之,乃设一铜瓯酒,数脔獐肉;婿恨其单率,一举尽之。主人愕然,俛仰命益,如此者再;退而责其女曰:"某郎好酒,故汝常贫。"及其死后,诸子争财,兄遂杀弟。②

这是说,南阳有个老人一生积累富厚,但却悭吝无比,对待自己的女婿也是这样。有一年冬至后女婿去拜望他,他就摆了一铜瓯的小酒和几块獐子肉。女婿怪他过于简慢,就把酒肉一下子都吃了。这位老岳父只得又加了一些,女婿又一次全吃了。之后,这个南阳人竟然还责怪他的女儿说,你的丈夫好喝酒,所以你老是受穷。可想,这位南阳老人虽然富有,但他不可能去救济自己的女儿,当然也很难取得女婿的尊重。所以他死后,儿子争财,互相残杀,也是老人悭吝不亲造的孽了。相比较而言,裴子野对亲戚朋友的救济行为就受到颜之推的称赞,他说:

> 裴子野有疏亲故属饥寒不能自济者,皆收养之;家素清贫,时逢水旱,

---

① 颜之推撰,王利器集解:《颜氏家训集解》,上海:上海古籍出版社,1980年版,第311页。
② 颜之推撰,王利器集解:《颜氏家训集解》,上海:上海古籍出版社,1980年版,第57—58页。

> 二石米为薄粥,仅得遍焉,躬自同之,常无厌色。①

每有远亲旧属因为饥寒不能生存时,裴子野都会收留他们。裴子野家里本来清贫,又遇到水旱灾害,用两石米煮成稀粥,也仅仅是能让所有的人喝上一点。但裴子野与大家一样喝稀粥,从来没有过厌烦。

亲友之间,有困难的时候相辅相济,这是出于感情上的需要,也是为人处世态度的最初呈现。"佐饔得尝",亲友之间如果能互相体恤,相互支撑,相互帮助,自然会获得应得的好处;亲友之间如果不能在困难的时候相辅相济,则不仅失去了一个人最为基本的情感和道德,最终也会影响到自己的家庭与亲友情感的意义,一旦自己遇到困难,同样会失去别人的关心与帮助。

与此同时,颜之推也认同王子晋所言的"佐斗得伤"。他认为亲友之间的帮助与救济并不是毫无原则的,而是要限制于"仁义"道德之内的,如果亲友是如下几种情况,就不能去体恤救济。他说:

> 王子晋云:"佐饔得尝,佐斗得伤。"此言为善则预,为恶则去,不欲党人非义之事也。凡损于物,皆无与焉。然而穷鸟入怀,仁人所悯;况死士归我,当弃之乎?伍员之托渔舟,季布之入广柳,孔融之藏张俭,孙嵩之匿赵岐,前代之所贵,而吾之所行也,以此得罪,甘心瞑目。至如郭解之代人报仇,灌夫之横怒求地,游侠之徒,非君子之所为也。如有逆乱之行,得罪于君亲者,又不足恤焉。亲友之迫危难也,家财己力,当无所吝;若横生图计,无理请谒,非吾教也。墨翟之徒,世谓热腹,杨朱之侣,世谓冷肠;肠不可冷,腹不可热,当以仁义为节文尔。②

颜之推认为,佐斗得伤,如果不明是非就去为亲友"两肋插刀",最终会伤害自己。那么,什么情况下不能提供帮助呢?其一,"游侠之徒,非君子之所为"。如果是像伍子胥、季布、张俭、赵岐那样的勇士走投无路,就应该像渔夫、广柳、孔

---

① 颜之推撰,王利器集解:《颜氏家训集解》,上海:上海古籍出版社,1980年版,第57页。
② 颜之推撰,王利器集解:《颜氏家训集解》,上海:上海古籍出版社,1980年版,第311页。

融、孙嵩那样去相救,就算因此得罪了权贵,也心甘情愿;但不要像诸如郭解、灌夫之类的代人报仇、代人索取,为了亲友而做游侠,这是颜之推所反对的。其二,"如有逆乱之行,得罪于君亲者,又不足恤焉。"如果亲友有大逆不道、犯上作乱,得罪了父母、帝王,那这些人也是不值得去体恤、同情的。其三,亲友遇到危难自然需要全力救助,但如果是有人不怀好意,无理请求帮助,那就不是我们的教化中所提倡的了,那种人不用去帮。所以说,肠不可冷,腹不可热,我们应当依仁义来节制言行,来确定该怎样去做。

二、全身免祸,去辱避害

"人之爱其子孙也,何所不至哉!"①作为一个饱经社会风霜、历经朝市迁革、受殃战乱祸患的老人,颜之推不仅目睹一些士族子弟"被褐而丧珠,失皮而露质,兀若枯木,泊若穷流,鹿独戎马之间,转死沟壑之际"②,而且亲历"一生而三化,备荼苦而蓼辛"③,深切地感受到于乱世中求生存、于竞争中求安定的不易。故其《颜氏家训》在整顿家风、教诲子孙的追求下,不仅关切家族生活的和谐,更关切儿孙能否在乱世中取得生存的资本,能否于朝市迁革中避免沉沦厮役,全身避祸,不辱没先人。为达到这样的理想,颜之推"虑焉而周""语焉而详""详于书"④,他汲取社会的、历史的、现实的以及切身的经验教训,在《颜氏家训》中,提出了各种值得人们思索的全身之方。

(一)谨言慎行,做事留有余地

世俗风习与人情好恶,使颜之推对言多必失的古训深有感触;乱世风云与官场倾轧,更使颜之推深感祸从口出的险恶世情。《文章》篇中,他说自己因为常常议论别人的文章不谨慎,而得罪了不少人,所以劝子女不要随便评论别人。他说:

---

①④黄叔琳:《〈颜氏家训〉节钞序》,载《颜氏家训集解》,上海:上海古籍出版社,1980年版,第560页。
②颜之推撰,王利器集解:《颜氏家训集解》,上海:上海古籍出版社,1980年版,第145页。
③[唐]李百药撰:《北齐书·颜之推传·观我生赋》,北京:中华书局,1972年版,第626页。

> 吾初入鄴,遂尝以此忤人,至今为悔;汝曹必无轻议也。①

在《省事》篇中,颜氏又引用周之太庙金人背上之铭告诫儿孙以多言多事为戒,做什么事情一定要把握好尺度,有所为、有所不为;不该说的话不要说,不该做的事不要做,多言就会增加过失的机会,多事就会增添祸患出现的频率;历史上那些巧言辞令的人,最终都很难有好的下场。他说:

> 攻人主之长短,谏诤之徒也;讦群臣之得失,讼诉之类也;陈国家之利害,对策之伍也;带私情之与夺,游说之俦也。总此四涂,贾诚以求位,鬻言以干禄。或无丝毫之益,而有不省之困,幸而感悟人主,为时所纳,初获不赀之赏,终陷不测之诛,则严助、朱买臣、吾丘寿王、主父偃之类甚众。②

颜之推认为,指责君主的过失,这是直言不阿一类的人;揭发群臣的隐私、攻击群臣的短处,这是好争辩是非曲直的人;陈述国家政策的利害,这是喜欢讨论政事、经常提出建议一类的人;带着个人感情褒贬是非,意图改变别人的想法,这是游说之徒。总的看来这四种人都是出售忠心以求高位,出卖言论以取得厚禄。但这样做有的时候不但没有丝毫的价值,反而会因为得不到君主理解而招致困厄;即便是侥幸打动了君主,被当世采纳,但也常常是开始获得不可估量的奖赏,最终又招致难以预料的杀身之祸。朱买臣、吾丘寿王、主父偃这样一开始获得君主的恩宠,显贵一时,后来又死于非命的人真是太多了。

> 良史所书,盖取其狂狷一介,论政得失耳,非士君子守法度者所为也。今世所睹,怀瑾瑜而握兰桂者,悉耻为之。守门诣阙,献书言计,率多空薄,高自矜夸,无经略之大体,咸秕糠之微事,十条之中,一不足采,纵合时务,已漏先觉,非谓不知,但患知而不行耳。或被发奸私,面相酬证,事途回穴,翻惧怨尤;人主外护声教,脱加含养,此乃侥幸之徒,不足与比肩也。③

---

①颜之推撰,王利器集解:《颜氏家训集解》,上海:上海古籍出版社,1980年版,第259页。
②颜之推撰,王利器集解:《颜氏家训集解》,上海:上海古籍出版社,1980年版,第303—304页。
③颜之推撰,王利器集解:《颜氏家训集解》,上海:上海古籍出版社,1980年版,第304页。

历史上记载这些事情,大概是取其狂狷、敢于评论时政罢了,事实上这些并不是遵守法度的君子所为。当今之世,怀瑾握瑜有才德的人都羞耻上书言事,那些献疏言计的人,大多是腹内空空、学识浅薄、自吹自擂的人。他们献上的言论无关管理国家的大事,都不过是一些关系秕糠的小事;十条建议之中,难有一条值得采纳;即使有合乎时局的,但也是别人已经知道、意识到的,并不是不明白,只不过虽明白却不执行罢了。有的被揭发藏奸纳私,与人当面对质,由于事情迂回变化,反而为罪过担惊受怕;即使君主考虑维护朝廷声誉教化可能会包容他们,那他们也是侥幸之徒,不值得和他们为伍。

但这并不是说就要三缄其口,一句话不说,该说话的时候还是要说的。颜之推说:

> 谏诤之徒,以正人君之失尔,必在得言之地,当尽匡赞之规,不容苟免偷安,垂头塞耳;至于就养有方,思不出位,干非其任,斯则罪人。故《表记》云:"事君,远而谏,则谄也。近而不谏,则尸利也。"《论语》曰:"未信而谏,人以为谤己也。"①

什么意思呢?就是说,身在其位,你不能装聋作哑,什么也不管;但如果不在其位,就不要去越俎代庖,没用又招灾的话就不要去讲了。与此同时,颜之推又告诫子孙,为官有为官的规则,处世也有处世的原则,在追求声誉、地位、尊严的同时,处处要留有余地,才能生存。他举例子说,隋文帝曾下诏颁行新历,有山东学士与关东太史争论历法,争吵了很多年也没有结果。于是为他们提供了一些建议:

> 大抵诸儒所争,四分并减分两家尔。历象之要,可以晷景测之;今验其分至薄蚀,则四分疏而减分密。疏者则称政令有宽猛,运行致盈缩,非算之失也;密者则云日月有迟速,以术求之,预知其度,无灾祥也。用疏则藏奸而不信,用密则任数而违经。且议官所知,不能精于讼者,以浅裁深,安有肯服?既非格令所司,幸勿当也。②

---

① 颜之推撰,王利器集解:《颜氏家训集解》,上海:上海古籍出版社1980年版,第306—307页。
② 颜之推撰,王利器集解:《颜氏家训集解》,上海:上海古籍出版社,1980年版,第313页。

那时,整个议曹的人不分贵贱,都认为颜之推说得有道理,但是,有一个礼官,以这样的互相礼让为羞耻,他想方设法强加考核,"机杼既薄,无以测量,还复采访讼人,窥望长短,朝夕聚议,寒暑烦劳,背春涉冬,竟无予夺,怨诮滋生",最终"赧然而退"①,自找耻辱。他又说:

人足所履,不过数寸,然而咫尺之途,必颠蹶于崖岸,拱把之梁,每沉溺于川谷者,何哉?为其旁无余地故也。君子之立己,抑亦如之。至诚之言,人未能信,至洁之行,物或致疑,皆由言行声名,无余地也。②

人足所履,不过数寸,但是走在咫尺宽的山路上,却为什么会从山崖上掉下去;从拱把粗的桥梁上过河,却为什么常常沉溺于川谷?那是因为脚的旁边没有余地的缘故。至诚的话语为什么人们未必能信,至洁的行为为什么人们会产生怀疑,这也是因为这些话语、行为、声名好到极点,没有给人留下余地的缘故。所以,一个人要在社会上立足,必须为自己的立足留有余地。

(二)蓄价待时,做事不可强求

颜之推清醒地认识到,并非所有的才能会被世人认可,他说,那些学备古今、才兼文武,但却身无禄位,连妻子儿女都忍饥受寒的,不可胜数③。有一个叫丁觇的,很会写文章,而且特别擅长草书、隶书,孝文帝时的文书全都是交给他来写的。但是,他无名无位,连军府中那些地位低下的人都看不起他。但是,谋事在人,成事在天。他说:

君子当守道崇德,蓄价待时,爵禄不登,信由天命。须求趋竞,不顾羞惭,比较材能,斟量功伐,厉色扬声,东怨西怒;或有劫持宰相瑕疵,而获酬谢,或有喧聒时人视听,求见发遣;以此得官,谓为才力,何异盗食致饱,窃衣取温哉!世见躁竞得官者,便谓"弗索何获";不知时运之来,不求亦至也。见静退未遇者,便谓"弗为胡成";不知风云不与,徒求无益也。凡不求而自

---

① 颜之推撰,王利器集解:《颜氏家训集解》,上海:上海古籍出版社,1980年版,第313页。
② 颜之推撰,王利器集解:《颜氏家训集解》,上海:上海古籍出版社,1980年版,第280—281页。
③ 颜之推撰,王利器集解:《颜氏家训集解》,上海:上海古籍出版社,1980年版,第154页。

得,求而不得者,焉可胜算乎!①

按照颜之推的话说,一个人应当守道崇德,加强自身的修养,待价而沽,待时而动。就算没有什么爵禄,那也是天命的安排,不应该去强求。有的奔走竞争,不顾羞耻,跟别人比试较量才能,斟量功劳,面带怒容,高声叫嚣,怨东怪西;有的人靠要挟宰相的瑕疵获得酬谢,有的人哗众取宠而求得发遣,用这样的方法求得官职,认为有能力,那跟偷粮食吃饱饭、偷衣服取暖有何差异!世人见到那些到处奔走求得官职的人,便认为"不求取怎么能够获得",却不知道如果是有时运,不去索求,这些机会也会到来。世人看见淡薄退隐而得不到重用的人,就认为"不去做怎能有成就",却不知道如果时势不允许,茫然追求也是没有用的。所有不求而自得,索求反而不得的事情,哪里能说得清呢!

(三)止足诫兵,避开耻辱与倾危之祸

颜之推引用《礼记》"欲不可纵,志不可满"的话,发展出"少欲知足"的思想,认为"宇宙可臻其极,情性不知其穷,唯在少欲知足,为立涯限尔"②。按他的想法,知足,就不能贪图盛名,亦不可贪图一时的荣华富贵。他说:

> 有盛名而免过患者,时复闻之,但其损败居多耳。

> 齐之季世,多以财货托附外家,喧动女谒。拜守宰者,印组光华,车骑辉赫,荣兼九族,取贵一时。而为执政所患,随而伺察,既以利得,必以利殆。……纵得免死,莫不破家,然后噬脐,亦复何及。吾自南及北,未尝一言与时人论身分也,不能通达,亦无尤焉。③

他举例说,齐国末年,很多人用财物贿赂依附外戚,请宫中的受宠妃嫔为自己干求请托,一旦被授予地方长官之职,就官印绶带光华闪耀,坐的车骑光辉赫

---

① 颜之推撰,王利器集解:《颜氏家训集解》,上海:上海古籍出版社,1980年版,第307页。
② 颜之推撰,王利器集解:《颜氏家训集解》,上海:上海古籍出版社,1980年版,第316页。
③ 颜之推撰,王利器集解:《颜氏家训集解》,上海:上海古籍出版社,1980年版,第309页。

赫，荣耀遍及九族，富贵一时。但是，这些人往往被当朝的执政者以为是祸患，随时都对其进行考察。最终这些人即便免于一死，也没有不是家门破败的。这时即便是后悔，也没什么用了。我（颜之推）从南方到北方，从来没有与他人说过一句论及身份地位的话，虽然不能官位亨通显达，但也没有什么忧患。所以，他劝诫自己的儿孙：

> 仕宦称泰，不过处在中品，前望五十人，后顾五十人，足以免耻辱，无倾危也。高此者，便当罢谢，偃仰私庭。吾近为黄门郎，已可收退；当时羁旅，惧罹谤讟，思为此计，仅未暇尔。自丧乱已来，见因托风云，徼幸富贵，旦执机权，夜填坑谷，朔欢卓、郑，晦泣颜、原者，非十人五人也。慎之哉！慎之哉！①

> 先祖靖侯戒子侄曰："汝家书生门户，世无富贵。自今仕宦不可过二千石，婚姻勿贪势家。"吾终身服膺，以为名言也。②

颜之推结合自身的为官感受，这两段话可谓中庸至极。面对国破家亡、朝代更替频繁的现实，身经一生而三化的失节，颜之推的为官生涯，摧残着一个自幼即受到儒家文化熏陶的知识分子的灵魂。在颜之推的眼里，为官早已经不再着眼于政治上的作为，而仅仅成为一种维持一个家族生存的手段，成为一种保持一个家族既有社会地位的权宜之计。他告诫子孙，仕宦不要做大官，甚至婚姻也不能攀附高门势家，做官做到中品以下，能够比上不足比下有余，不辱门庭、免受倾危之灾也就够了，如果官位高于中品，就应该辞去官职，安居家中，因为权柄过高，即便无罪也容易遭到祸害。

颜之推不仅恐惧身居高位的祸患，而且反对子孙放弃读书学问而去求取战功。他说，只有学问，可以使人开心明目，多知明达，免受厮役穷辱之苦。他说：

> 所以学者，欲其多知明达耳。必有天才，拔群出类，为将则暗与孙武、吴

---

① 颜之推撰，王利器集解：《颜氏家训集解》，上海：上海古籍出版社，1980年版，第319页。
② 颜之推撰，王利器集解：《颜氏家训集解》，上海：上海古籍出版社，1980年版，第316页。

起同术,执政则悬得管仲、子产之教,虽未读书,吾亦谓之学矣。今子即不能然,不师古之踪迹,犹蒙被而卧耳。①

或因家世余绪,得一阶半级,便自为足,全忘修学;及有吉凶大事,议论得失,蒙然张口,如坐云雾;公私宴集,谈古赋诗,塞默低头,欠伸而已。有识旁观,代其入地。何惜数年勤学,长受一生愧辱哉!②

虽百世小人,知读《论语》《孝经》者,尚为人师;虽千载冠冕,不晓书记者,莫不耕田养马。以此观之,安可不自勉耶?若能常保数百卷书,千载终不为小人也。③

相比较而言,颜之推认为"兵凶战危,非安全之道"④。他说,颜氏家族世代以儒雅为业,秦、汉、魏、晋,以至于齐、梁,颜氏家族就没有用兵获取显达的。崇武尚兵的诸如颜高、颜鸣、颜息、颜羽这些人都不过是一介武夫;颜涿聚、颜最、颜良、颜延之这些人虽为大将,但结果要么被俘,抑或被杀;颜忠、颜俊也是遭罹祸败。所以他劝诫子孙莫"违弃素业,徼幸战功"⑤。不切实际地放弃学问去求战功,其结果只能是"大则陷危亡,小则贻耻辱"。他说:

国之兴亡,兵之胜败,博学所至,幸讨论之。入帷幄之中,参庙堂之上,不能为主尽规以谋社稷,君子所耻也。然而每见文士,颇读兵书,微有经略。若居承平之世,睥睨宫阃,幸灾乐祸,首为逆乱,诖误善良;如在兵革之时,构扇反覆,纵横说诱,不识存亡,强相扶戴:此皆陷身灭族之本也。诫之哉!诫之哉!⑥

---

① 颜之推撰,王利器集解:《颜氏家训集解》,上海:上海古籍出版社,1980年版,第154页。
② 颜之推撰,王利器集解:《颜氏家训集解》,上海:上海古籍出版社,1980年版,第141页。
③ 颜之推撰,王利器集解:《颜氏家训集解》,上海:上海古籍出版社,1980年版,第145页。
④ 颜之推撰,王利器集解:《颜氏家训集解》,上海:上海古籍出版社,1980年版,第124页。
⑤ 颜之推撰,王利器集解:《颜氏家训集解》,上海:上海古籍出版社,1980年版,第321页。
⑥ 颜之推撰,王利器集解:《颜氏家训集解》,上海:上海古籍出版社,1980年版,第325页。

颜之推认为,国家的兴亡、战争的胜败,如果有广博的学识,是可以讨论这个问题的。一个人进入国家决策机关,在朝廷的殿堂上参与国政,却不能为君主尽谋划之责以求得国家的安定富足,这是君子所引以为耻的。他常常看见一些文士,兵书读得很少,兵法也只是略知概要。如果处在太平盛世,他们会热心于侦伺后宫动静,为每一点动乱而幸灾乐祸,领头犯上作乱,以致牵连善良之辈;如果处在战乱时期,他们会到处挑拨煽动,八方游说,翻手为云,覆手为雨,看不清存亡的趋向,却竭力扶持拥戴别人为王。颜之推认为,这些行为都是招致丧身灭族的祸根,提醒后人对此要千万警惕。

同时,颜之推告诫子女多读书。他认为,"有学艺者,触地而安。自荒乱已来,诸见俘虏,虽百世小人,知读《论语》《孝经》者,尚为人师;虽千载冠冕,不晓书记者,莫不耕田养马。以此观之,安可不自勉耶。若能常保数百卷书,千载终不为小人也。"①颜之推还进一步告诫子女,虽然父兄可以作为一时的靠山,家中富足,让自己过着衣食无忧的骄奢生活,但是"父兄不可常依,乡国不可常保,一旦流离,无人庇荫,当求诸身耳"。在危难之中,门第、财势是不可靠的,个人的学问技艺才是安身之本;而学问技艺的掌握,只有靠自己帮助自己,这样做的办法只有一个,就是多读书,知识在任何时候都是力量。

(四)国有吞灭,君臣固无常分

历仕梁、齐、北周、隋的为官生涯,使颜之推早已失去了作为儒者所追求的值得自豪的臣节,尽管他说自己出仕主要是为了颜氏家族的生存,是为了不辱没先人的门楣;但对他而言,一个儒者的尊严、一个家族的地位、一种苟活于世的生存需求,与一个政权更换频繁的时代,也实在是一种折磨人的畸形重合。他说:

> 既衔石以填海,终荷戟以入秦,亡寿陵之故步,临大行以逡巡。向使潜于草茅之下,甘为畎亩之人。无读书而学剑,莫抵掌以膏身,委明珠而乐贱,辞白璧以安贫,尧舜不能荣其素朴,桀纣无以污其清尘。此穷何由而至,兹辱安所自臻。而今而后,不敢怨天而泣麟也。②

---

① 颜之推撰,王利器集解:《颜氏家训集解》,上海:上海古籍出版社,1980年版,第145页。
② [唐]李百药撰:《北齐书·观我生赋》,北京:中华书局,1972年版,第625—626页。

颜之推一方面崇尚臣节,云"天命纵不可再来,犹贤死庙而恸哭"①。故他赞叹太监田鹏鸾护主的臣节,抨击齐之将相不如奴才;他赞叹谢夫人登屋诟怒,见射而毙;感叹名臣贤士,临难求生,自取其辱。他说:

> 齐有宦者内参田鹏鸾,本蛮人也。年十四五,初为阉寺,便知好学,怀袖握书,晓夕讽诵。所居卑末,使役苦辛,时伺闲隙,周章询请。每至文林馆,气喘汗流,问书之外,不暇他语。及睹古人节义之事,未尝不感激沉吟久之。吾甚怜爱,倍加开奖。后被赏遇,赐名敬宣,位至侍中开府。后主之奔青州,遣其西出,参伺动静,为周军所获。问齐主何在,绐云:"已去,计当出境。"疑其不信,欧捶服之,每折一支,辞色愈厉,竟断四体而卒。蛮夷童丱,犹能以学成忠,齐之将相,比敬宣之奴不若也。②

> 夫生不可不惜,不可苟惜。涉险畏之途,干祸难之事,贪欲以伤生,谗慝而致死,此君子之所惜哉;行诚孝而见贼,履仁义而得罪,丧身以全家,泯躯而济国,君子不咎也。自乱离已来,吾见名臣贤士,临难求生,终为不救,徒取窘辱,令人愤懑。侯景之乱,王公将相,多被戮辱,妃主姬妾,略无全者。唯吴郡太守张嵊,建义不捷,为贼所害,辞色不挠;及鄱阳王世子谢夫人,登屋诟怒,见射而毙。夫人,谢遵女也。何贤智操行若此之难?婢妾引决若此之易?悲夫!③

另一方面,颜之推又将人的生存欲求以及家族的声望地位居于一姓之国的更替之间,逾越了传统儒家思想对臣节的执守。他说,要养生的人首先要考虑避免祸患,先保住自身的性命,然后才能去保养它。譬如单豹这个人保养身心但是却因为外界的因素丢了性命;嵇康写了《养生论》,但却由于(对新朝)傲慢无礼而被杀害。这都是前代那些糊涂人的例子。他是这样说的:

> 夫养生者先须虑祸,全身保性,有此生然后养之,勿徒养其无生也。单

---

① [唐]李百药撰:《北齐书·观我生赋》,北京:中华书局,1972年版,第625页。
② 颜之推撰,王利器集解:《颜氏家训集解》,上海:上海古籍出版社,1980年版,第192页。
③ 颜之推撰,王利器集解:《颜氏家训集解》,上海:上海古籍出版社,1980年版,第333—334页。

豹养于内而丧外,张毅养于外而丧内,前贤所戒也。嵇康著《养生》之论,而以傲物受刑;石崇冀服饵之征,而以贪溺取祸,往世之所迷也。①

而关于臣事新朝,他也为自己找到理由:其一,自己的国家灭亡了,没有了容身之地。其二,为了家族门楣不受羞辱,为了子孙后代得以生存。其三,自春秋以来,君臣之间的名分早就不存在了。他说:

鸟焚林而铩翮,鱼夺水而暴鳞。嗟宇宙之辽旷,愧无所而容身。②

计吾兄弟,不当仕进;但以门衰,骨肉单弱,五服之内,傍无一人,播越他乡,无复资荫;使汝等沉沦厮役,以为先世之耻;故觍冒人间,不敢坠失。兼以北方政教严切,全无隐退者故也。③

不屈二姓,夷、齐之节也;何事非君,伊、箕之义也。自春秋以来,家有奔亡,国有吞灭,君臣固无常分矣。④

如今看来,在一个"重家不重国,重孝不重忠"⑤的南朝时代,颜氏家族对生存与社会地位的追求、对故国的舍弃与新君的接纳,对于南北朝时期的家族甚至国家而言并无不妥。可以说,正是由于抛弃了对一家一姓专制下故国的"愚忠",颜氏家族才获得了延续,颜氏家学才获得传承和发扬的契机。但是,颜之推毕竟身处一家一姓执政天下的南北朝文化背景中,三为亡国之人的失节,终归也不是什么光彩的事情。所以颜之推虽然并不避讳自己的经历,但还是要为自己的行为找到可资的依据,于是将"家有奔亡,国有吞灭,君臣固无常分矣"的训辞放到《家训》中。这一训辞,一则可见颜之推对当时的社会政治以及传统的君君臣臣道德的态度,二则也体现出南朝时代,家族的利益确实已经占据了更重要的位置。换

---

① 颜之推撰,王利器集解:《颜氏家训集解》,上海:上海古籍出版社,1980年版,第332页。
② [唐]李百药撰:《北齐书·观我生赋》,北京:中华书局,1972年版,第625页。
③ 颜之推撰,王利器集解:《颜氏家训集解》,上海:古籍出版社,1980年版,第534页。
④ 颜之推撰,王利器集解:《颜氏家训集解》,上海:古籍出版社,1980年版,第240页。
⑤ 范文澜:《中国通史简编》,北京:人民出版社,1949年版,第183页。

句话说,颜之推对颜氏家族生存状态的关切之情,已经超越了正常社会背景下人们对国家存亡兴衰的关注。

(五)君子处世,贵能有益于物

颜之推生活在我国南北分裂割据的时代,这一时期,北方经历了北齐代东魏、北周代西魏、北周灭北齐、隋代北周等诸多变故;而南方经历了梁、陈两个汉族政权的更替,即使偏安东南一隅,也遭到侯景之乱、西魏陷江陵、隋炀灭陈之事故。统治者互相攻伐,百姓惨遭荼毒。与此同时,士族阶层的腐朽也更令有识之士深忧。颜之推在《颜氏家训》中曾经对其时士大夫阶层依赖俸禄、养尊处优的生活作了尖锐的批判。颜之推认为,这些人一不能力田,不知道稼穑之艰难;二不知"世间余务",做官不明白为官之道,理家不知道治理的策略,这都是养尊处优太过的缘故。他说:

> 江南朝士,因晋中兴,南渡江,卒为羁旅,至今八九世,未有力田,悉资俸禄而食耳。假令有者,皆信僮仆为之,未尝目观起一墢土,耘一株苗;不知几月当下,几月当收,安识世间余务乎?故治官则不了,营家则不办,皆优闲之过也。①

颜之推说,江南的士族子弟,大多因为家世余绪,有一官半职,却又不学无术,香料熏衣,涂脂抹粉,酒足饭饱之余,无所事事,"多迂诞浮华,不涉世务;纤微过失,又惜行捶楚"②。其次,他们平时不求文武之学,"皆尚褒衣博带,大冠高履,出则车舆,入则扶侍,郊郭之内,无乘马者"。所以会"肤脆骨柔,不堪行步,体羸气弱,不耐寒暑"。称马为虎,何谈带兵?③他们平时"品藻古今,若指诸掌,及有试用,多无所堪"。待到明经求第之时,就窥视别人的议论,参加各种宴会,就请别人替代自己赋诗,所以"及有吉凶大事,议论得失,蒙然张口,如坐云雾;公私宴集,谈古赋诗,塞默低头,欠伸而已"④。文不能经邦,武不能护国,又没有什么远见

---
① 颜之推撰,王利器集解:《颜氏家训集解》,上海:上海古籍出版社,1980年版,第297页。
② 颜之推撰,王利器集解:《颜氏家训集解》,上海:上海古籍出版社,1980年版,第292页。
③ 颜之推撰,王利器集解:《颜氏家训集解》,上海:上海古籍出版社,1980年版,第295页。
④ 颜之推撰,王利器集解:《颜氏家训集解》,上海:上海古籍出版社,1980年版,第141页。

谋略,这些人事实上已经丧失了在现实社会的竞争能力,丧失了继续掌握政权的政治、军事的才能,他们如何能够"应世经务"呢?所以,歌舞升平之时,这些人依赖祖宗余绪,尚可以生存,一旦遇到"朝市迁革",他们不坐以待毙,又能如何呢?动乱变革之后的时代,他们只能成为秉权者眼中无用的奴才,"求诸身而无所得,施之世而无所用"①,随时皆有被褐丧珠、失皮露质、转死沟壑的可能。相比之下,那些出身低微的寒族、庶族之人却往往能够触地而安,因为他们更讲究实干,学有才艺,不仅能够履行职责,能够熟悉官吏事务,而且即使有了过错也能施以鞭打的处罚,严加监督,所以他们往往能够凭借自身的才能跻身统治阶层。原文为:

> 至于台阁令史,主书监帅,诸王签省,并晓习吏用,济办时须,纵有小人之态,皆可鞭杖肃督,故多见委使,盖用其长也。②

基于此,颜之推《颜氏家训》中提出了"贵能有益于物"③。他期望自己的子女们能在现实中树立正确的人生态度与志向,为人处世要"有益于物耳",而不能"徒高谈虚论,左琴右书,以费人君禄位也"。在颜之推看来,士族子弟高谈阔论,弹弹琴练练字,不过是白白耗费俸禄;而一个人为人处世,至贵之处则在于对别人有益处,一个人生存的根本,在于能够自求诸身,有一艺在身,他说:

> 君子之处世,贵能有益于物耳。④

> 夫明《六经》之指,涉百家之书,纵不能增益德行,敦厉风俗,犹为一艺,得以自资。父兄不可常依,乡国不可常保,一旦流离,无人庇荫,当自求诸身耳。谚曰:"积财千万,不如薄技在身。"⑤

正是这种重视追求有益于物,"为一艺得以自资""自求诸身"的家教思想,最终也促进了颜之推对子女兼学职业技术的重视与关注。

---

①颜之推撰,王利器集解:《颜氏家训集解》,上海:上海古籍出版社,1980年版,第145页。
②颜之推撰,王利器集解:《颜氏家训集解》,上海:上海古籍出版社,1980年版,第292页。
③④颜之推撰,王利器集解:《颜氏家训集解》,上海:上海古籍出版社,1980年版,第290页。
⑤颜之推撰,王利器集解:《颜氏家训集解》,上海:上海古籍出版社,1980年版,第153页。

三、治学修身,传业扬名

颜之推《颜氏家训》的创作,一则为了治家,希望达到家庭和睦的状态;二则恐惧遭祸,希望子孙能远祸避害,于乱世清明中均能得以全身;第三个重要的目的,无非就是光宗耀祖,传业扬名,保持颜氏家族的社会地位与声誉,世世代代能够获得满意的生存条件。按照颜之推的说法,颜氏家族自得姓以来就是传承着儒学文化而不求军伍出身的家族,魏晋南北朝时期,更是江东百谱之一的大户,同时也是一个注重品行修养、重视家教门风的士族高门。颜之推自幼受到家庭环境的影响,早传家业,又因社会的不良风气,而遭受今是昨非的无数磨难。他深深意识到,要使得子孙能自立于世而免遭辱没祸患,就必须重视子女的家庭教育、社会教育以及知识教育。他认为,读书问学,可潜移默化地提高人的修养,锻炼人的节操,成就人修身、养亲、事君的道德底蕴,改变人骄奢、鄙吝、暴悍、怯懦等不良习气,开心明目,利于其行。那些有志于学习的士族子弟,经受磨炼,就可成就其大业;而那些没有操守的人,懒散堕落,只能成为社会的庸人。

(一)读书学问,开心明目利于行

在对子女的家庭教育中,颜之推十分重视读书学问。他认为,读书学问,可以修养人之身心,立身扬名,改变人的命运,使人千载终不沦没为厮役小人。故曰:

> 夫圣贤之书,教人诚孝,慎言检迹,立身扬名,亦已备矣。①

> 夫学者是犹种树也,春玩其华,秋登其实;讲论文章,春华也,修身利行,秋实也。②

> 虽百世小人,知读《论语》《孝经》者,尚为人师,虽千载冠冕,不晓书记者,莫不耕田养马。以此观之,安可不自勉耶?若能常保数百卷书,千载终不为小人也。③

颜之推认为,圣贤之书包含了各种有益于人的处世行为发展的内容,通过学

---

① 颜之推撰,王利器集解:《颜氏家训集解》,上海:上海古籍出版社,1980年版,第19页。
② 颜之推撰,王利器集解:《颜氏家训集解》,上海:上海古籍出版社,1980年版,第165页。
③ 颜之推撰,王利器集解:《颜氏家训集解》,上海:上海古籍出版社,1980年版,第145页。

习,储备讲论的资本和培养写文章的能力,更重要的是学习还能修养身心,有利于日后的生存处世,包括立身扬名、至孝于先人。即便是地位低贱的人,如果精通《论语》《孝经》这样的经典,也能成为受人尊敬的师长;即便是世家高门子弟,如果不能通晓这些书籍,最终莫不是沦落为耕田的农夫、养马的奴隶。所以颜之推告诫子女,如果能"常保数百卷书,千载终不为小人也"。毫无疑问,颜之推以能否赢得高贵的社会地位与是否会沦落为社会地位低贱的人来督促子女的学习,以此要求子女重视学问。这显然有着将社会分工分出等级的传统偏见,但并不妨碍其论证的说服力。其实,即便是到了今天,人们的劳动虽然不再强调等级贵贱,但仍有差别的存在,譬如工资待遇、工作的环境等,有多少人不追求更好的工资待遇、更有益于自身生存发展的工作环境呢?

其次,颜氏又将治学与掌握实际的谋生技能联系起来。他说,读书学问,可以使人增加见识,为人提供生存的技能以自立于世且获得至上的尊严。

> 夫明《六经》之指,涉百家之书,纵不能增益德行,敦厉风俗,犹为一艺,得以自资。父兄不可常依,乡国不可常保,一旦流离,无人庇荫,当自求诸身耳。谚曰:"积财千万,不如薄技在身。"技之易习而可贵者,无过读书也。世人不问愚智,皆欲识人之多,见事之广,而不肯读书,是犹求饱而懒营馔,欲暖而惰裁衣也。①

颜之推说,父亲、兄长不能永远依赖,家乡、邦国不能永保太平,一旦流离失所,没有人来庇护周济你的时候,就应当求助于自身了。俗话说:积财千万,不如薄技在身。那么,什么样的"技"容易学得到而且能受到尊重呢?颜之推认为,这无过于读书,没有比读书更好的了。世人不管愚钝还是聪明,都希望认识的人多,见识的事情广,但是却不肯去读书,这无异于想吃饱饭但又懒于去做饭,想穿得暖和却又不愿去裁制衣服一样。所以,颜之推一再叮嘱子女,要将精力放在读书学问上,如果能通晓《诗》《书》《礼》《乐》《易》《春秋》的要旨,涉猎诸子百家的著述,即便不能增益个人的道德操行,不能敦厉世风习俗,但也仍不失为一种才

---

① 颜之推撰,王利器集解:《颜氏家训集解》,上海:上海古籍出版社,1980年版,第153页。

艺。依赖这种才艺,可以独立谋求生计,还可以避免受到愧辱。故云:

> 何惜数年勤学,长受一生愧辱哉!

当然,颜之推所谓的读书问学得来的技能并非指空疏无用的迂腐"学问",他反对流俗清谈之风,认为读书学问本来是为了开心明目,以求有利于诸如养亲、事君、治家、修身之类的"行"。他说:

> 夫所以读书学问,本欲开心明目,利于行耳。……历兹以往,百行皆然。纵不能淳,去泰去甚。学之所知,施无不达。①

不知道如何侍奉双亲、国君,如何治理家政、修养身心的人,通过读书学习,可以师法古人,向古人学习至孝、事君、治家、修身的方法,由此类推,百行皆然,都可以通过读书学习去获得想要的知识。即使不能使世风纯正,但也足以去掉一切过分的行为。从学习中获取的知识,放到哪里都很有用。颜之推也同样看到:

> 世人读书者,但能言之,不能行之,忠孝无闻,仁义不足;加以断一条讼,不必得其理;宰千户县,不必理其民;问其造屋,不必知楣横而梲竖也;问其为田,不必知稷早而黍迟也;吟啸谈谑,讽咏辞赋,事既优闲,材增迂诞,军国经纶,略无施用;故为武人俗吏所共嗤诋,良由是乎!②

他说,现在的读书人啊,往往只能说不能做,忠孝不为人所知,仁义亦有欠缺;要让他们审一个案子,不一定能审出个所以然;让他们治理一个上千户的县,他们不一定能治理好老百姓;问他们怎么造房子,他们不一定知道门楣梁柱是横着放还是竖着放;问他们怎么种地,他们不一定知道稷、黍哪个先种,只知道"吟啸谈谑,讽咏辞赋,事既优闲,材增迂诞"。至于经纶军国大事,则没有一点办法。所以,他们被武夫、俗吏嘲笑辱骂,确实是因为这样的原因吧。所以,颜之推很反

---

① 颜之推撰,王利器集解:《颜氏家训集解》,上海:上海古籍出版社,1980年版,第160—161页。
② 颜之推撰,王利器集解:《颜氏家训集解》,上海:上海古籍出版社,1980年版,第161页。

对清谈。他认为清谈雅论,宾主问答,只不过是求得娱心悦耳,并不是济世成俗的紧要事情,至于那些"田野间人,音辞鄙陋,风操蚩拙,相与专固,无所堪能,问一言辄酬数百,责其指归,或无要会",更是犹如"博士买驴,书券三纸,未有驴字"的迂腐之学,要是以这样的人为老师,那真是让人要气死了。

> 以外率多田野间人,音辞鄙陋,风操蚩拙,相与专固,无所堪能,问一言辄酬数百,责其指归,或无要会。邺下谚云:"博士买驴,书券三纸,未有驴字。"使汝以此为师,令人气塞。孔子曰:"学也禄在其中矣。"今勤无益之事,恐非业也。①

与清谈、迂腐相反,颜之推讲求治学的实际效用。他说:

> 吾见世中文学之士,品藻古今,若指诸掌,及有试用,多无所堪。居承平之世,不知有丧乱之祸;处庙堂之下,不知有战阵之急;保俸禄之资,不知有耕稼之苦;肆吏民之上,不知有劳役之勤,故难可以应世经务也。②

在颜之推看来,一些文学之士,虽能品论古今,熟悉犹如指掌,但用到现实事务中的时候,却大多不堪重用。生活在太平世界却不知道会有丧乱之苦;身处朝廷之中却不知有战阵之急难;守着俸禄资用,在官吏、庶民头上肆意妄为,却不知道农民春耕秋收、吏民劳役之勤苦。他们很难应付时势、处理政务。

(二)使学古人,鉴达兴亡之妙

在《颜氏家训》中,颜之推谈及许多向古人学习的例子。譬如关于"勤学""文章写作""清谈"等,其中,"自古文人,多陷轻薄"的例子中,颜之推倾向于教导子女以古人的得失为鉴,免于矛戟、讽刺之祸,以保元吉;又以清谈诸人桎梏尘滓之中,颠仆名利之下为戒,劝导子女能全身免累。他说:

> 人见邻里亲戚有佳快者,使子弟慕而学之,不知使学古人,何其蔽也哉。③

---

①颜之推撰,王利器集解:《颜氏家训集解》,上海:上海古籍出版社,1980年版,第170页。
②颜之推撰,王利器集解:《颜氏家训集解》,上海:上海古籍出版社,1980年版,第292页。
③颜之推撰,王利器集解:《颜氏家训集解》,上海:上海古籍出版社,1980年版,第157页。

第三章　颜之推的家庭教育思想及其现代价值

颜之推认为,有的人看见邻里亲戚中有优秀的人,就让子女向他学习,但是却不知道让子女向古人学习,这是多么无知啊！在反对颜氏子女从事武力,丢弃家学的时候,颜之推以"世以儒雅为业"以及颜氏之人从武肇祸的实例,告诫子女从先人那里汲取教训,莫"违弃素业,徼幸战功"。他说：

> 颜氏之先,本乎邹、鲁,或分入齐,世以儒雅为业,遍在书记。仲尼门徒,升堂者七十有二,颜氏居八人焉。秦、汉、魏、晋,下逮齐、梁,未有用兵以取达者。春秋世,颜高、颜鸣、颜息、颜羽之徒,皆一斗夫耳。齐有颜涿聚,赵有颜最,汉末有颜良,宋有颜延之,并处将军之任,竟以颠覆。汉郎颜驷,自称好武,更无事迹。颜忠以党楚王受诛,颜俊以据武威见杀,得姓已来,无清操者,唯此二人,皆罹祸败。①

但是,向古人学习并不是死学而不懂变更,而应当活学活用。譬如对于忠君报国,颜之推说：

> 不屈二姓,夷、齐之节也；何事非君,伊、箕之义也。自春秋以来,家有奔亡,国有吞灭,君臣固无常分矣；然而君子之交绝无恶声,一旦屈膝而事人,岂以存亡而改虑？②

这也就是说,向古人学习为臣的道德,伯夷、叔齐不屈身于两朝,这叫作臣的气节；伊尹、箕子,却不在意谁是君主,他们在乎的是义；春秋以来,家有奔亡,国有吞灭,君君臣臣已经没有了固定的名分,所以向古人学习要在一定的原则下选用灵活的方式。

（三）务先王之道,绍家世之业

在颜之推所处的时代,家学依然是社会中最主要的文化传播方式,那时候,所谓的世家大族之所以能够名播于世,常常并非由于世代高官,而更注重的是家学的传承和门风的魅力,就像陈寅恪《隋唐制度渊源略论稿》《唐代政治史述论稿》中曾指出的："所谓士族者,其初并不专用其先代之高官厚禄为其唯一表征,而实以其家学及礼法标异于其他诸姓士族之特点。既在其门风之优美,不同于凡

---

① 颜之推撰,王利器集解：《颜氏家训集解》,上海：上海古籍出版社,1980年版,第320—321页。
② 颜之推撰,王利器集解：《颜氏家训集解》,上海：上海古籍出版社,1980年版,第240页。

庶。而优美之门风,实基于学业之因袭。"①

颜之推的学术渊源和学术风格就深刻地烙印着颜氏家学的传承的色彩。颜氏家族擅长《周官》和《左氏春秋》,并以此传家,颜之推很小就开始学习这两本书,"(颜氏)世善《周官》《左学》,之推早传家业""虽读《礼传》,微爱属文",而他对子女的风操教育也是源于家学对《礼》的重视。

在《风操》篇中,颜之推对士大夫应当遵循的礼仪规范以及南北社会风俗习尚的差异作了较为详细的阐述,譬如如何为子孙取名,亲戚朋友在具体的场合如何称谓,如何迎客、送客,如何送葬哀哭等,皆在其谈论之列。在谈论的时候,颜之推多从《礼》出发,以所见所闻之事实为证,一则传其家学,二则阐明自己的观点和好尚,以此教导子女如何传承家学发扬颜氏门风。

譬如,在谈到如何遵守礼法的时候,颜之推对一些人不能正确处置避讳而遭遇坎坷和耻笑做了一定的梳理。他引用《礼记》"见似目瞿,闻名心瞿"②之说,认为,听到与亡父母相似的名字或者看到与亡父母相近的容貌,而有所感触,内心哀痛,这是可以理解的;如果是在一般的情况下,是可以将这种情感表达出来的,但是,实在无法回避的时候,还是应该忍一忍才对。这就如《礼记》中说的,"临文不讳,庙中不讳,君所无私讳"。懂得如何变通地守礼,才能将家族的门风得以发扬。他说:

> 梁世谢举,甚有声誉,闻讳必哭,为世所讥。又有臧逢世,臧严之子也,笃学修行,不坠门风;孝元经牧江州,遣往建昌督事,郡县民庶,竞修笺书,朝夕辐辏,几案盈积,书有称"严寒"者,必对之流涕,不省取记,多废公事,物情怨骇,竟以不办而还。此并过事也。②

梁朝的谢举,很有声誉,但他不计场合听到亡父母的名讳就一定会哭,因此

---

① 陈寅恪:《隋唐制度渊源略论稿 唐代政治史述论稿》,北京:生活·读书·新知三联书店,2004年版,第2604页。
②③ 颜之推撰,王利器集解:《颜氏家训集解》,上海:上海古籍出版社,1980年版,第71页。

受到世人的讥笑。还有一位叫作臧逢世的,他是臧严的儿子,能勤学修行,不改门风,所以才会有机会被派遣处理公务,只是他在避讳上不知变通,在处理公务时每见到"严寒"一类的字,就一定对之流泪,不再仔细查看,因此经常耽误公务,最终因此退职。颜之推通过这样的例子,想告诉子女的其实就是希望子孙传承家业的同时,万不可一知半解,死守教条,而应当根据实际的情况,斟酌自己应当采取的态度,从而使得家学门风不至于"变了味"。

正因为礼的教育是着眼于家族的形象的树立与维持,所以颜之推告诉子女,即便是自家的门生童仆也在受教之列。他说:

> 失教之家,阍寺无礼,或以主君寝食嗔怒,拒客未通,江南深以为耻。黄门侍郎裴之礼,号善为士大夫,有如此辈,对宾杖之;其门生僮仆,接于他人,折旋俯仰,辞色应对,莫不肃敬,与主无别也。[1]

那些没有良好家教的人家,连守门的人也是粗鄙无礼的:有的守门人借口主人正在睡觉、吃饭或者发脾气,拒绝为客人通报,这在江南是深以为羞耻的事情。黄门侍郎裴之礼,被称为是具有士大夫风操的人,他家里如果有这样的无礼门人,他会当着客人的面杖打这个人;他的门子、童仆在接待客人的时候,进退礼仪、表情言辞,没有一个不是严肃恭敬的,与主人相比,他们对礼的遵循没什么两样。颜之推对这样一类的无论主仆皆"知书达礼"的家风甚为钦慕,所以将此列入《风操》,作为对子孙整齐门内的训诫之一。

其次,颜之推希望子女不仅要踏踏实实地做学问,传家业扬美名,践行"礼"而不坠颜氏家族门风,至于弃学经商,抑或弃文从武,则皆不能在他们的考虑之列。为了使子女能更好地"务先王之道",他不在乎自己承受怎样的生活艰辛,甚至不惜牺牲自己的臣节,不去考虑死后的归宿,只是为了给子女创造在乱世得以生存和继承门风、传承家学的环境和条件。他说:

---

[1] 颜之推撰,王利器集解:《颜氏家训集解》,上海:上海古籍出版社,1980年版,第126页。

> 昔在江南,目能视而见之,耳能听而闻之;蓬生麻中,不劳翰墨。汝曹生于戎马之间,视听之所不晓,故聊记录,以传示子孙。①

因为子女生于戎马之间,对颜氏所传承的"礼"已经不能很好地在现实中得到耳濡目染的教育,受不到良好环境的熏陶,所以,退而求其次,颜之推将自己所得以翰墨的形式记录下来,传示给子女,希望子女能在逆境中接受良好的家学教育。

> 子当以养为心,父当以学为教。使汝弃学徇财,丰吾衣食,食之安得甘?衣之安得暖?若务先王之道,绍家世之业,藜羹缊褐,我自欲之。②

颜之推认为,作为儿子,应该把孝养父母放在心上;作为父亲,应该将督促子女学习作为家教的重心,这都没有错。假如让子女放弃学业去挣钱,作为父亲的即使丰衣足食,吃得怎么能心安?穿得又怎么会感到温暖?如果子女能致力于先王之道,继承颜氏家族祖祖辈辈相传的家业,不坠门风,那作为父亲的就是喝菜汤穿粗布衣,也很乐意。

> 顷世乱离,衣冠之士,虽无身手,或聚徒众,违弃素业,徼幸战功。吾既羸薄,仰惟前代,故置心于此,子孙志之。③

这些年国家遭受乱离,有一些士大夫自己不会什么武功,却要放弃一贯传承的儒业而去聚集徒众求取战功,这是不能效仿的。一则身体素质不行,二则先人好兵之祸历历在目,所以子孙一定要牢记,将心思放在读书这一方面。

直到《终制》的撰写,颜之推仍不放心子女能否以学为志,故又以遗言的形式强调:

> 汝曹宜以传业扬名为务,不可顾恋朽壤,以取埋没也。④

---

① 颜之推撰,王利器集解:《颜氏家训集解》,上海:上海古籍出版社,1980年版,第69页。
② 颜之推撰,王利器集解:《颜氏家训集解》,上海:上海古籍出版社,1980年版,第194页。
③ 颜之推撰,王利器集解:《颜氏家训集解》,上海:上海古籍出版社,1980年版,第321页。
④ 颜之推撰,王利器集解:《颜氏家训集解》,上海:上海古籍出版社,1980年版,第541页。

什么最重要啊,不是这把老骨头,而是我们这个家族的传承,一定要记得"传业扬名"才是最重要的。颜之推这些反复的教导,表明了传承家学、颜氏家族的利益在他心中位置的重要,而这也正是他对家庭教育的最大追求。

第二节 颜氏家庭教育的重要理念与教育原则

在这个社会,尽管不同的人有不同的教育理念与追求,但期待子女获得成功的未来,确是无数父母都具有的基本的心态。

那么,什么样的家庭教育理念与教育的原则更适合现代教育,怎样才能实现理想的家庭教育,这绝不是关心一下子女的吃饭穿衣、喜怒哀乐这么简单的事情,它需要施教者的细心、耐心、真心、爱心,更需要施教者对子女生理心理发展过程的了解与理解以及对相应教育技巧的把握;而作为受教者,也不仅仅是只要在家庭完成身体生长的任务就可以了,他们更需要理解家长的苦心栽培,能够在家长的指导之下实现自己全面的成长,并最终实现理想的教育效果。

作为传统典范教材,《颜氏家训》开后世"家训"之先河,被南宋藏书家陈振孙誉为"古今家训之祖",是我国古代家庭教育理论宝库中的一份珍贵遗产。颜之推结合自己对丰富人生阅历和学识的总结,对魏晋南北朝时期的教育状况做了深入细致的分析,并对家庭教育的方法、原则及其内容以及施教者应当具有的素养、受教者所应持有的态度等等都提出了许多有价值的见解。尽管颜之推是生活在南北朝特殊时代、特殊家庭、特殊文化背景之下,他的家庭教育思想难免在一定程度上受到时代文化环境的影响和局限,但他的许多教育理论和原则、教育方法与内容,只要我们"重加决择,薙其冗杂,掇其菁英",仍可以发现其"用启童蒙"[1]"订顽起懦"[2]"启悟来世"[3]的不菲价值。诸如在《颜氏家训》中,他强调教育要爱罚有度,宽猛相顾;对待子女要爱无差等,不可偏宠;强调父母以身示范,重

---

[1] 黄叔琳:《颜氏家训节钞序》,《颜氏家训集解》,上海:上海古籍出版社,1980年版,第561页。
[2] 颜星:《重刊颜氏家训小引》,《颜氏家训集解》,上海:上海古籍出版社,1980年版,第556页。
[3] 沈揆:《宋本沈跋》,《颜氏家训集解》,上海:上海古籍出版社,1980年版,第545页。

视环境的熏渍陶染、潜移默化等,至今仍具有一定实用性和启发意义的教学理论与教育理念。

一、"鞭笞"——爱罚有度,宽猛相顾

在主张教育要爱罚有度、宽猛相顾时,颜之推曾将"笞罚"之法作为一种有效的家庭教育方法。他说:

> 笞怒废于家,则竖子之过立见;刑罚不中,则民无所措手足。治家之宽猛,亦犹国焉。①

颜之推认为,如果家庭内部取消笞罚,孩子的过失就会立刻出现;就像刑罚使用不当,那么老百姓就不知如何是好一样。治家的宽严相结合,也与治国相同。颜之推强调,家庭要有体罚孩子的规章,这样才能使得孩子的行为有所规范,用笞罚的方式警醒孩子不要犯什么错误,才能达到教育孩子的目的;就像一个治理国家的人,如果废除了这一条,只是一味地、无原则地宽和,却使百姓无法明白如何才是对如何才是错一样。他又说:

> 凡人不能教子女者,亦非欲陷其罪恶;但重於诃怒。伤其颜色,不忍楚挞惨其肌肤耳。当以疾病为谕,安得不用汤药针艾救之哉?又宜思勤督训者,可愿苛虐于骨肉乎?诚不得已也。②

也就是说,一些人不去用这种方法教育子女,其实并不是想放纵子女陷入罪恶,他们只是不愿看到子女因受责骂而脸色沮丧,不忍心看到子女被荆条抽打皮肉受苦罢了。这应该用治病来打比方,子女生了病,父母哪能不用汤药针艾去救治他们呢?汤药针艾虽苦虽痛,但却可以达到治疗疾病的效果,所以我们也应该

---

① 颜之推撰,王利器集解:《颜氏家训集解》,上海:上海古籍出版社,1980年版,第54页。
② 颜之推撰,王利器集解:《颜氏家训集解》,上海:上海古籍出版社,1980年版,第28页。

为那些勤于督促训导子女的父母想一想,难道他们就愿意虐待自己的亲骨肉吗?其实是不得已啊。

那么,"笞罚"之法是否可行呢?

颜之推提到王僧辩之母教子的故事,说,王僧辩的母亲,品性严谨方正,"王在湓城时,为三千人将,年逾四十,少不如意,(王母)犹捶挞之,故能成其勋业"①。相反,梁元帝时,有一位学士,从小被父亲宠爱,疏于管教,"一言之是,遍于行路,终年誉之;一行之非,掩藏文饰,冀其自改"②。最终这位学士养成了凶暴傲慢的习气,因说话不检点得罪了周逖而被杀害。

《心理学改变生活》曾有一段关于"打屁股有用吗?"的调查研究。研究人员发现,打孩子屁股唯一的好结果是孩子很快就会服从父母停止不良行为的要求。但是是否能起到长期的作用,是个极大的疑问,因为甚至有的孩子会因此产生逆反,或者产生暴力倾向。所以心理学家建议,就算"打屁股有用",父母最好还是找一些管理孩子行为的其他方法,如奖励或强化孩子的积极行为,由此促进孩子发展其他积极行为,而淡化孩子的消极行为。③这也正如颜之推所云:

> 又宜思勤督训者,可愿苛虐于骨肉乎?诚不得已也。④

也就是说,体罚并非随便滥用,只能是"不得已"的时候才能使用。不仅如此,即便是真的使用,也要有所规范地使用。先有规范,罚则要"中",不可随意,也就是心理学家曾告诫的那样,"在制定和执行规矩的时候要保持一致。这也就是说,始终遵循同样的规矩"⑤。也犹如治理国家,刑罚就在那里,奖励也就在那

---

① ② 颜之推撰,王利器集解:《颜氏家训集解》,上海:上海古籍出版社,1980年版,第29页。
③ [美]卡伦·达菲、伊斯特伍德·阿特沃特:《心理学改变生活》,张莹等译,北京:世界图书出版公司,2006年版,第53页。
④ 颜之推撰,王利器集解:《颜氏家训集解》,上海:上海古籍出版社,1980年版,第28页。
⑤ [美]卡伦·达菲、伊斯特伍德·阿特沃特:《心理学改变生活》,张莹等译,北京:世界图书出版公司,2006年版,第40页。

里,对与错的依据就在那里:

> 笞怒废于家,则竖子之过立见;刑罚不中,则民无所措手足。治家之宽猛,亦犹国焉。①

他又说,不废除"笞罚"并不是说一定要用它,如果父母平时就能够严慈有度,在孩子知道辨认大人的脸色,明白大人的喜怒时,就开始加以教诲,规范他们的行为,也就是使孩子有良好的早教,那么,等他长到几岁的时候,就可以不必担心他还会做出什么大逆不道的事情而挨竹板子了:

> 当及婴稚,识人颜色,知人喜怒,便加教诲,使为则为,使止则止。比及数岁,可省笞罚。父母威严而有慈,则子女畏慎而生孝矣。②

至于那些不懂如何早教,不知将严慈结合起来去教育子女,而只是溺爱子女的父母,往往做不到这样,以至于使得子女以错为对,养成骄横傲慢的习气,那时,即便是"笞罚"打死他,也起不到什么作用了:

> 吾见世间,无教而有爱,每不能然;饮食运为,恣其所欲,宜诫翻奖,应诃反笑,至有识知,谓法当尔。骄慢已习,方复制之,捶挞至死而无威,忿怒日隆而增怨,逮于成长,终为败德。③

也就是说,那些溺爱子女的父母,对子女的吃喝玩乐,任意放纵,本应告诫子女的,反而加以奖励,本应呵斥子女时,反而面露笑容,等到子女懂事时,还以为按道理本当如此。子女骄横傲慢的习气已经养成了,才又去制止它,把子女鞭抽棍打到死的地步却树立不起父母的威信,对子女的火气一天天增加,却只会招致子女的怨恨,等到子女长大成人,终究是道德败坏。

---

①颜之推撰,王利器集解:《颜氏家训集解》,上海:上海古籍出版社,1980年版,第54页。
②③颜之推撰,王利器集解:《颜氏家训集解》,上海:上海古籍出版社,1980年版,第25页。

由此可见。颜之推所谓的"笞罚"绝非随意的体罚：

其一,"笞罚"不是目的,而是一种惩戒的手段,它是"不得已"的情况下才采用的方法,而另外还有更好的方法可以取代"笞罚",例如,良好的早教。心理学家们也证实了儿童早期教育的重要性,他们认为,"儿童处理冲动和环境限制之间的冲突的方式对他们的发展至关重要。在某一时期过少或过多的满足可能会导致固执,即人们形成对特定焦虑充斥时期的情感依恋,并且继续象征性地实践那些被过度抑制或纵容的愿望。"①再譬如,文化的熏陶。颜之推认为,"《诗》有讽刺之辞,《礼》有嫌疑之诫,《书》有悖乱之事,《春秋》有褒僻之讥。"②这大概也有"腹有诗书气自华"之意了。

其二,颜之推认为,有仁无威,导示不切,会对子女的教育造成不良的影响,甚至是一生的影响;故他将"慈爱"与"威严"相结合,提出父母教育子女应该"威严而有慈"。也就是说,所谓的不得已的"笞罚",是建立在爱的基础上的,目的是为了帮助子女改变坏习惯,而不是为了伤害他们,故"笞罚"与"慈爱"都应当适度适时,要"中"。如果是"骄慢已习,方复制之,捶挞至死而无威,忿怒日隆而增怨,逮于成长,终为败德"。他还以自身为例,说：

> 吾家风教,素为整密。昔在龆龀,便蒙诱诲;每从两兄,晓夕温清,规行矩步,安辞定色,锵锵翼翼,若朝严君焉。赐以优言,问所好尚,励短引长,莫不恳笃。年始九岁,便丁茶蓼,家涂离散,百口索然。慈兄鞠养,苦辛备至;有仁无威,导示不切。虽读《礼传》,微爱属文,颇为凡人之所陶染,肆欲轻言,不修边幅。年十八九,少知砥砺,习若自然,卒难洗荡。二十已后,大过稀焉;每常心共口敌,性与情竞,夜觉晓非,今悔昨失,自怜无教,以至于斯。追思平昔之指,铭肌镂骨,非徒古书之诫,经目过耳也。③

颜之推说,颜氏门风家教,素为整密。在幼年时代,他就常常得到长辈的指导

---

①[美]卡伦·达菲、伊斯特伍德·阿特沃特：《心理学改变生活》,张莹等译,北京：世界图书出版公司,2006年版,第37页。
②颜之推撰,王利器集解：《颜氏家训集解》,上海：上海古籍出版社,1980年版,第30页。
③颜之推撰,王利器集解：《颜氏家训集解》,上海：上海古籍出版社,1980年版,第22页。

教诲，也积极向颜之仪、颜之善两位兄长学习，早晚侍奉双亲，一举一动都照规矩办事。但是自己刚刚九岁时，父亲就去世了，兄长来尽抚育之责，甚是慈爱，其困苦辛劳达于极点；但他有仁爱之心而无威严之举，对弟弟的督导就不够严厉。颜之推虽然读了《礼传》，也喜欢写文章，但由于跟一般平庸之人相交而受其熏染，私欲放纵，不注意言谈，又不注重衣着容貌的整洁；到十八九岁时，渐渐懂得要磨炼品行了，但习惯成自然，最终还是难以彻底改掉不良习惯；二十岁以后，大的过失很少犯了，常常是在信口开河时，心里就警觉起来而加以控制，理智与感情往往处于矛盾状态，夜里觉察到白天的错误，今日追悔昨日的过失，自己意识到那段时间没有得到好的教育，因此才到这种地步。这时追想平素所立的志向，真是铭心刻骨，那就不仅仅是把古书上的告诫用眼看一遍，用耳听一遍所可比拟的。所以，颜之推才下决心留下《家训》，以此作为后辈的前车之鉴。

颜之推提出，在家庭教育中，施教者一定要谨慎"有仁而无威"，该爱护的时候要爱护，该威严时就要威严。颜之推在《教子篇》详细阐释了这种思想，他说：

> 凡庶纵不能尔，当及婴稚，识人颜色，知人喜怒，便加教诲，使为则为，使止则止，比及数岁，可省笞罚。父母威严而有慈，则子女畏慎而生孝矣。[①]

颜之推认为，普通平民纵然不能对子女进行孝、仁、礼、义的教育培训，也应当在孩子知道辨认大人的脸色、明白大人的喜怒时，就开始加以教诲，大人叫他去做他才去做，大人叫他不做他就不做。等他长到十几岁的时候，就可不必对他使用打竹板的处罚了。当父母的平时威严而且慈爱，子女就会敬畏谨慎，从而产生孝心。

那么怎样做到"严"呢，颜之推也提出了若干方法，譬如在对待子女的态度上，要避免"狎""简"：

[①] 颜之推撰，王利器集解：《颜氏家训集解》，上海：上海古籍出版社，1980年版，第25页。

> 父子之严，不可以狎；骨肉之爱，不可以简。简则慈孝不接，狎则怠慢生焉。①

意思是说，父子之间要严肃，不可以过于亲昵而不庄重；骨肉之间需要爱，不可以不拘礼节。没有礼节则不能做到父慈子孝，过分亲昵不庄重，则使子女对父母产生放肆怠慢之心。

其次，颜之推提到的便是"笞罚"之法，这是不得已而为之的方法。

那么，颜之推所讲的这种"不得已"而为之的"笞罚"，在教育已经养成糟糕的习惯的子女中能起到多大的作用呢？心理学家们曾经研究这样的问题：即人类成长时的变化程度。我们的个性真的会改变吗？我们会随着年龄的增长而自然变得成熟吗？我们是间歇性的变化还是持续不断的变化？什么会使我们改变？

麦克雷和科斯塔证实：一个人的个性在一生中保持稳定，而且人的年龄越大，个性的稳定性就越明显。但也有心理学家指出，只有某些特征会相对稳定，例如内向、外向、焦虑、抑郁；而使人印象深刻的重大事情则会令我们重新组织我们的人生体验与认知：

> 有些人在其他方面更容易改变，例如自尊、对环境的控制和价值观。我们能在多大的程度上朝着期望的方向成长或改变，这取决于我们对稳定和变化的追求哪一个更优先，或者说，我们想成为什么样的人，以及我们想怎样生活。所以，具有传统价值观的人倾向于在生活中表现出很高的稳定性，除非某些事情使得他们改变。能够改变他们根深蒂固的个性常常是突然而重大的事情。……遇到这样的事情，人们才可能被激发来显著地改变他们的看法和个性。②

想想一个人发誓减肥却无法坚持下去的时候，想想一个人发誓戒烟却没有做

---

① 颜之推撰，王利器集解：《颜氏家训集解》，上海：上海古籍出版社，1980年版，第30页。
② [美]卡伦·达菲、伊斯特伍德·阿特沃特：《心理学改变生活》，张莹等译，北京：世界图书出版公司，2006年版，第20页。

到的时候,习惯已经养成之时,要改变习惯的确是很纠结的事情。因此,我们有时或许真的需要一种力量,促使我们坚持下去,或许有时我们也真的需要一次适度的醍醐灌顶的"笞罚",作为这种外在的力量。

> 要想让理性思维有效改变信念和行为,就必须让内心深处的情感和渴望与其相伴。①

父辈的"笞罚"制度或者说家法,是否也算是默默地隐含着一种内心深处的情感与渴望呢?

颜之推在一千多年前不愿舍弃的"笞罚",其实在现在仍然普遍存在着,至于这种教育子女的方法是否应该舍弃,或者是否可以适度适时地恩威并施,每位父母皆有自己的选择和观点,但无论如何,我们相信,它是必须建立在"爱"的基础上,讲求"适度适时",而且是不得已而为之;若有替代的方法,则必然弃之而不惜。

二、"均等"——爱无差等,不可偏宠

出身士族的颜之推,深受儒家名教礼法影响,其家庭教育思想难免深深打上旧时代的烙印,譬如颜之推一再强调要让子女对父母"畏慎",父亲与子女不能过分亲昵,甚至为了维护父亲的威严,主张父亲不去亲自教授自己的子女;又譬如颜之推看重学问德行,反对为了仕进而谄事权贵,但同时也将学民族语言、弹琵琶等这样的才能看得一钱不值,甚至告诫子女,"若由此业,自致卿相,亦不愿汝曹为之"②等。当然,瑕不掩瑜,他"爱要均等"的家庭教育理念和灵龟、明镜之叹,和前文我们所讨论的"鞭笞"以及后文阐述的"熏陶"教育,直到今天,对我们教育子女仍有巨大的启示与参考价值。

颜之推在《颜氏家训·教子篇》中,以史为鉴,特别强调了父母对每一个子女

---

① [美]麦克斯维尔·马尔茨:《心理控制术》,北京:群言出版社,2007年版,第84页。
② 颜之推撰,王利器集解:《颜氏家训集解》,上海:上海古籍出版社,1980年版,第36页。

要公平、公正,要一视同仁,不可偏宠,否则就会害了自己的子女。他说:

> 人之爱子,罕亦能均;自古及今,此弊多矣。贤俊者自可赏爱,顽鲁者亦当矜怜,有偏宠者,虽欲以厚之,更所以祸之。①

颜之推认为,每一个人都会喜欢自家的孩子,但很少有人能够对孩子们平等对待,一视同仁。从古至今,这种现象的弊端太多了。那聪明英俊的孩子,自然可以值得赏识和喜爱,那愚蠢迟钝的孩子,也应当得到怜悯和同情。偏宠孩子的人,虽然想以自己的爱厚待孩子,却反而会因此害了他。譬如被父母偏爱的琅邪王,十岁左右,已是骄横放肆得没有节制,吃的穿的玩的,都必须和皇帝哥哥相比,皇帝有的东西,如果他没有,就会大发脾气。他甚至假传圣旨,斩掉自己讨厌的宰相和士开,尽管他没有什么造反篡位之心,但这种目无尊长、无法无天的行为最终还是促就了他后来被秘密处死的结局:

> 齐武成帝子琅邪王,太子母弟也,生而聪慧,帝及后并笃爱之,衣服饮食,与东宫相准。帝每面称之曰:"此黠儿也,当有所成。"及太子即位,王居别宫,礼数优僭,不与诸王等;太后犹谓不足,常以为言。年十许岁,骄恣无节,器服玩好,必拟乘舆;常朝南殿,见典御进新冰,钩盾献早李,还索不得,遂大怒,诟曰:"至尊已有,我何意无?"不知分齐,率皆如此。识者多有叔段、州吁之讥。后嫌宰相,遂矫诏斩之,又惧有救,乃勒麾下军士,防守殿门;既无反心,受劳而罢,后竟坐此幽薨。②

颜之推认为,父母的偏爱,会使受厚爱者形成放任骄横的毛病,并进而人为地造成子女之间的隔阂与矛盾,最终成为影响家庭与社会安定的潜在因素,爱之终害之。为了说明偏爱的后果,颜之推还列举了历史上典型的四个例子加以佐证,他说:"共叔之死,母实为之。赵王之戮,父实使之。刘表之倾宗覆族,袁绍之

---

① 颜之推撰,王利器集解:《颜氏家训集解》,上海:上海古籍出版社,1980年版,第34页。
② 颜之推撰,王利器集解:《颜氏家训集解》,上海:上海古籍出版社,1980年版,第31—32页。

地裂兵亡,可为灵龟明鉴也。"①

这里,"共叔之死,母实为之"的故事,出自《春秋·左传》。据《左传·隐公元年》记载,郑武公娶武姜为妻,生下两个儿子:庄公寤生和共叔段。由于庄公出生时难产,母亲武姜受到惊吓,所以武姜不喜欢这个大儿子,而特别偏宠纵容小儿子共叔段,甚至曾为他请封太子之位。郑庄公即位后,武姜又为共叔段请封于"制"。考虑到"制"是军事重地,庄公没有答应武姜,于是武姜又为共叔段请封"京"。共叔段到"京"后,号称京城太叔,依仗着姜氏的宠爱,得寸进尺,气焰愈加骄横,实现"西鄙、北鄙"归于己,并厉兵秣马,准备袭郑,而母亲武姜不仅不加制止,还愿意作为内应。正是母亲的偏宠,使共叔段从小骄纵不法,以致发动叛乱谋反,最终因叛国战败出逃被害,其死亡实际就是他母亲造成的。而武姜的大儿子郑庄公也因为阴谋"多行不义必自毙",留下残害兄弟的恶名——溺爱偏宠的结果就是酿成这样的悲剧。

"赵王之戮,父实使之。"则出自汉代一段残酷的宫廷血案。刘邦宠戚夫人,爱屋及乌,亦非常宠爱戚夫人生下的儿子赵王如意。戚夫人以为立太子就是皇帝一句话的事情,故为了能使如意取代刘盈成为太子,日夜向刘邦哭泣,希望能立如意为太子。糊涂的刘邦竟然为之所动,欲废嫡立幼,由此引起吕后对戚夫人母子的极度嫉恨。更糟糕的是此时太子刘盈已得四皓辅佐,羽翼已丰,势难更动了,刘邦最终未能立儿子如意为太子。刘邦死后,刘盈即位,吕太后遂毒杀赵王如意,幽禁戚夫人而为"人彘"。一代君王,不能为自己宠爱的妃子、幼子想好生存之路,而是偏听偏爱,将姬妾争宠、家庭矛盾与政治矛盾复合激化,最终不仅伤及妻妾,也伤及到自己宠爱的儿子。"刘表之倾宗覆族",则出自刘表偏爱幼子而致使家亡族灭之事。据《后汉书·刘表传》记载,镇南将军、荆州牧刘表有二子,分别叫刘琦、刘琮。刘琮娶了其后妈蔡氏的侄女,所以蔡氏就偏宠刘琮而薄刘琦,并经常向刘表说刘琦的坏话,而刘表竟然相信了。刘琦自危而请求外出任职。蔡氏趁刘表生病之际立刘琮为继承人。偏爱幼子,最终导致兄弟决裂,曹操

---

① 颜之推撰,王利器集解:《颜氏家训集解》,上海:上海古籍出版社,1980年版,第34—35页。

大军压境之时,刘琦逃亡江南,而刘琮则不得不投降于曹操。"袁绍之地裂兵亡"也是因为父亲偏宠致使兄弟反目,曹操渔翁得利。据《后汉书·袁绍传》载:在袁绍为冀州牧时有三子,即袁谭、袁熙、袁尚。其后妻刘氏偏宠幼子袁尚,故袁绍让长子袁谭外出任职,而未定继承人。直到官渡之战,袁绍兵败于曹操,发病而亡,其部下欲立袁谭为继承人,但深得偏宠的袁尚亦颇有羽翼,其亲信假传袁绍遗命,立袁尚为继承人。这就使得袁谭、袁熙、袁尚兄弟,以兵戎相见,而曹操坐收渔利。

在为古人教育子女失败而扼腕的同时,颜之推遂发出这样的感叹:

> 凡人不能教子女者,亦非欲陷其罪恶;但重于诃怒。伤其颜色,不忍楚挞惨其肌肤耳。当以疾病为谕,安得不用汤药针艾救之哉? 又宜思勤督训者,可愿苛虐于骨肉乎? 诚不得已也。①

由此可见,颜之推一则认为对子女的教育"爱要均等",二则认为对待子女不仅要一视同仁,而且要爱得其所,爱得其法,把爱和教、鞭笞结合起来,如果子女有什么闪失,当父母的绝不能百般遮掩;如果子女有什么值得赞誉之处,作为父母也不能遍于行路,终年誉之。

那么颜之推的爱要"均等"的教育思想,又有怎样的现代教育价值呢?

毫无疑问,直到今天,父母偏爱偏疼某个子女的现象在我国依然存在。诸如俗话说的"东西路,南北拐,人人都有偏心眼""老大娇,老小娇,中间夹个愁死包""庄稼佬,偏向小"等,皆是承认了"偏爱"这一点的广泛性。在一般的家庭中,父母往往偏疼最幼小的子女。因为在兄弟姐妹中间,年龄最小的那个发育的最晚,在父母眼中是需要特殊照料的"弱者",在兄弟姐妹发生冲突和矛盾时,父母常常会有意偏袒他们眼中的那个"弱者"。推而广之,子女中体弱多病或者有残

---

① 颜之推撰,王利器集解:《颜氏家训集解》,上海:上海古籍出版社,1980年版,第28页。

疾者，也一般会得到父母更多的同情和照顾。当然，也有的父母或者长辈会更多地偏爱那个具有某种特殊性的子女，如性别特殊、身份特殊、能力特殊、长相特殊等等。如就颜之推所言的贤俊者，或者聪明伶俐，或者漂亮可爱，抑或其思想行为是在兄弟姐妹中出类拔萃的子女，父母往往也会喜欢他，欣赏他，甚至迁就他，给予更多的支持与偏爱。而相应的，对于那个顽鲁不堪、抑或性格执拗，抑或不善言辞的子女等，很多父母就有意无意中忽略了细心的疼爱和足够的关心与教育。甚至为了满足自己的偏爱，有时可能会不加考虑，无视公平，随意地将子女的某些性格、品质、德行、爱好作优劣比较。再如那些离异家庭的子女或者孤儿，孩子的不幸命运也有可能成为被其他长辈有意宠爱或者放任不管的因由；而在重新组合的家庭中，偏爱亲生子而忽略、歧视、虐待非亲生子的现象也时常存在。当然，学校教育也同样面临"偏宠"的现象。尤其是在我国提倡少生优生优育的情况下，学校、老师、社会的"偏宠"现象相比较而言，影响也更深远。而颜之推提出的爱要"均等"的教育思想和他不厌其烦的史实列举，也无疑是值得天下父母以及现代教育工作者深思的。

只是，施教者要对子女给予"均等"的爱，虽然在理论上可行，但事实上源于各种各样的因素，真正实践起来是很难做到的。譬如有两个儿子，大的儿子体质不好，经常生病，而第二个儿子很壮实，这个时候父母可能需要给予大儿子更多的照顾。那么怎样才能更好地实现"均等"的爱呢？

美国伊利诺斯大学的劳里·克莱默教授曾经做过这样的实验，他调查135名12岁和15岁左右的哥哥和姐姐，询问他们父母偏爱的程度，他们是否觉得公平等问题。调查结果表明，孩子们大都认为他们的弟弟或妹妹得到了父母更多的爱，受到的责罚也更少，当然，也有78%的孩子认为这是可以理解的，也就是说，他们不认为父母站在自己的一方就觉得公平，偏爱其他的兄弟姐妹就认为不公平，换句话说，就是人性化的适当的偏爱可以得到子女的理解。克莱默教授强调，父母是否唯独偏爱自己并不重要，重要的是父母的这种偏爱是否公平；换句话说，如果父母、长辈抑或是其他人对子女的偏爱呈现出过度与恶意的偏差，呈现出不公平的持续，那么问题就出现了。也就是说，持续的溺爱与纵容以及压抑与否定，超出了子女的健康生活与健康发展所能承受的范围，酿成不良的后果也就成为必然。

按照现代心理学的观点,每个孩子都渴望被爱,渴望被认可,渴望得到父母长辈的关注。如果父母因为一味地毫无节制地偏爱某子女,而忽视、冷淡、歧视、苛求、否定、压抑对其他孩子的情感,那么,在生活中、在情感上被忽略、被冷淡、被否定、被压抑的其他孩子就会感到与父母的关系有所不足,会在焦虑、疑惑、被压抑的情感与诉求中,感到苦恼、愤慨、委屈或是受到权益的侵犯,会因为他人的贪婪、不诚实、不正直、不公平、现在的作为、以前做过的事和说过的话、未能达成的事、应该做或不应该做的事,而心怀怨恨、危机与恐惧。这种怨恨、危机与恐惧的痛苦在孩子心里持续累积,被压抑着也被增加着它的能量,在无数的内心挣扎以及挫折中,逐渐形成一种特殊心理防御,或者说会产生一种心理上的特别的脆弱点,甚至是异常的病态心理,并影响着他们后来的生活与心理的发展。这种心理的防御,有时表现得异常的平静,但有时会以对父母的怨恨甚至以嫉妒虐待伤害兄弟姐妹的形式反映出来。刘琦、袁谭宁愿借助于外力毁灭自己家族既成的现实,郑庄公要陷弟弟共叔段"多行不义必自毙",想方设法置弟弟于死地,便是这种心理的极端体现。颜之推"爱要均等"的教育思想,更多地关注父母的溺爱对受到溺爱的子女健康生活发展的不利,他并没有看到父母的偏爱对受到忽视、否定、压抑一方存在的问题,而我们在教育子女的过程中,这一点则是一定不能忽略的。

三、"染化"——以身示教,潜移默化

将家庭教育与社会教育、学校教育相比,颜之推认为,家庭教育尤其是在子女的德行教育方面存在其特有的优势,譬如在"信""行"这两个方面;"信"来自"亲","行"缘于所"服",而家庭教育的施教者往往只有具备了这两者,才能更好地实现对子女的教育和引导:

> 夫同言而信,信其所亲;同命而行,行其所服。[①]

颜之推认为,长辈"亲"而"服"人,更容易取得其他教育方法所不能达到的

[①] 颜之推撰,王利器集解:《颜氏家训集解》,上海:上海古籍出版社,1980年版,第19页。

第三章 颜之推的家庭教育思想及其现代价值

教育效果,这是家庭教育值得重视的重要原因。那么,施教者如何做到能"亲"能"服",让子女乐意接受施教者的教育呢?颜之推在重视宽严相济、爱不偏宠等教育方法施用的同时,将施教者自身的素养与教育环境营造提到甚为重要的地位,他认为,施教者能否做到以身示教,能否为受教育者营造良好的教育环境,这对家庭教育效果的影响很大。颜之推说:

> 父母威严而有慈,则子女畏慎而生孝矣。吾见世间,无教而有爱,每不能然。①

也就是说,如果父母能做到"威严",那么子女就不会肆无忌惮,父母能做到"慈爱",子女则能够学到"孝"。颜之推的这段话,提醒了我们:在家庭教育中一则要把握好感情的因素,将威严与爱相结合;二则要掌握以身示范,要求子女"孝",自己要先做到"慈爱"。

颜之推认为,父母不能慈爱,惨虐子女,家庭不睦,不益于子女的德行教育,更不利于家族门风教育的传承,故颜之推对家庭和睦的向往由始至终。他认为,不慎重的后娶,会影响到子女的德行教育;尤其是继母对前妻子女的惨虐,或者对亲生骨肉的溺爱,会造成子女德行教育的伤损,并最终深深伤害着一个家庭优良门风的传承。他说:

> 自古奸臣佞妾,以一言陷人者众矣!况夫妇之义,晓夕移之,婢仆求容,助相说引,积年累月,安有孝子乎?此不可不畏。②

> 继亲虐则兄弟为雠。③

> 兄弟不睦,则子侄不爱;子侄不爱,则群从疏薄;群从疏薄,则僮仆为仇敌矣。④

---

①颜之推撰,王利器集解:《颜氏家训集解》,上海:上海古籍出版社,1980年版,第25页。
②颜之推撰,王利器集解:《颜氏家训集解》,上海:上海古籍出版社,1980年版,第48页。
③颜之推撰,王利器集解:《颜氏家训集解》,上海:上海古籍出版社,1980年版,第50页。
④颜之推撰,王利器集解:《颜氏家训集解》,上海:上海古籍出版社,1980年版,第42页。

颜之推认为,人与人之间的情感是会互相影响的,自古以来奸臣佞妾,用一句话就陷害很多人。何况凭着夫妻的情义,后娶的妻子从早到晚吹枕边风去改变他;婢女仆人为了讨主子的欢心,也帮着说道,积年累月,哪里还有孝子呢?而在这种环境中的子女,最终也可能"继亲虐则兄弟为仇",兄弟仇视、骨肉离散、甚至"辞讼盈公门,谤辱彰道路,子诬母为妾,弟黜兄为佣,播扬先人之辞迹,暴露祖考之长短"①诸如此类的恶果;而不和睦的兄弟关系会影响对子侄的德行教育。即兄弟之间不和睦,子侄之间就不会有什么情感;子侄之间没情感,则家族子弟关系疏远,感情淡薄;家族中的子弟关系感情淡薄,关系疏远,则僮仆之间也会互相仇视了。总之,不和谐的家庭关系,严重影响着子女的家庭教育的正常进行。

当然,颜之推并没有仅仅停留在这一点上。他还认为,子女来到这个世界,本来是一无所知的,但后来逐渐能"识人颜色,知人喜怒",他们开始注意父母的言行举动,故父母亲的言行举动对孩子的影响不言而喻。随着年龄的增长,子女所接触到的人逐渐增多,子女的交游开始拓展,他们的精神性情尚未定型,他们与朝夕相伴的人交往,受其熏陶渐染,一言一笑,一举一动,即使不刻意去学,在潜移默化中,自然而然也就学会了:

> 人在少年,神情未定,所与款狎,熏泽陶染,言笑举对,无心于学,潜移暗化,自然似之。②

颜之推注意到这一点,并将之写入《家训》,并提醒子女在家庭教育中要注意运用教化,掌握教化的原则。在颜之推看来,教育子女,父母只管说教是没用的,父母自身的言行举止在无形中已经告诉子女应该做什么,不应该做什么,父母就是子女学习的榜样。如果父母品德作风好,子女在这样的家庭环境中,耳濡目染,自然而然地会受到良好的熏陶,但如果父母不约束自己的行为,不能严格要求自己,他对子女的教育也不能达到理想的效果。颜之推说:

---

① 颜之推撰,王利器集解:《颜氏家训集解》,上海:上海古籍出版社,1980年版,第47—48页。
② 颜之推撰,王利器集解:《颜氏家训集解》,上海:上海古籍出版社,1980年版,第128页。

> 夫风化者,自上而行下者也,自先而行后者也。是以父不慈则子不孝,兄不友则弟不恭,夫不义则妇不顺矣。①

这里所谓"风化",就是由上而下,由前到后,从至尊地位的人影响到一般人,从前人影响到后人的一种教育方法。后人的学习,在这一种教育形式中,呈现为一种自然的仿效,而不需强制。家庭教育尤其是子女的思想道德教育最适合采用这样的方法。

颜之推重视以身示范的作用,不仅继承与发展了我国古代教育一向注重"风化"教育的特征,同时这种教育方法也适用于现代幼儿教育的基本规律,值得现代幼教工作者以及家长积极参考和借鉴。现代儿童心理学认为,婴幼儿初入世间,一切周围的人与事都会引起他的好奇、好动、观察、模仿、探索;而他最初的模仿对象就是给予他们依赖和安全的父母。比如遇到一个陌生人,婴幼儿往往并不会接受对方的拥抱;如果父母表现出对这个人的恐惧,幼儿也会一样紧紧抓住父母而唯恐被对方接过去。再譬如地上有个漂亮的玩具,幼儿或许从没见过,这时他会去看看父母的表情,如果父母很恐惧,幼儿也会避而远之,但如果父母很喜欢,幼儿就会跑过去攥在手里乐呵呵地玩个不停。生活上如此,其他的学习也是一样,父母的以身示范往往更胜过言语的教导。

当然,营造良好的学习环境,不仅在于家庭环境的和睦和家长的以身示范,良好的交友与处世环境,也是必须重视的。颜之推继承孔子、孟子、荀子等儒家学者关于"慎择友"的教育思想,十分重视为子女营造比较优良的社会交往的环境。他说自己就是因为少年时代交友不慎,而养成了很多坏习惯:

> 虽读《礼传》,微爱属文,颇为凡人之所陶染,肆欲轻言,不修边幅。年十八九,少知砥砺,习若自然,卒难洗荡。……故留此二十篇,以为汝曹后车耳。②

---

① 颜之推撰,王利器集解:《颜氏家训集解》,上海:上海古籍出版社,1980年版,第53页。
② 颜之推撰,王利器集解:《颜氏家训集解》,上海:上海古籍出版社,1980年版,第22页。

所以,他要留下自己的教训,作为子女后代的前车之鉴。他希望子女能与善人相交:

> 是以与善人居,如入芝兰之室,久而自芳也;与恶人居,如入鲍鱼之肆,久而自臭也。墨子悲于染丝,是之谓矣。君子必慎交游焉。孔子曰:"无友不如己者。"①

颜之推打了一个比喻说,与善人住在一起,就像进入满是芷草兰花的屋子中一样,时间一长自己也变得芬芳起来;与恶人住在一起,就像进入满是鲍鱼的店铺一样,时间一长自己也变得腥臭起来。就是这个原因,墨子看见人们染丝就叹惜,颜之推告诫子女与人交往一定要谨慎。孔子也曾说过不要和不如自己的人交朋友。颜之推还说,他自己也是这么要求自己的,虽然世上不能够随时可以遇到像颜回、闵勋这样的贤人,但只要遇到的是比自己强的人,他都会向其学习:

> 吾生于乱世,长于戎马,流离播越,闻见已多;所值名贤,未尝不心醉魂迷向慕之也。②

> 颜、闵之徒,何可世得! 但优于我,便足贵之。③

颜之推的这一慎重交友的思想和荀子"蓬生麻中,不扶而直;白沙在涅,与之俱黑"④的思想显然异言而同意,这说明他很在意环境对子女的影响,审慎地审视子女周围的人,以防误入歧途。在他看来,家庭教育的一个重要问题是慎重地择师交友,为此,他从一个反面事例说明交良师益友的重要性。

> 吾见王侯外戚,语多不正,亦由内染贱保傅,外无良师友故耳。⑤

---

①②颜之推撰,王利器集解:《颜氏家训集解》,上海:上海古籍出版社,1980年版,第128—129页。
③颜之推撰,王利器集解:《颜氏家训集解》,上海:上海古籍出版社,1980年版,第128页。
④[战国]荀子著,王先谦撰,沈啸寰,王星贤点校:《荀子集解》,北京:中华书局,1988年版,第5页。
⑤颜之推撰,王利器集解:《颜氏家训集解》,上海:上海古籍出版社,1980年版,第504页。

对于择师交友,我们很自然地想到"孟母三迁"的故事。早在战国时期,大思想家孟子的母亲为了让孟子有个好的学习环境,先后远离办白事的邻居、杀猪的邻居,最后搬到了学堂旁,让朗朗的读书声伴随着孟子成长。年幼的孟子最终明白了母亲搬迁的道理,开始专心读书。他天资聪明,专门求学于孔子的孙子子思,成为儒家学说的主要代表人物。这个故事虽然不是要求我们做家长的都把家搬到学堂旁,但是确实给了我们一个启示:环境对人的影响很重要,父母应审慎地为孩子选择学习和生活的环境,有意识地用好的环境陶冶孩子,避免不良环境的侵蚀。

颜之推以自己切身的体验和感受所总结出来的"威严有慈""宽严相济""爱不偏宠""以身示教""潜移暗化"的教育思想和教育方法,提醒我们:为了保证子女的健康成长,作为长辈,不仅要为子女树立好的学习榜样,而且还需要为子女营造一个良好的学习环境与交友环境。改革开放40年来,我国经济、政治、文化、科技、体育等方面取得了举世瞩目的伟大成就,然而在市场经济发展的另一面,我们不得不注意到"留守儿童""皇帝、公主"的双向极端的出现,家庭教育的内容越来越被人们简单化的现象,以及一些腐朽消极的东西,诸如拜金主义、个人功利主义、实用主义、享乐主义等对家庭教育的侵蚀。颜之推重视家庭教育的环境作用这一思想,给现代家庭、学校如何进行教育提供了诸多可借鉴之处,我们应该充分利用发达的现代科技带来的优势,加快家庭、学校教育改革的步伐,而消除社会教育、学校教育、家庭教育中的不利因素,给子女后代提供良好的家庭和社会环境,促其成才。

第三节　家庭教育的阶段性与教育重心

人持续一生的成长与发展,可以被分成若干的阶段,譬如婴童阶段、少年阶段、成年阶段、老年阶段等等;也曾有人分得更为详细,譬如心理学家埃里克森曾把人的自我意识的形成和发展过程划分为八个阶段,即口唇—感觉期、肌肉—肛门期、运动—性器期、潜伏期、青少年期、成年早期、成年中期、成年晚期等。埃里克森认为这八个阶段每一个阶段都是不可忽视的,这些理论为不同年龄段的教育提供了理论依据和教育内容,任何年龄段的教育失误,都会给一个人的终生健康发展造成一定程度的障碍。

在极为注重子女教育的颜之推的意识中,同样也将人的生理、精神的发展时期分为不同的阶段,并为每个阶段的教育赋予了独特的教育内容和教育方法。譬如,他将人的发展分为胎儿时期、幼儿时期、婚冠时期、晚年时期,相应的,他提出重视早教与不放弃晚学的终身教育主张。

一、早教——固须早教,勿失机也

胎儿、婴幼儿的生活,是一个人生命的起点,是一个人全部思想、性格、情感的最初展开。人们成长的生活经验,尤其是幼童时的经验会一直影响着一个人成年以后的精神生活,它们在潜意识里会形成强大的力量,并不知不觉地影响着一个人成长后的生活方式和种种思想、感觉与行为。也正因为此,重视婴幼儿的教育,关注家长如何才能把握住这段美丽重要的时机实现对子女的优良的早教,从古至今,一直都是家长无法回避且必须面对的现实问题。也正因为此,我国古代就提出了"早谕教"的理念。

颜之推的早期教育思想便是对于传统"早谕教"理念的充分阐发。颜之推关于古代胎教的记述与解释,不仅孕育了对儿童心理发展规律的认知积累,而且他在"固须早教"①的意识下提出的诸如"怀子三月,……以礼节之"②"教儿婴孩""教而有爱""严慈相济""潜移暗化""(导习)仁礼义"等重要见解,即便是在今天,对我们认识婴幼儿教育的价值仍颇具启发意义。

(一)胎教——怀子三月,以礼节之

自古以来,胎教备受关注,在我国的经典著作诸如《史记》《礼记》《烈女传》《论衡》《新书》《博物志》等书中都有关于胎教的记载。只不过,这里所谓的胎教,不是使腹中的胎儿听听音乐、诗歌等来增加智力,促进发育,而常常是对胎儿的母亲的视听作以限制,譬如要避开邪视妄听,饮食娱乐要有节制等。古人认为,胎儿在母体中能受到孕妇言行的感化,孕妇谨守礼仪,就能给胎儿好的德行影响。这样的胎教,最早的大概就是开始于周文王的母亲太姜。《史记正义》云:

> 太任之性,端壹诚庄,维德之行。及其有身,目不视恶色,耳不听淫声,口不出傲言,能以胎教子,而生文王。③

太姜怀孕的时候严守胎教,能做到眼睛不看不正的颜色,耳朵不听淫秽的声音,嘴里不说无礼的言辞,"居洁、视美、思善",故而养育了文王这样"有圣瑞"的好儿子。据说文王生下来就很聪明,能举一知百,学到很多东西,为后来家族的繁盛,以及武王、周公的圣人时代的到来打下了基础。

后来,周成王的母亲也因为善为胎教,养育了聪明的成王。贾谊《新书》云:

> 周妃后姙成王于身,立而不跛,坐而不差,笑而不谊,独处不倨,虽怒不

---

① 颜之推撰,王利器集解:《颜氏家训集解》,上海:上海古籍出版社,1980年版,第166页。
② 颜之推撰,王利器集解:《颜氏家训集解》,上海:上海古籍出版社,1980年版,第25页。
③ [汉]司马迁撰,[宋]裴骃集解,[唐]司马贞索引,张守节正义:《史记·周本纪第四》,北京:中华书局,1959年版,第115页。

骂,胎教之谓也。成王生,仁者养之,孝者缞之,四贤傍之。①

意思是周成王的母亲在怀成王的时候,对坐立姿势、嬉笑情绪都很讲究,成王出生后果然也很聪明。既然胎教有如此好的效果,为供后世子孙效仿,故我们的先辈曾将它"书之玉版,藏之金匮,置之宗庙,为后世戒"②。颜之推继承了古人的这一重视胎教的思想。他教育子女说:

古者,圣王有胎教之法:怀子三月,出宫别宫,目不邪视,耳不妄听,声音滋味,以礼节之。③

颜之推认为,古代的圣王胎教方法是很好的:在怀孕三个月时,孕妇要住到专门为她准备的房间里,不看不应该看的东西,不听不应该听的东西,音乐、饮食都依照礼节予以节制,以此使胎儿受到好的影响。

那么这一具有很深的儒家思想意义的胎教,在如今的教育中还存在什么价值呢?从现代心理学的角度看,胎儿已具备某种感觉,其感觉器官在出生前就已相当完备,婴儿生出来就具有相当惊人的感知能力;而现代医学、心理学、优生学、儿童心理学等学科的发展也证实,胎儿能通过母体,间接地接受外界的刺激和影响,甚至直接接受外界的刺激和影响;合理的营养搭配,良性的信息刺激,确实可以促进胎儿身心的生长发育,胎教对提高人口质量、改善人类素质有着不可低估的作用。比如情绪,人们一般认为孕妇的喜怒哀乐对胎儿的发育起很大的作用。孕妇在怀孕期间如果焦躁、忧虑、心情烦乱,就容易引起体内的相应的物质变化,尤其是内分泌系统血液的成分发生的变化,就更增加了有害于胎儿发育的化学物质,胎儿长期生活在这样的环境中,就会影响他的身心正常发育。17世纪捷克教育家夸美纽斯(1592—1670)在《母育学校》中曾详细描绘孕妇如何实现

---

① [汉]贾谊,王心湛集解:《贾子新书集解》,上海:广益书局,1936年版,第118页。
② [汉]贾谊,王心湛集解:《贾子新书集解》,上海:广益书局,1936年版,第117页。
③ [汉]贾谊,王心湛集解:《贾子新书集解》,上海:广益书局,1936年版,第25页。

对胎儿的保护:"主妇们应该特别保护其自身的健康而不致伤害其儿女。"①

夸美纽斯要求孕妇要注意节制饮食,行走要谨慎,以防止发育尚不健全的胎儿受到伤害。他认为,孕妇如果陷入过度的愤怒、怨恨和伤感,将会生出怯弱、易动感情、忧虑、沮丧的婴儿,因此,孕妇要养成良好的生活习惯,适当休息,适当运动,保持良好的情绪。由此可见,颜之推所言的"怀子三月,出宫别宫,目不邪视,耳不妄听,声音滋味,以礼节之",其现实意义毋庸置疑。

当然,在我国魏晋南北朝时期,对胎儿进行胎教,绝非普通人家所能做的,只有权贵人家才能做到,一般大众,只有"当及婴稚,识人颜色,知人喜怒,便加教诲"②,让幼年子女做的事就要引导他们自己去做,从而实现"少成若天性,习惯如自然"③的教育效果。颜之推就注意到这一点,所以他在赞同胎教在早期教育中具有重要地位的同时,更重视后天教育对人的发展所起的巨大作用。颜之推认为,子女生下来到两三岁时,就应该开始对他进行孝、仁、礼、义的教育,普通平民应当在孩子知道辨认大人的脸色、明白大人的喜怒时,就开始对其加以教诲,大人叫他去做他才去做,大人叫他不做他就不做。也就是说,当婴儿会看别人喜、怒表情的时候便要开始教育。在行为上,让孩子做到令行禁止,从小养成不骄横、不任性的良好行为习惯。也就是孔子所说的"少成若天性,习惯如自然"。如此,孩子数岁之后,可省于棍杖的惩罚。

(二)幼教——教儿婴孩,勿失良机

颜之推依据自己7岁诵《灵光殿赋》而能十年不忘,20岁之后诵经书废置一月便忘记为例,总结人在幼小的时候精神专注、敏锐,长大以后则容易注意力分

---

① 夸美纽斯著,任钟印选编:《夸美纽斯教育论著选·母育学校》,北京:人民教育出版社,1991年版,第27页。
②③ 颜之推撰,王利器集解:《颜氏家训集解》,上海:上海古籍出版社,1980年版,第25页。

散的现象,提出"早教"的重要,说:

> 人生小弱,精神专利,长成已后,思虑散逸,固须早教,勿失机也。①

在颜之推看来,人在幼小的时候,精神专注敏锐,对新事物也特别容易接受,长大成人后,思想容易分散,学习的效果不如幼年。所以,对子女的教育一定要及早,不能错过早教的良机,幼年时期对子女进行教育,既可以充分利用教育的最佳时期,也可以为孩子一生的品行道德奠定良好的基础。他说:

> 当及婴稚,识人颜色,知人喜怒,便加教诲,使为则为,使止则止。②

在颜之推看来,儿童早期心理与思维发展的特点决定了早期教育的必要性和重要性。他认为,年幼儿童还处于"体性未定"的发展期,足具可塑性,易于潜移默化。他说:

> 人在年少,神情未定,所与款狎,熏泽陶染,言笑举对,无心于学,潜移暗化,自然似之;何况操履艺能,较明易习者也。③

其次,颜之推又引用孔子的"少成若天性,习惯如自然"作为其早教理论依据,提出早教对于养成子女好的行为习惯的重要意义。他说自己十八九岁,渐渐懂得磨炼品行的重要了,但以往的习惯已经成自然,以至于自己最终难以彻底改掉不良的恶习。二十岁以后大的过失犯得少了,但常常理智与情感处于矛盾之中,心共口为敌,性与情相争,夜晚觉察到白天的错,今日又追悔昨天,这是什么原因呢?他说,因为自己九岁就失去了父亲,哥哥对自己又督导不够,自己与一般的平庸之辈相交而受其熏染,"肆欲轻言,不修边幅"。放纵私欲,信口开河,又不注重仪容仪表,养成各种不良恶习,"自怜无教,以至于斯"。他意识到自己幼年缺少好的教育,以至于后来"习若自然,卒难洗荡"④。由此,颜氏在《教子》中提出:

---

① 颜之推撰,王利器集解:《颜氏家训集解》,上海:上海古籍出版社,1980年版,第166页。
② 颜之推撰,王利器集解:《颜氏家训集解》,上海:上海古籍出版社,1980年版,第25页。
③ 颜之推撰,王利器集解:《颜氏家训集解》,上海:上海古籍出版社,1980年版,第128页。
④ 颜之推撰,王利器集解:《颜氏家训集解》,上海:上海古籍出版社,1980年版,第22页。

生子咳提，师保固明孝仁礼义，导习之矣。凡庶纵不能尔，当及婴稚，识人颜色，知人喜怒，便加教诲，使为则为，使止则止。比及数岁，可省笞罚。父母威严而有慈，则子女畏慎而生孝矣。吾见世间，无教而有爱，每不能然；饮食运为，恣其所欲，宜诫翻奖，应诃反笑，至有识知，谓法当尔。骄慢已习，方复制之，捶挞至死而无威，忿怒日隆而增怨，逮于成长，终为败德。孔子云："少成若天性，习惯如自然"是也。俗谚曰："教妇初来，教儿婴孩。"诚哉斯语！①

颜之推认为，子女好的品德一半是天赋，一半则靠少年养成。好的习惯更是需要在青少年时代加以培养，相反，一旦青少年时代养成了坏习惯，长大了就很难改过来，所以教育子女就如同培养树苗一样，需要从婴孩时期就加以扶持和引导，在儿童刚能分辨外界事物的时候就加以诱导。据此，他提出"教妇初来，教儿婴孩"的早教思想。

早教的重要性在现代教育中一直颇受关注。现代心理学认为，婴儿具有相当惊人的感知能力；在儿童的情绪、性格、行为、语言等发展的最佳期及时施教，往往会取得事半功倍的效果；尤其是在人出生以后5年之内，这一时期是人生发展具有重要意义的最佳期，也是幼儿人格陶冶最重要的时期。譬如3岁左右是语言发展最佳期，4~5岁时是图像知觉发展最佳期，5岁左右是掌握数概念的最佳年龄；故皮亚杰、埃里克森等心理学家曾从儿童发展的各领域讨论了儿童发展的规律，认为教育的重要任务在于抓住儿童发展的关键期，特别是儿童的语言、智力、思维等发展在儿童的幼年时期更具有重要意义。颜之推的早教思想，无疑非常符合现代心理学中关于儿童的发展理论，值得我们予以关注。

（三）早教的重心与教育方法

颜之推的早教思想以及重视道德启蒙、语言基础教育，重视家庭教育中的情感效用，以及适当运用鞭笞、宽严相济、威严有慈、以身示范、潜移暗化等教育的

---

①颜之推撰，王利器集解：《颜氏家训集解》，上海：上海古籍出版社，1980年版，第25页。

原则与主张，俨然构成了颜氏颇成体系的早教理论；即便其中或有需要商榷的成分，但他对于施教者以身示教、家长素养的要求，对于宽严相济、威严有慈教育方法的青睐，以及对幼儿道德启蒙、基础知识的教育以及教育过程中的情感把握的重视，至今读之，仍令人觉得熠熠生辉，颇有借鉴价值。

1.重视道德启蒙教育

颜之推重视德育，而且认为对子女的德育要赶早，"自小便教之以德"，这样才会效果显著。他说：

> 生子咳提，师保固明孝仁礼义，导习之矣。……父母威严而有慈，则子女畏慎而生孝矣。……骄慢已习，方复制之，捶挞至死而无威，忿怒日隆而增怨，逮于成长，终为败德。①

颜之推生活的时代，正处于门阀士族由盛而衰的非常时期，士大夫们对自己的处境感到担忧，如果一点小事处理不当，就会惹来杀身之祸。最主要的是，士族子弟不学无术，饱食终日，不注重自身的道德修养，世风败坏。基于此，颜之推从个人家庭利益出发，"整齐门内，提撕子孙"②，鲜明提出教育的目的就在于教育自家儿孙晚辈，避免家族在政治的动荡中衰败。他结合自己的所见所闻和立身、治家、处世方面的经验，忠告子女，在家庭教育方面，一定要及早注意对后代的"孝仁礼义"的教育，如果错过了对后代幼年时期的道德教育，等"骄慢已习"，再去管教就很难奏效了。

然而，在当今的幼儿教育中，较为普遍地存在重智轻德的倾向，这严重影响着幼儿全面发展目标的实现。特别是一些家庭对于子女的物质需求一味满足，甚至在衣食住行诸方面包办替代，而自身又在追求物质经济利益的享受中沉浮，以至于丧失了对子女良好的道德教育，使得子女养成娇生惯养、争强好胜、唯我独尊、恣意妄为的恶习，而不知道德何谓，或者看轻道德的价值，其不良的后

---

①颜之推撰，王利器集解：《颜氏家训集解》，上海：上海古籍出版社，1980年版，第25页。
②颜之推撰，王利器集解：《颜氏家训集解》，上海：上海古籍出版社，1980年版，第19页。

果最终会在社会的道德冲突中呈现。由此看来,颜之推强调道德培养的幼教观,至今仍不失为是一种卓见。

对法律、伦理和禁忌一无所知,奉行"享乐原则",但由此而产生的欲念时常受到"现实原则"的监察。我们每个人都具有这个力量,用以统治我们潜意识里的那些无法无天的要求,并设法改造它们,使之合乎周围的现实世界——那个充满责任与规范的世界。

2.重视语言基础教育

颜之推重视幼儿的语言基础教育,他关于"虽在孩稚,便渐督正"的见解,对于今天的语言教育同样具有指导意义。颜之推认为,对于子女的基础教育包括文字的读音、字形、字义的理解,阅读能力以及文章写作能力的培养等,但对于幼儿而言,至为关键的就是"正",也就是准确性。譬如正确的字形、确切的字义,准确而通用的发音等等。在讲到语言的教育时,他说:

> 吾家儿女,虽在孩稚,便渐督正之;一言讹替,以为己罪矣。云为品物,未考书记者,不敢辄名,汝曹所知也。①

颜之推的早期语言教育观,可称得上是对古代教育思想"蒙以养正"的发展与延伸。它启示我们对于幼儿最初的教育,需要教给他们确切的知识与技能。然而,不得不令人注意的是,直到现在,一些地方的幼教机构仍未对传授幼儿准确知识的重要性给予足够的认知。譬如,一些幼儿园的老师本身更像是生活保姆,本身并不能用普通话与幼儿交流,有的甚至是校方随意找来的阿姨,他们认为,幼儿园就是让幼儿玩玩的地方,不哭不闹就是好的;也有一些幼儿园,尽管有较好的师资,但仍然难以排斥社会上对幼儿教师的轻视心理而产生自轻的行为。而在家庭教育方面,方言口语更为盛行,俗语、俚语也顺口而现,将子女的基础教育寄托于学校教育。由此看来,颜之推对于幼儿语言基础知识教育的重视,可谓先见之明。

---

① 颜之推撰,王利器集解:《颜氏家训集解》,上海:上海古籍出版社,1980年版,第474页。

3.重视施教者的素养

源于早教时期幼年的子女对施教者的依赖心理、好奇求知心理以及惯于模仿练习的特征等等,施教者在施教过程中,诸如以身示范的榜样作用也应受到重视。

颜之推甚为重视幼教中家长以身示范所起到的榜样作用。正如前文"以身示范"所讲到的,颜之推认为,家长能以身作则,才能上行下效,正确引导子女的趣尚。他说:

> 夫风化者,自上而行下者也,自先而行后者也。是以父不慈则子不孝,兄不友则弟不恭,夫不义则妇不顺矣。①

颜之推认为,子女的品行如何,与家长的行为息息相关。如果做父亲的不能做到慈爱,就不能培养子女孝顺,如果作为哥哥的不爱护弟弟,弟弟也不会恭敬自己的兄长,如果做丈夫的不顾及情义,妻子也不会和和顺顺。所以家长应该约束自己的行为,加强自身修养,充分利用子女对家长的"亲""服"心理和幼年子女性情未定、善于效仿学习的特征,使自己成为子女学习的榜样,潜移默化中实现对子女趣尚的正确引导。

颜之推就是以此要求自己的,他的家训常常以自己的言行事迹为例,以此取信子女,影响子女,并达到教导子女的目的。譬如关于如何孝亲方面,颜之推在自己的丧葬要求上,要求子女"汝曹若违吾心,有加先妣,则陷父不孝";在语音词汇的学习方面,颜之推首先要求自己对于字音、字义予以准确把握,"一言讹替,以为己罪矣。云为品物,未考书记者,不敢辄名"②;关于家学的传承方面,颜之推没有停留在言辞的说教上,而是通过《风操篇》《书证篇》的实际例子来阐释自己对于礼仪、治学的理解与态度。又譬如劝导子女归心佛教,他在《终制》中也是以实际的期许向子女传达了自己对佛教的信仰,等等。可以说,颜之推自身的修为正是其子女最好的榜样。

---

①颜之推撰,王利器集解:《颜氏家训集解》,上海:上海古籍出版社,1980年版,第53页。
②颜之推撰,王利器集解:《颜氏家训集解》,上海:上海古籍出版社,1980年版,第474页。

颜之推这种重视施教者自身素养、以身示教的教育方法,在某种程度上正好符合了当代心理学对幼儿教育的认识。现代认知心理学认为,儿童的认知判断本身就是一种社会学习,而这种社会学习是通过模仿榜样或观察模式而获得的。在家庭教育中,父母因处于家庭核心地位而成为儿童学习的榜样和模仿的对象。所以,所有父母以及其他的施教者都应该从严要求自己的言语,规范自己的行为,做好言传身教,真正成为幼儿学习、模仿的楷模和榜样。

4.重视情感沟通的作用

近年来,我国提倡的素质教育的观念早已深入人心。然而另一方面,家庭教育、学校教育以及社会教育德育工作的不给力,施教者对智育成绩的片面追求,教育内容与实际职业需求相脱节,以及受教者的厌学情绪等问题,却又令教育陷入诸多困境。为了解决现代教育出现的这些问题,施教者与受教者之间的情感维系原则逐渐走进人们的视野。在家庭教育中能否避免溺爱与漠视下的教育误区,在学校教育中能否在严格的要求与爱和尊重之间找到恰当教育的平衡点,逐渐成为衡量我们的教育是否科学理性的一个重要标志。而颜之推对于家庭教育中情感维系教化的思考,毫无疑问至今仍有着强烈的现实意义。

在颜之推的教育理念中,维系各种教育方法得以顺利实施的关键因素就是情感。颜之推很重视情感在家庭教育尤其是幼儿教育中的作用,并将此与家庭教育的优势相联系。他认为,在家庭教育中,因施教者与子女之间的特殊亲情关系,使得家庭教育与学校教育相比有其不言而喻的优势。对子女而言,父母是爱护他们的长辈,值得信任,值得尊重,故能听其教诲,服从其命令;对父母而言,教育子女是天大的事情,没有半点私心,可谓一心一意。所以,父母对子女的教育有较强的感染力,易为子女所接受,这样在信任与充满关爱的环境中的家庭教育,德育可以达到事半功倍的效果。他说:

夫同言而信,信其所亲;同命而行,行其所服。禁童子之暴谑,则师友之诫,不如傅婢之指挥;止凡人之斗阋,则尧、舜之道,不如寡妻之诲谕。①

颜之推认为,要禁止孩童的过分淘气,师友的劝诫,抵不上婢女的指挥命令;制止兄弟间的内讧,尧、舜的教导,抵不上自家妻子的诱导规劝。这就是所谓的"夫同言而信,信其所亲;同命而行,行其所服"。用我们现在的话说,父母是子女的第一任教师,父母对子女特有的血缘亲情与子女对父母与生俱来的依赖和信任,有时候会为家庭教育带来特殊的教育效果,而这绝不是其他社会教育机构所能达到的。

颜之推重视教育中的情感作用,并在此基础上,提出对子女的教育,爱要均等、宽严相济、目光放在长远。颜氏认为,父母应严肃对待幼儿的学前教育,而不能只爱不教;重"爱"轻"教"或者重"教"轻"爱",都会使亲子关系产生疏离,动摇父母在子女心目中的威信,最后导致管教无果而终。而如果能做到严慈相济,子女就不会放纵自己,"父母威严而有慈,则子女畏慎而生孝矣"②说的就是这个道理。其次,颜之推还认为,对子女的偏宠,就是害子女;将均等的爱与目光长远结合实施于家庭教育之中,这样才能更好地治家育子。所谓"继亲虐则兄弟为仇"③讲的就是缘于偏宠而导致的兄友弟恭德行的丧失,进而还会影响到家门良好道德门风的传承,对下一代子女的德育造成不良影响。"兄弟不睦,则子侄不爱;子侄不爱,则群从疏薄;群从疏薄,则僮仆为仇敌"④,这样的情况是哪一个家长也不愿看到的。尽管这个道理很容易理解,但是在一个大家族中,家长要对子女不偏宠,对每个子女都能"威严有慈",却并不容易,这需要家长具有比其他人更高的理性、更长远的目光。爱其子,则为之计深远,《触龙说赵太后》讲的就是这个道理。赵太后对子女的爱可谓深矣,燕后出嫁,她惦念女儿嫁到远方,持其踵,为之泣;但之后每次祭祀,太后虽然思念女儿,却一定为燕后祝告,希望女儿不要

---

① 颜之推撰,王利器集解:《颜氏家训集解》,上海:上海古籍出版社,1980年版,第19页。
② 颜之推撰,王利器集解:《颜氏家训集解》,上海:上海古籍出版社,1980年版,第25页。
③ 颜之推撰,王利器集解:《颜氏家训集解》,上海:上海古籍出版社,1980年版,第50页。
④ 颜之推撰,王利器集解:《颜氏家训集解》,上海:上海古籍出版社,1980年版,第42页。

被送回赵国,希望她有子孙相继为王,为她考虑得很长远。赵太后应该说是一位颇有才识的女性了,但她也有过分偏疼长安君的不明智之举。幸运的是她遇到了善于进谏的触龙,这才改变了她溺爱长安君的错误行为,送长安君接受苦难的磨炼,不仅救了赵国,也救了自己的儿子。颜之推以此为例,提醒子女,在对待幼年子女的教育上,一定要宽严相结合,为子女考虑长远。

颜之推的这一家庭教育思想,至今读来,仍不免令人深思。从某种程度上,家长对子女的无私情感,正是这种为子女"为之计深远"的前提,可以说,家庭教育具有情感教育的绝大优势。但是,我们今天的子女教育主要在学校教育而不是家庭教育中完成,故学校教育能否恰当为情感教育留下足够的空间,施教者能否恰当契合严格要求与真诚关爱之间的联系,能否为受教者"为之计深远",这不仅应当成为我们衡量教育是否回归于理性的标志,也应当成为所有教育行业人员要遵从的最重要的职业道德。

爱是人与人交往的真理,爱是建立信任的基础。在教育的实施中,家庭教育之所以更易获得学生的"信""服",很大的原因在于家长的爱的感情付出与自身素养的提升。如果学校教育的施教者也能在这两个方面下功夫,使学生在充满爱的环境中生长,真正信服老师的感情与能力,那么他的教育效果一定令人惊喜。但令人遗憾的是,现代的学校教育中,情感教育存在着不同程度的缺失和弱化。一些教育者甚至是教育的管理者,忽略了情感付出的重要性,或者在不完善的智育追求压力下,无暇顾及情感教育,或者在经济利益的驱使下,将师生传承关系变成了经济利益链条上的买卖关系;抑或者源于施教者自身的因素,他们或许有熟练的业务技能、渊博的专业知识,或者有舌战群雄的口才,但却习惯于居高临下、盛气凌人,习惯于板着面孔指责人、教导人,而忽略了与受教者之间的情感沟通;抑或者有的施教者过于注重于知识的传授,即便是他们真的为了学生的发展着想,但由于情感沟通不到位,无法获得受教者的情感共鸣,于是出现施教者呕心沥血,受教者却学者寥寥,很难收到好的教育成效。

让孩子感受到你对他们的关爱是怎样的真诚,让你的才能素养提升到值得孩子信服的境界,让你的孩子感受到你值得他们信赖和学习,这是颜之推所举出的家庭教育的优势,其他的施教者也同样可以借鉴,尽量让它成为今天学校教育的追求。

二、终身教育——少学而至老不倦

当今社会,若要说到何种教育理论或是何种教育思潮最令世界震动,无疑当数"终身教育"。自从保罗·朗格朗将"终身教育"作为重要的教育理念在成人教育促进国际会议期间提出来,关于"终身教育"概念的讨论就没有停息过。如今,"终身教育"的理念已经在世界各国广泛传播。许多国家在制定本国的教育方针、政策或是构建国民教育体系的框架时,无不是以"终身教育"的理念为依据。但值得我们注意的是,"终身教育"观念的萌芽,则并非开始于20世纪。譬如孔子"发愤忘食,乐而忘忧,不知老之将至"其实就是持有一种活到老学到老的终身学习不倦的成分;至于颜之推对魏武、袁遗等人"少学而至老不倦"[1]的推崇,也更体现了我国古人对终身学习的重视。在颜之推的"终身"教育理念中,不仅包括胎教、幼教,少年时期的教育,也包括成年、老年时期的教育和自觉性的学习。

(一)成教——体性稍定,倍须训诱

颜之推本人虽然亦感到成年之后的教育没有早教的效果明显,但他依其个人的切身体验,还是深深感受到了成人教育的重要性。他说:

> 年十八九,少知砥砺,习若自然,卒难洗荡。二十已后,大过稀焉;每常心共口敌,性与情竞,夜觉晓非,今悔昨失,自怜无教,以至于斯。[2]

虽然少年时代的习气难以彻底消除,但他还是能每日自省作以弥补,同时也

---

[1]颜之推撰,王利器集解:《颜氏家训集解》,上海:上海古籍出版社,1980年版,第166页。
[2]颜之推撰,王利器集解:《颜氏家训集解》,上海:上海古籍出版社,1980年版,第22页。

通过各种方式增长自己的见识,最终能成就自身。譬如对于正俗字的学习,他说:

> 吾昔初看《说文》,蚩薄世字,从正则惧人不识,随俗则意嫌其非,略是不得下笔也。所见渐广,更知通变,救前之执,将欲半焉。若文章著述,犹择微相影响者行之,官曹文书,世间尺牍,幸不违俗也。①

之所以能做到"通变",这是学识渐渐博广的缘故。所以在他看来,子女如果错过了早教,在成年时期可以接受教育作为弥补;如果有了良好的早教,到了成年也仍有继续学习的必要。他说:

> 及至冠婚,体性稍定;因此天机,倍须训诱。有志尚者,遂能磨砺,以就素业;无履立者,自兹堕慢,便为凡人。②

这也就是说,在成年时,子女性情、悟性、志趣渐趋成型但并没有最后固定下来,这时要趁机会,加倍地对他们进行训育诱导。颜之推认为,这个时候的教育将把人的发展前景显露出来,那些有志尚的人,能经受磨炼,成就其事业,而那些没有坚定意志的人,从此懒散起来,就会成为平庸的人。

在颜之推看来,南北朝时期的成人教育状况令人担忧:

> 世人婚冠未学,便称迟暮,因循面墙,亦为愚耳。③

> 年登婚宦,暴慢日滋,竟以言语不择,为周逖抽肠衅鼓云。④

古代"以婚冠之礼亲成男女",所谓"婚冠""婚宦",就是表示男女至一定年龄,作为家族成年人,可以谈婚论嫁,外出做官,参加各项活动了,简单言之就是

---

① 颜之推撰,王利器集解:《颜氏家训集解》,上海:上海古籍出版社,1980年版,第463页。
② 颜之推撰,王利器集解:《颜氏家训集解》,上海:上海古籍出版社,1980年版,第141页。
③ 颜之推撰,王利器集解:《颜氏家训集解》,上海:上海古籍出版社,1980年版,第166页。
④ 颜之推撰,王利器集解:《颜氏家训集解》,上海:上海古籍出版社,1980年版,第29页。

成年了。颜之推说,有人到了成年以后还未开始学习,就说自己年龄大了,不愿意再接受教育,这是一种不值得提倡的学习风气。这就犹如面对墙壁而立,对什么都一无所见,是很愚蠢的。也有的是少年时代养成了坏的品行,不学无术,成年以后,不仅不加以纠正,反而日益暴慢,连说话用词都不加选择,结果招致祸殃。

相反,如果能在成年后勤学苦读,或者是错过早教,或者是迷途知返等,也未尝不能学有所成。

> 东莞臧逢世,年二十余,欲读班固《汉书》,苦假借不久,乃就姊夫刘缓乞丐客刺书翰纸末,手写一本,军府服其志尚,卒以《汉书》闻。①

> 皇甫谧二十,始受《孝经》《论语》。②

臧逢世二十多岁想学习《汉书》,因为考虑到借书不易,很快得还给别人,所以就向姐夫求得一些书札名片之类的废纸头,然后自己在这些纸上手抄出一本《汉书》,最后终于以精通《汉书》闻名;皇甫谧年也是二十岁才开始学习《孝经》《论语》,最后也成为一代大儒。

明确了对成年人教育的重要性,颜之推还讲到成年教育的主要内容。这主要涉及处世哲学、读圣贤书、德行教育、治家养家、仕宦婚姻、文章之学、治学方法、杂艺教育、信仰教育等。后文有所论述,故在此略。

(二)老年教育——失于盛年,犹当晚学,不可自弃

颜之推在成人教育的基础上,还将学习教育的时段延伸至老年。他说:

> 然人有坎壈,失于盛年,犹当晚学,不可自弃。孔子云:"五十以学《易》,

---

① 颜之推撰,王利器集解:《颜氏家训集解》,上海:上海古籍出版社,1980年版,第189页。
② 颜之推撰,王利器集解:《颜氏家训集解》,上海:上海古籍出版社,1980年版,第166页。

可以无大过矣。①

颜之推认为,"人有坎壈",如果在壮年失去了求学的机会,则应该在晚年抓紧时间学习,不要认为已经错过了学习的好时机,就不再学习了。为说明老年学习的积极作用,颜之推引用孔子关于五十岁以后学习《易经》也可以纠正自己的行为的话佐证自己的观点,颜之推的晚学观点,与俗话"活到老学到老"有异曲同工之妙。为了让后辈接受其晚学思想,颜之推还列举了历史上一些老年的时候仍坚持学习,并取得不俗成效的例子。他说:

魏武、袁遗,老而弥笃,此皆少学而至老不倦也。曾子七十乃学,名闻天下;荀卿五十,始来游学,犹为硕儒;公孙弘四十余,方读《春秋》,以此遂登丞相;朱云亦四十,始学《易》《论语》……皆终成大儒,此并早迷而晚寤也。②

颜之推提到的这些历史人物之所以能够被后人了解,很重要的原因就在于他们都是即便到了老年,仍能珍惜光阴,惜时如金,勤奋进取的人。譬如魏武、袁遗,这些人不仅少年的时候好学,年老的时候也是老当益壮、至老不倦;又譬如曾子,七十岁③才开始学习,最后还是名闻天下;荀子五十岁才开始到齐国游学,最后还是成了学识渊博的硕儒;公孙弘四十多岁才开始读《春秋》,就是靠这个最后做了丞相;朱云也是四十岁才开始学习《易经》《论语》。这些人都是错过早年学习的好时机,但后来醒悟并坚持晚学终成大儒。

随后,颜之推又做了一个比喻,他说:

幼而学者,如日出之光,老而学者,如秉烛夜行,犹贤乎瞑目而无见者也。④

从小就开始学习的人,犹如太阳初升的光芒,到老年才开始学习的人,就好像手举蜡烛在夜间行走。尽管老年学习的效果与进展的程度不如幼年,但是总比

---

① ② ④ 颜之推撰,王利器集解:《颜氏家训集解》,上海:上海古籍出版社,1980年版,第166页。

③ 或许年龄有误。

那些不愿学习的成年人闭着眼睛什么也看不见的强。有的成年人以其已经错过了学习时间为借口,不愿学习、逃避学习,整天虚度光阴、无所事事,可谓目光短浅、鼠目寸光,令人汗颜。

由此,颜之推构建了一套颜氏既重视早教又关注少年、成人教育以及老年教育的终身教育理论。

(三)成人教育的特殊理念分析

对子女幼年的家庭教育,颜之推强调对施教者素质的要求,强调教育环境的重要性,同时也明确幼年学习内容的基础性、学习方法的被动性等问题;与幼年教育的重心明显不同,在成年至于老年仍需不断学习的终身教育理念中,颜之推认为,成年之后的学习与幼年的学习重点是有区别的,从学习方法、学习内容以及学习者的主观意志的重要性作用等各个方面,他推皆为子女留下了珍贵的遗训。

1.强调学以致用

与早教重视德行教育、语言文字等基础知识教育不同,对于成人以至于老年的教育,颜之推认为,更要重视"应世经务"的实学,提倡博闻强识、触类旁通、学以致用,把学到的知识转化为自己的实际行动。颜之推说成年之后犹能坚持自己的学业,"兼通文史,不徒讲说",这样的人,才能成为"上品"人才:

> 冠冕为此者,则有何胤、刘瓛、明山宾、周舍、朱异、周弘正、贺琛、贺革、萧子政、刘绍等,兼通文史,不徒讲说也。洛阳亦闻崔浩、张伟、刘芳,邺下又见邢子才:此四儒者,虽好经术,亦以才博擅名。如此诸贤,故为上品。[1]

而那些迷失于世俗虚妄之风,在学习上不求实用的人,最终难以应世经务,只能受到嘲笑:

> 吾见世中文学之士,品藻古今,若指诸掌,及有试用,多无所堪。居承平之世,不知有丧乱之祸;处庙堂之下,不知有战陈之急;保俸禄之资,不知有

---

[1] 颜之推撰,王利器集解:《颜氏家训集解》,上海:上海古籍出版社,1980年版,第170页。

耕稼之苦；肆吏民之上，不知有劳役之勤，故难以应世经务也。①

世人读书者，但能言之，不能行之，忠孝无闻，仁义不足；加以断一条讼，不必得其理；宰千户县，不必理其民；问其造屋，不必知楣横而棁竖也；问其为田，不必知稷早而黍迟也；吟啸谈谑，讽咏辞赋，事既优闲，材增迂诞，军国经纶，略无施用：故为武人俗吏所共嗤诋，良由是乎！②

在颜之推看来，一些文学之士，虽能品藻古今，熟悉犹如指掌，但用到现实事务中的时候，却大多不堪重用。生活在太平世界却不知道会有丧乱之苦，身处朝廷之中却不知有战阵之急难。守着俸禄资用，在官吏庶民头上肆意妄为，却不知道农民春耕秋收、吏民劳役之勤苦。他们很难应付时势、处理政务。断讼的不会用断讼的方法，治民不知道怎样了解民情，造屋不知道楣棁横竖，问田不知道耕种的时节，文不能安邦，武不能治国，"治官则不了，营家则不办"③，可谓于国于民豪无用处；连不懂文字的武夫俗吏也耻笑这一类的人。

2.强调治学方法以及学习者的主观意志

与早教强调施教者的素养、强调亲情感化的作用、强调宽严相济的教育原则、强调良好家庭教育环境的营造等不甚相同，关于成年以至于老年时段的学习，颜之推更巧的是受教者对于治学方法的主动把握和运用，譬如：注重眼学、好问切磋的学习方法，强调勤学苦读、谦虚谨慎的治学态度，注重结交、选择芝兰之交等。

譬如，与幼教注重家庭环境熏陶感化子女不尽相同，颜之推提出成人的学习要谨慎交友结拜、无友不如己者等受教者主动选择结交的问题。

成年人喜欢交结朋友，朋友多不是坏事，但是，如果交了不好的朋友，就会产生不好的影响，更严重的是，有的人还会为此付出一定的代价。相反，如果交了好朋友，就会受益一生。从这个意义上说，颜之推对成年人交朋友所持的谨慎交

---

① 颜之推撰，王利器集解：《颜氏家训集解》，上海：上海古籍出版社，1980年版，第292页。
② 颜之推撰，王利器集解：《颜氏家训集解》，上海：上海古籍出版社，1980年版，第161页。
③ 颜之推撰，王利器集解：《颜氏家训集解》，上海：上海古籍出版社，1980年版，第297页。

友结拜的观点是甚有价值的。在颜之推看来,朋友之间的相互影响本有正反两方面的结果。他说:

> 是以与善人居,如入芝兰之室,久而自芳也;与恶人居,如入鲍鱼之肆,久而自臭也。君子必慎交游焉。孔子曰:"无友不如己者。"颜、闵之徒,何可世得!但优于我,便足贵之。①

颜之推认为,与善人住在一起,就像进入满是芷草兰花的屋子中一样,时间一长自己也变得芬芳起来;与恶人住在一起,就像进入满是鲍鱼的店铺一样,时间一长自己也变得腥臭起来。他告诫人们与人交往一定要谨慎。孔子也曾说过不要和不如自己的人交朋友。世上没有像颜回、闵勋这样的贤人能够随时可以遇到,但只要是比颜之推强的人,他都会崇拜的,并向其学习,与之交朋友。其实,颜之推依自己交朋友的经验和原则,告诫成年人哪些人该交,哪些人不该交,要做到心中有数。如果交到了好朋友,自己就会受其影响,进步很快;如果交友不慎,和恶人交朋友,就会被其带坏,一事无成。颜之推进一步提到交友的一个具体原则和礼节,他说:

> 四海之人,结为兄弟,亦何容易。必有志均义敌,令终如始者,方可议之。一尔之后,命子拜伏,呼为丈人,申父交之敬;身事彼亲,亦宜加礼。比见北人,甚轻此节,行路相逢,便定昆季,望年观貌,不择是非,至有结父为兄,托子为弟者。②

他认为,和四海异性之人结拜为兄弟,是很困难的事。必须是志向道义都相配,能够对朋友始终如一的人,才可以加以考虑。一旦与人结拜为兄弟,就要让自己的孩子向他伏地下拜,称其为丈人,以表达对父亲朋友的尊敬。自己对结拜兄弟的父亲,也应该施礼。颜之推常常看到一些北方人,很轻率地对待此事,两个人陌路相逢,立刻结成兄弟,问问年龄,看看外貌,也不斟酌一下是否妥当,以致有把父辈当成兄长,把侄子辈当成弟弟的。如果真有不仁义的人,颜之推建议成年人不要与之交朋友、做邻居。他说:

---

① 颜之推撰,王利器集解:《颜氏家训集解》,上海:上海古籍出版社,1980年版,第128—129页。
② 颜之推撰,王利器集解:《颜氏家训集解》,上海:上海古籍出版社,1980年版,第125页。

世有痴人,不识仁义,不知富贵并由天命。为子娶妇,恨其生资不足,倚作舅姑之尊,蛇虺其性,毒口加证,不识忌讳,骂辱妇之父母,却成教妇不孝己身,不顾他恨。但怜己之子女,不爱己之儿妇。如此之人,阴纪其过,鬼夺其算。慎不可与为邻,何况交结乎?避之哉!①

颜之推说,世间有一种痴人,不懂得仁义,也不知道富贵皆由天命。他们为儿子娶媳妇,恨媳妇的嫁妆太少,仗着自己当公公婆婆的尊贵身份,怀着毒蛇那样的心性,对媳妇恶意辱骂,一点不懂得忌讳,甚至谩骂媳妇的父母。其实,这反而是教媳妇不用孝顺自己,也不顾及他人。这种人只知道疼爱自己的子女,却不知道爱护自己的儿媳。这种人,阴曹会把它的罪过记下来,鬼神也会减掉他的寿命。成年人千万不可与这种人做邻居,更不能与之交朋友,要远避这种人。

颜之推为进一步说明谨慎交友的重要性,在德行的影响之外,又举出当时王侯外戚在语言知识学习上缺少良师益友的危害,希望以此给予成年人在交友方面一个启迪。他说:

古人云:"膏粱难整。以其为骄奢自足,不能尅励也。吾见王侯外戚,语多不正,亦由内染贱保傅,外无良师友故耳。"②

他引用古人的话说明富贵子弟往往骄横奢侈、自我满足,而不能够克制自己;如果再没有良师益友的教导与影响,很容易在下贱保傅的熏染下,学到一些不好的东西。

以此,颜之推告诫子女,交友一定要慎重,切勿与一些行为习惯不良的人交往,而妨碍自己的人生观、世界观、价值观的正确形成,甚至影响自己一生的发展。他说自己就深受其害:

虽读《礼传》,微爱属文,颇为凡人之所陶染,肆欲轻言,不修边幅。年十八九,少知砥砺,习若自然,卒难洗荡。③

---
①颜之推撰,王利器集解:《颜氏家训集解》,上海:上海古籍出版社,1980年版,第373页。
②颜之推撰,王利器集解:《颜氏家训集解》,上海:上海古籍出版社,1980年版,第22页。
③颜之推撰,王利器集解:《颜氏家训集解》,上海:上海古籍出版社,1980年版,第504页。

颜之推以自身少年时代"颇为凡人之所陶染",而养成"肆欲轻言,不修边幅"的毛病为例,可谓言之诚,导之切。

当然,作为成人,不仅是受影响的个体,也是一个主观意识、自控能力逐渐增强的阶段,所以在强调选择交友环境的同时,颜之推也强调了学习者的主观意志在成人学习阶段中的重要性。譬如他说:

> 二十已后,大过稀焉;每常心共口敌,性与情竞,夜觉晓非,今悔昨失,自怜无教,以至于斯。追思平昔之指,铭肌镂骨,非徒古书之诫,经目过耳也。①

> 顷世乱离,衣冠之士,虽无身手,或聚徒众,违弃素业,徼幸战功。吾既赢薄,仰惟前代,故置心于此,子孙志之。②

颜之推认为,自己幼年养就了一些坏毛病,一直难以彻底改掉;二十岁以后,大的过失就少了,常常信口便讲的时候,理智就会加以阻止,如此日夜自省,能意识到自己的错误所在;这个时候追思以往的志向,就刻骨铭心,这比读古书中的诫言仅仅经过耳闻目睹要深刻得多。尽管颜之推并未提及主观意志的作用,但事实上,这里所讲的正是成年人所具有的自我约束的能力体现;正因为成年人比幼年的子女更具有自我约束的主观控制能力,所以成年的勤苦学习与坚定的意志力可以借此弥补少年失教、成年后"所诵经书,一月废置,便至荒芜"的遗憾。

尽管颜之推的成人教育思想深受南北朝社会特定时代的影响,深深打上了时代烙印,但颜之推勉励子女终身学习,像古人一样追求"少学而至老不倦",这一思想是弥足珍贵的;其次,颜之推能积极明确胎教、幼教、成人教育以及老年教育各个教育阶段的不同特征及其教育意义,认识到终身教育对于个人发展以及人才培养的重要性,这对于当今的成年人仍具有教育、借鉴和启迪的作用。

---

① 颜之推撰,王利器集解:《颜氏家训集解》,上海:上海古籍出版社,1980年版,第22页。
② 颜之推撰,王利器集解:《颜氏家训集解》,上海:上海古籍出版社,1980年版,第321页。

3.颜之推家庭教育的个例解析

《颜氏家训》撰写的缘起,源于颜之推对于家庭教育实现"整齐门内,提撕子孙"①"传业扬名"的厚望。按《颜氏家训》自己的说法,颜氏"追思平昔之指,铭肌镂骨,非徒古书之诫,经目过耳也。故留此二十篇,以为汝曹后车耳。"②《家训》二十篇,皆可称为颜氏留给子女的"前车之鉴",也可以说,正是为了给后人留下"前车之鉴",才有颜之推《家训》传世。故在"慎之哉,慎之哉"的忧心之中,颜之推举出诸多令人深省的实例以"诫"子孙,也就可以理解了。

其一,教子诫。

颜之推认为,有的家长极为宠爱子女,"重于诃怒,伤其颜色,不忍楚挞惨其肌肤耳"③。怕孩子受委屈,不忍心看孩子受眼前之苦,该骂的时候不骂,该打的时候不打,甚至失去是非准则地溺爱子女,"无教而有爱,每不能然;饮食运为,恣其所欲,宜诫翻奖,应诃反笑"④。他们对子女的饮食起居、言行举止任其为所欲为,本该训诫的,反而加以奖励,本该呵责的,反而一笑了之。用今天的话说,就是子女想要星星,就给他摘星星,想要月亮,就给他揽月亮。而幼小的子女本来并不懂得是非,他们以为这样是对的,天长日久,骄横轻慢的习惯就养成了,那时候再想着去管教、制止,即使鞭抽棍打,也很难起到好的教育作用了。甚至家长责骂、教导还会引起子女的反感,造成亲情之间的怨恨。

所以颜之推主张,父亲对待子女要"威严而有慈",而且父子之间的关系"不可以狎""不可以简",父子关系要严肃一些而不能过分亲昵,因为过分亲昵会使得子女产生放肆不敬。为了说明这一点,颜之推举了一个例子说,即便是家庭教育,也并非什么内容都要由父亲承担教育的职能,借助其他的施教者施教则更有益于子女的学习和理解。他说:

或问曰:"陈亢喜闻君子之远其子,何谓也?"对曰:"有是也。盖君子之

---

① 颜之推撰,王利器集解:《颜氏家训集解》,上海:上海古籍出版社,1980年版,第19页。
② 颜之推撰,王利器集解:《颜氏家训集解》,上海:上海古籍出版社,1980年版,第22页。
③ 颜之推撰,王利器集解:《颜氏家训集解》,上海:上海古籍出版社,1980年版,第28页。
④ 颜之推撰,王利器集解:《颜氏家训集解》,上海:上海古籍出版社,1980年版,第25页。

不亲教其子也,《诗》有讽刺之辞,《礼》有嫌疑之诫,《书》有悖乱之事,《春秋》有邪僻之讥,《易》有备物之象:皆非父子之可通言,故不亲授耳。"①

这个故事出自《论语·季氏》,"陈亢问于伯鱼曰:'子亦有异闻乎?'对曰:'未也。'尝独立,鲤趋而过庭。曰:'学诗乎?'对曰:'未也。''不学诗,无以言。'鲤退而学诗。他日又独立,鲤趋而过庭。曰:'学礼乎?'对曰:'未也。''不学礼,无以立。'鲤退而学礼。闻斯二者。"陈亢退而喜曰:"问一得三,闻诗,闻礼,又闻君子之远其子也。"颜之推说,陈亢喜闻君子之远其子,这是什么意思呢?大概就是有时候有的教学内容比较特殊,"皆非父子之可通言",都是父亲不能直接给子女讲明的,所以父亲不亲自教授自己的子女。

其二,后娶诫。

颜之推对于子女的婚姻嫁娶教育是很重视的,他不仅劝告子女不要攀附权贵门第,也反对买卖婚姻;对于后娶,更是一再提醒子女:"慎之哉!慎之哉!"他说:

> 吉甫,贤父也,伯奇,孝子也,以贤父御孝子,合得终于天性,而后妻闲之,伯奇遂放。曾参妇死,谓其子曰:"吾不及吉甫,汝不及伯奇。"王骏丧妻,亦谓人曰:"我不及曾参,子不如华、元。"并终身不娶,此等足以为诫。②

西周宣王重臣尹吉甫,是一个贤明的父亲,伯奇是他孝顺的儿子,由这个贤明的父亲来养育那个孝顺的儿子,这本来应该能够使一家人安享天伦的;但尹吉甫不慎续娶,他的后妻时常谗言伯奇有邪念,贤明的吉甫最终偏信后妻所言,遂将伯奇放逐于野。曾子以之为鉴,拒绝续娶,对他的儿子说:"我的贤明比不上吉甫,你的孝顺也比不上伯奇。"西汉的王骏也是这样,他说:"我不如曾子,儿子也不如曾华、曾元。"曾子、王骏都是终身没有续娶,这些事例足以令人引以为戒。但是在他们之后,继母虐待前妻留下的儿子,离间父子骨肉亲情,令人伤心断肠

---

① 颜之推撰,王利器集解:《颜氏家训集解》,上海:上海古籍出版社,1980年版,第30页。
② 颜之推撰,王利器集解:《颜氏家训集解》,上海:上海古籍出版社,1980年版,第46页。

的事情,哪里数得清呢?更何况这种续娶虐子的弊端,"继亲虐则兄弟为仇"①,还会伤及兄弟之间的情意,祸及家门。

其三,宠婿虐儿妇诫。

颜之推认为家庭关系的和谐要靠作为长辈的树立良好的风尚,譬如对待子女、儿媳、女婿都应当亲疏有礼,一视同仁,而不能凭自己的偏好。他清醒地看到社会上普遍存在的丈母娘宠女婿、婆婆虐待儿媳妇的不良现象,尤其是因此而产生的儿子儿媳妇心中的怨恨以及儿女、姑嫂矛盾,对于婆婆后来的生活质量以及小姑在家出嫁后的亲戚关系,影响都很大。他说:

> 妇人之性,率宠子婿而虐儿妇。宠婿,则兄弟之怨生焉;虐妇,则姊妹之谗行焉。然则女之行留,皆得罪于其家者,母实为之。至有谚云:"落索阿姑餐。"此其相报也。家之常弊,可不诫哉!②

颜之推说,作为婆婆的如果宠爱女婿,就会引起他们兄弟间的怨恨,虐待儿媳,就会引起姑嫂矛盾,以至于小姑无论出嫁还是在家都得罪了人,以后的亲戚关系还怎么处呢?而做儿子儿媳的后来不孝顺,做女儿女婿的不能回来看顾母亲,以至于老婆婆吃饭的时候冷落萧索,那不是因为自己的果报造成的吗?这种母不慈子不孝的事是家庭中经常出现的弊病,所以一定要警醒。在《归心篇》中,他又一次提到,公公婆婆虐待儿媳都是要遭到报应的,他说:

> 为子娶妇,恨其生资不足,倚作舅姑之尊,蛇虺其性,毒口加诬,不识忌讳,骂辱妇之父母,却成教妇不孝己身,不顾他恨。但怜己之子女,不爱己之儿妇。如此之人,阴纪其过,鬼夺其算。慎不可与为邻,何况交结乎?避之哉!③

对儿媳妇恶语相骂,不知道忌讳,甚至辱骂儿媳妇的父母,这只能教儿媳妇

---

① 颜之推撰,王利器集解:《颜氏家训集解》,上海:上海古籍出版社,1980年版,第50页。
② 颜之推撰,王利器集解:《颜氏家训集解》,上海:上海古籍出版社,1980年版,第63页。
③ 颜之推撰,王利器集解:《颜氏家训集解》,上海:上海古籍出版社,1980年版,第373页。

不孝顺自己,而不顾惜他的怨恨。只知道怜爱自己亲生的子女,而不亲爱自己的儿媳妇,这样的人,阴司会把他的罪过记下来,鬼神也会减损他的寿命;这种人一定要避开他,不能跟他们学。

其四,文章用事诫。

在为学方面,颜之推认为,自古以来,即便是那些才华横溢、博学多才的人引用典故,有的时候也是会出错的。譬如:潘岳赋"雊雉鷕鷕以朝雊"混杂了雉的雌雄,事实上,鷕雌雊雄;陆机"痛心拔脑,有如孔怀",将孔怀误以为人名,事实上《诗经》"孔怀兄弟"中的"孔怀","孔"是副词,"甚""大"的意思,"怀"是动词,有"思"的意思,也就是说甚可思;何逊"跃鱼如拥剑",是分不清鱼与蟹,而《异物志》上说的是"拥剑状如蟹";简文帝"霞流抱朴碗",则将仙人送给项曼都的一杯流霞误以为是葛洪的了,就好比郭象将惠施之辩误以为是庄周的话,其中虽有联系却毫无疑问发生了错误;至于武烈太子"银锁三公脚,刀撞仆射头",则是受到习俗的影响,将"银"误作了"银"。

在《勉学篇》中他又举出一些亲见亲闻的实例,譬如姜仲岳误引"孟劳"宝刀为壮士之名,某"才士"误用"京兆田郎"为两人之名,某人用书不善,误学"蹲鸱"为"羊",令人惊骇。

《穀梁传》称公子友与莒挐相搏,左右呼曰"孟劳"。"孟劳"者,鲁之宝刀名,亦见《广雅》。近在齐时,有姜仲岳谓:"'孟劳'者,公子左右,姓孟名劳,多力之人,为国所宝。"与吾苦诤。时清河郡守邢峙,当世硕儒,助吾证之,赧然而伏。

又《三辅决录》云:"灵帝殿柱题曰:'堂堂乎张,京兆田郎。'"盖引《论语》,偶以四言,目京兆人田凤也。有一才士,乃言:"时张京兆及田郎二人皆堂堂耳。"闻吾此说,初大惊骇,其后寻愧悔焉。

江南有一权贵,读误本《蜀都赋》注,解"蹲鸱,芋也",乃为"羊"字;人馈羊肉,答书云:"损惠蹲鸱。"举朝惊骇,不解事义,久后寻迹,方知如此。

出此陋误,不免令人"赧然""愧悔",令他人"惊骇",糟糕的是还有人盲从,因此,颜氏告诫子女,为文治学需要用典一定要引以为戒。

其五,弃文从武诫。

正如前文所言,颜之推主张子女继承颜氏家学、发扬颜氏门风,反对子女弃文从武,他以颜氏家族历代人物事迹为例,数举从武就没有什么好的下场;又举出近世,因为社会动荡等多种因素,有很多文士弃文从武,颜氏家族或者也有人蠢蠢欲动。颜之推说:

> 然而每见文士,颇读兵书,微有经略。若居承平之世,睥睨宫阃,幸灾乐祸,首为逆乱,诖误善良;如在兵革之时,构扇反覆,纵横说诱,不识存亡,强相扶戴:此皆陷身灭族之本也。诫之哉!诫之哉!

弃文从武的人,比起纯粹的武夫又有不同,他们读过一些兵法,稍微有一些谋略。如果生活在太平之时,他们傲视宫廷,幸灾乐祸,带头犯上作乱,连累善良的人遭祸;如果是处在战乱之时,他们会到处挑拨煽动,到处游说,不能洞察存亡之机,却竭力扶持拥戴别人为王。颜之推认为,弃文从武行为即便一时能在世上招摇,但终归还是留下"陷身灭族"的祸根,所以一定要警惕从武,最为稳妥的还是传承家学。

其六,习音诫。

颜之推告诉自己的子女,要注重基础教育。譬如在语言教育上,一定要注意准确发音,这是实现与人自由交流准确表情达意的基本要求。他说:

> 梁世有一侯,尝对元帝饮谑,自陈"凝钝",乃成"飔段",元帝答之云:"飔异凉风,段非干木。"谓"郢州"为"永州",元帝启报简文,简文云:"庚辰吴入,遂成司隶。"如此之类,举口皆然。元帝手教诸子侍读,以此为戒。①

---

① 颜之推撰,王利器集解:《颜氏家训集解》,上海:上海古籍出版社,1980年版,第504页。

梁朝的时候有一侯爷,曾经和梁元帝饮酒戏谑,他自称"凝钝",结果说成"飔段","飔"指"凉风","段干木"则是战国时魏国名贤,有德行,在魏国及其邻国享有很高的声誉,因此而受到魏文侯的敬重。元帝笑他说:"飔异凉风,段非干木。"这位侯爷本想说"郢州",结果又说成"永州",元帝说给简文帝,简文帝说:"庚辰吴入(郢),遂成司隶(永)。"庚辰日吴国攻入楚都郢,(经他这么一说)一下子就变成了后汉的司隶鲍永的永。这种发音不准的例子,张口就是,造成的笑话真是太多了。

其七,弃学徇财诫。

颜之推不仅反对子女弃文从武,在他一以贯之的以不废家学、不坠门风为主导的思想中,只要是为某事而放弃了学习的,都在他的反对之列。有一次他的儿子思鲁想弃文经商,说:"我们家在朝里没有官位,家里没有什么财产,我应该尽力挣钱,用作供养之资;现在经常被督促着去专心读书,苦苦地学习经史,我这做儿子的怎能安心呢?"颜之推听后,深以为忧,但当时他并没有直接反对,而是请儿子设身处地为他这个父亲以及颜氏家族的大业着想,教育儿子说:

子当以养为心,父当以学为教。使汝弃学徇财,丰吾衣食,食之安得甘?衣之安得暖?若务先王之道,绍家世之业,藜羹缊褐,我自欲之。①

作为儿子,应该把孝养父母放在心上;作为父亲,应该将督促子女学习作为家教的重心,这都没有错。假如你放弃学业而去挣钱,即使我丰衣足食,我吃得怎么能心安?穿得又怎么会感到温暖?如果你能致力于先王之道,继承我们颜氏家族祖祖辈辈相传的家业,不坠门风,那我就是喝菜汤穿粗布衣,我自己也很乐意。直到《终志》的撰写,颜之推仍不放心,还在告诫子女"汝曹宜以传业扬名为务,不可顾恋朽壤,以取埋没也"②。什么最重要啊,不是这把老骨头,而是我们这个家族的传承,一定要记得"宜以传业扬名为务"这才是最重要的。

---

① 颜之推撰,王利器集解:《颜氏家训集解》,上海:上海古籍出版社,1980年版,第194页。
② 颜之推撰,王利器集解:《颜氏家训集解》,上海:上海古籍出版社,1980年版,第541页。

第三章 颜之推的家庭教育思想及其现代价值

其八，葬祭诫。

在《颜氏家训》中，我们处处能感受到一个父亲对子女的无私的关爱与付出，感受到一个以家学励子并身体力行的家长的殷切期待。直到最后，他日感风烛残年，也仍不忘用丧葬祭祀之礼来教育子女。他说：

> 吾已六十余，故心坦然，不以残年为念。先有风气之疾，常疑奄然，聊书素怀，以为汝诫。①

> 使汝等沉沦厮役，以为先世之耻；故靦冒人间，不敢坠失。

> 汝曹宜以传业扬名为务，不可顾恋朽壤，以取埋没也。②

> 汝曹若违吾心，有加先妣，则陷父不孝，在汝安乎？……杀生为之，翻增罪累。若报罔极之德，霜露之悲，有时斋供，及七月半盂兰盆，望于汝也。③

人之将死，其言也善，颜氏在最后要说什么呢？其一，以家为重，一要孝养双亲，二要养育子女，要敢于承担养家的责任，为之可以忍辱负重。其二，不用在乎丧葬之地的选择，至于子女是否守墓也不必要，只是不能忘记以传业扬名为务。其三，葬礼要简单，有情有礼，分清主次。可以看到，颜之推不在乎如何完备的葬礼，不迷信惯常的丧葬习俗，譬如《治家》中所讲的习俗中所谓的驱神弄鬼之类的事就是他反对的。他只求简葬：沐浴之后殓以平日穿的衣服，也不必举行复魄的仪式；棺内只放个七星板，超度一下灵魂，其他的东西诸如蜡弩牙、玉豚、锡人之类的就不必了；便是朔日望日及丧后十三月、十五月的祭祀，也希望用些白粥、清水、干枣，而不要用酒肉饼果；亲友的祭奠也要回绝；诵经施舍的功德，量

---

① 颜之推撰，王利器集解：《颜氏家训集解》，上海：上海古籍出版社，1980年版，第533页。
② 颜之推撰，王利器集解：《颜氏家训集解》，上海：上海古籍出版社，1980年版，第541页。
③ 颜之推撰，王利器集解：《颜氏家训集解》，上海：上海古籍出版社，1980年版，第536—537页。

力而行,四季的祭祀,也是没有用的,要是宰杀生灵进行祭祀,反而增加罪孽。如果子女要报父亲的养育之恩,表达他们的霜露之悲,只要不定时地做些斋供,等到了七月半盂兰盆会时,不忘记超度苦海之灵魂,济度六道苦难,就足够了。

很难说颜氏的家训都是真理,譬如,他对于"兵""商""杂艺"的一些特定的看法,在今天就早已不能通行。但是,颜氏诸多慎诫之言,无不流露出他对家庭教育的重视和对家庭教育效能的独特理解,以及他对子女能够"传业扬名"不坠门风的殷殷期待。其中的某些嘱咐,诸如"慎有仁无威""慎骄奢""慎弃学""慎后娶""虐儿妇""弃学徇财"等,虽看似零落不成体系,不能完全包容颜氏的家庭教育理念,但是由此却能窥见实现理想的家庭教育的不易和艰难。今日读之,仍是句句近而不俚,切而不激,足令顽秀并遵,贤愚歔欷。

参考文献

[1]颜之推撰,王利器集解.颜氏家训集解[M].上海:上海古籍出版社,1980.

[2][汉]赵岐注.[宋]孔奭疏:孟子注疏[M]//十三经注疏.上海:上海古籍出版社,1997.

[3][晋]杜预注,[唐]孔颖达等正义.春秋左传正义[M]//十三经注疏.上海:上海古籍出版社,1997.

[4][汉]孔安国传,[唐]孔颖达等正义.尚书正义[M]//十三经注疏.上海:上海古籍出版社,1997.

[5]傅璇琮,王鹤鸣,刘跃进,等.从文化世家看文化中国[N].光明日报,2014-02-25.

[6][汉]郑玄注,[唐]孔颖达等疏.礼记正义[M]//十三经注疏.上海:上海古籍出版社,1997.

[7][汉]郑玄笺,[唐]孔颖达等正义.毛诗正义[M]//十三经注疏.上海:上海古籍出版社,1997.

[8][战国]墨子著,吴毓江撰,孙启治点校.墨子校注[M].北京:中华书局,1993.

[9][战国]老子著,朱谦之撰.老子校释[M].北京:中华书局,1984.

[10][魏]何晏等注,[宋]邢昺疏.论语注疏[M]//十三经注疏.上海:上海古籍出版社,1997.

[11][战国]韩非著,王先慎撰,钟哲点校.韩非子集解[M].北京:中华书局,1998.

[12][西汉]韩婴著,许维遹集释.韩诗外传[M].北京:中华书局,1980.

[13][西汉]刘向著,张涛译注.列女传[M].济南:山东大学出版社,1990.

[14]吕思勉.先秦史[M].上海:上海古籍出版社,1982.

[15][梁]萧子显.南齐书[M].北京:中华书局,1972.

[16]胡美琦.中国教育史[M].台北:三民书局,1978.

[17][宋]范晔撰,[唐]李贤等注.后汉书[M].北京:中华书局,1965.

[18][晋]陈寿撰,陈乃干校点.三国志[M].北京:中华书局,1959.

[19][唐]房玄龄,等.晋书[M].北京:中华书局,1974.

[20][南朝宋]刘义庆撰,徐震堮笺.世说新语校笺[M].北京:中华书局,1984.

[21][北齐]魏收.魏书[M].北京:中华书局,1974.

[22][唐]李延寿.南史[M].北京:中华书局,1975.

[23][唐]李延寿.北史[M].北京:中华书局,1974.

[24][南朝梁]沈约.宋书[M].北京:中华书局,1975.

[25][战国]庄子著,郭庆藩撰,王孝鱼点校.庄子集释[M].北京:中华书局,1961.

[26]陈寅恪.金明馆丛稿初编[M].上海:上海古籍出版社,1982.

[27]鲁迅.鲁迅全集[M].北京:人民文学出版社,1973.

[28]赵翼撰,王树民校证.廿二史札记校证[M].北京:中华书局,1984.

[29][唐]令狐德棻等.周书[M].北京:中华书局,1971.

[30][唐]姚思廉.梁书[M].北京:中华书局,1973.

[31]刘勰撰,范文澜译注.文心雕龙注[M].北京:人民文学出版社,1958.

[32]刘师培.中古文学史[M].北京:人民文学出版社,1959.

[33]缪越.读史存稿[M].北京:三联书店,1963.

[34]颜之推著,程小铭译注.颜氏家训全译[M].贵阳:贵州人民出版社,2008.

[35][唐]李百药.北齐书[M].北京:中华书局,1972.

[36][唐]魏征等.隋书[M].北京:中华书局,1973.

[37][唐]姚思廉.陈书[M].北京:中华书局,1972.

[38]范文澜.中国通史简编(修订本)[M].北京:人民出版社,1949.

[39]陈寅恪.隋唐制度渊源略论稿 唐代政治史述论稿[M].北京:生活·读书·新知三联书店,2004.

[40][美]卡伦·达菲,伊斯特伍德·阿特沃特.心理学改变生活[M].张莹等,译.北京:世界图书出版公司,2006.

[41][美]麦克斯维尔·马尔茨.心理控制术[M].北京:群言出版社,2007.

[42][战国]荀子著,王先谦撰,沈啸寰、王星贤点校.荀子集解[M].北京:中华书局,1988.

[43][汉]司马迁撰,[宋]裴骃集解,[唐]司马贞索引,张守节正义.史记[M].北京:中华书局,1959.

[44][汉]贾谊著,王心湛集解.贾子新书集解[M].上海:广益书局,1936.

[45]夸美纽斯著,任钟印选编.夸美纽斯教育论著选[M].北京:人民教育出版社,1991.

[46]李宗长.由《颜氏家训》看颜之推的心态[J].东岳论丛,1999(1).

后　记

魏晋南北朝,是我国中古社会长期动乱的时代。儒家的伦理道德与精神追求在自身的桎梏与社会的冲击中失去了原有的尊贵,而玄学在魏晋士人的哲学论辩中得以发扬,佛教也依附救度苦难的宣传而流行。在教育上,官学呈现颓败的趋势难以维持较长阶段的教书育人的局面,九品中正制度的实施更将选士推向了家族化。而仕宦之家要想保持世家大族的名誉、身份与社会地位,就不得不加强家庭教育,家庭教育遂成为延续传统文化命脉的主流,一些世家大族将世代为官、学问、治家、修身、技能知识与经验逐渐积累而成为家学。颜之推的《颜氏家训》就是在这样的背景下产生的。颜之推一生著述丰厚,但流传于世的却不多,《颜氏家训》是他留给后人最为著名的一部著作,历来被视为家训的典范、处世的良方。而颜之推本人也因此被视作教育家留名青史,尽管这并不是颜之推着意的追求。

颜之推的《颜氏家训》,论述教子、治家、勉学、处事之法则,传承家教、诚孝、伦理、风操之经典,俨然一部颇成体系的终身教育理论著作,包括胎教、幼教、成年教育、老年教育等各个阶段的内容,不仅涉及各个阶段受教者的生理、行为特征及学习特征,也包含了颜之推对各个教育阶段具体教育措施的实践与遗训。颜之推家庭教育的内容主要涉及德行教育、语文基础知识教育、处世哲学教育、礼仪的学习与尊奉、治学与信仰教育以及相关的各种技能教育原则等,其教育方法包括情感的原则、以身示教的原则、重视环境的熏陶的原则和慎重交友的原则。而在《颜氏家训》的撰写上,虽然个别地方不无疵累,但整体来讲,《颜氏家训》亦

---

① 赵曦明:《〈颜氏家训〉跋》,载《颜氏家训集解》,上海:上海古籍出版社,1980年版,第565页。
② 颜星:《重刊颜氏家训小引》,载《颜氏家训集解》,上海:上海古籍出版社,1980年版,第556页。

能"指陈原委,恺切丁宁,苟非大愚不灵,未有读之而不知兴起者。谓当家置一编,奉为楷式"①"谆谆告诫,迄今千余年,只如当面说话,订顽起懦,最为便捷"②"自当启悟来世,不但可训思鲁、愍楚辈而已"③。

鉴于《颜氏家训》"订顽起懦""启悟来世"的教育价值,笔者不避浅陋,重新梳理了我国家庭教育思想在南北朝以前的发展概况,并在此基础上,进一步整理了颜之推的生平年谱;第二章则将颜之推的家庭教育思想作为本书的重点进行分析和探讨,并结合笔者对现代教育学、心理学以及我国现代家庭教育现状的部分了解和认知,兼或论及《颜氏家训》家庭教育思想的现代教育(包括家庭教育和学校教育)借鉴价值。本书主要内容包括:

其一,颜之推家庭教育理想、重要理念与教育原则。诸如对兄弟和睦、骨肉扶持、父慈子孝、家庭和谐的追求,对全身免祸、去辱避害的处世哲学的尊奉,对治学修身、传业扬名的希冀,以及对"鞭笞"教育的重视,对爱无差、以身示教、潜移默化教育措施的青睐等。这些对于我们的现代教育包括学校教育都有着积极的借鉴价值。其二,颜氏家庭教育理念中对"少学而至老不倦"的终身教育的重视,"固须早教,勿失机也"①的早教观点,以及颜之推针对幼教、晚学的不同教育阶段与受教者不同的受教特征所提出的各种相应的教育重心的设置与教育方法的遵循等,笔者亦从教育心理学的角度进行了分析和总结,主要梳理了颜氏家庭教育的德育、智育、技术教育、信仰四个层面的教育内容。

另外,文中《颜氏家训》注释主要参阅了程小铭对《颜氏家训》的译注以及王利器的《颜氏家训集解》,因内容比较零碎,未能一一列出,在此致谢,并感谢我的亲人胡杰在笔者整理本书文稿与编辑文稿的过程中给予的热诚支持和帮助。

以此结。

作者书于成都锦馨

---

①沈揆:《宋本沈跋》,载《颜氏家训集解》,上海:上海古籍出版社,1980年版,第545页。
②颜之推撰,王利器集解:《颜氏家训集解》,上海:上海古籍出版社,1980年版,第166页。